大学生安全教育与管理

DAXUESHENG ANQUAN JIAOYU YU GUANLI

◎主　编　邹礼均

◎副主编　杨忠祥　向小林　李盟　李奎

重庆大学出版社

图书在版编目(CIP)数据

大学生安全教育与管理/邹礼均主编.--重庆:
重庆大学出版社,2018.5(2020.8重印)
ISBN 978-7-5689-1022-4

Ⅰ.①大… Ⅱ.①邹… Ⅲ.①大学生—安全教育
Ⅳ.①G645.5

中国版本图书馆 CIP 数据核字(2018)第 034655 号

大学生安全教育与管理

主　编　邹礼均
副主编　杨忠祥　向小林　李　盟　李　奎
策划编辑:沈　静

责任编辑:李桂英　刘志刚　　版式设计:沈　静
责任校对:邹小梅　　　　　　责任印制:张　策

*

重庆大学出版社出版发行
出版人:饶帮华
社址:重庆市沙坪坝区大学城西路 21 号
邮编:401331
电话:(023) 88617190　88617185(中小学)
传真:(023) 88617186　88617166
网址:http://www.cqup.com.cn
邮箱:fxk@ cqup.com.cn(营销中心)
全国新华书店经销
重庆荟文印务有限公司印刷

*

开本:787mm×1092mm　1/16　印张:16.5　字数:373 千
2018 年 8 月第 1 版　　2020 年 8 月第 2 次印刷
印数:4 001—7 000
ISBN 978-7-5689-1022-4　定价:39.00 元

前　言

PREFACE

　　安全,是学校永恒的主题,其警示应时刻在我们耳边响起,以警醒所有老师和学生。学校为学生提供安全有效的学习、生活环境很重要。同时,作为学生,自身对安全要有比较全面的认识,要树立起自我保护和保护他人的意识,切实保护好自己的人身和财产安全。

　　本书以习近平新时代中国特色社会主义思想为指导,以理想信念教育为核心,以社会主义核心价值观为引领,以全面提高学生综合能力为关键,针对当前普遍存在的大学生财产安全意识薄弱、轻信他人、财物保护观念差的现象,我们更要加强大学生安全意识教育,提高大学生自我防范意识和能力。了解安全常识,做事前先考虑后果,居安思危,防微杜渐,为自己的人生发展打下坚实的基础。

　　本书分篇章对大学生遇到的安全问题进行分析讲解。第一部分为大学生安全教育篇,共9章,主要讲解大学生遇到的各种安全隐患及应对措施,含国家安全、人身安全、财产安全、交通安全、消防安全、网络安全、公共卫生与安全、校园活动与安全、心理健康与安全。第二部分为大学生安全管理篇,共4章,主要是从管理角度对大学生安全问题进行阐述,含校园突发事件应急预案、校园安全应急预案演练、急救知识与技能、自然灾害与预防。第三部分为附录,收集相关法律法规,从法律层面为大学生安全管理提供依据。

　　编写本书的目的和任务就是在当前比较严峻的大学生安全问题的形势下,提高他们对新时期安全的认识,增强识别力,提高防范意识,掌握常见安全技能,能够为自己提供保护,还可以帮助他人,尽可能防止和避免各种意外伤害。特别需要注意的是,随着科学技术的发展,本书介绍的有关国家安全、网络安全及校园活动与安全等部分,是现在安全问题的高发区,大学生要时刻警惕来自各方面的安全侵犯。同时,本书富有创新性的内容、典型的案例分享、生动有趣的插图,希望能得到读者的喜爱,使大家在轻松的语境下较快地掌握各种安全常识,为自己的平安、快乐成长保驾护航。

本书可作为高校大学生安全教育、辅导员安全业务培训的辅助教材使用。

由于编写水平有限,加之编写时间仓促,不足之处在所难免,恳请读者批评指正,以便今后修改完善。

编　者

2018 年 1 月

目 录

CONTENTS

第一篇　大学生安全教育

第二篇　大学生安全管理

第一篇　大学生安全教育

第一章　国家安全

有国家就有国家安全工作,古今中外,概莫能外。无论处于什么社会形态,或者实行怎样的社会制度,都会视国家利益为最高、最根本的利益,将维护国家安全列为首要任务。维护国家安全,是坚持和发展中国特色社会主义,实现"两个一百年"奋斗目标和中华民族伟大复兴中国梦的重要保障。2015年5月19日,在全国国家安全机关总结表彰大会上,习近平总书记发表讲话时强调,当前,我国正处于全面建成小康社会、全面深化改革、全面依法治国、全面从严治党的重要时期,面临复杂多变的安全和发展环境,各种可以预见和难以预见的风险因素明显增多,维护国家安全和社会稳定繁重艰巨。要高度重视加强国家安全工作,把思想和行动统一到党中央对国家安全工作的决策部署上来,依法防范、制止、打击危害我国国家安全和利益的违法犯罪活动。

大学时代是世界观、价值观、人生观形成的重要时期,也是国家安全意识养成的最重要时期。大学生是未来国家建设的中坚力量,也是国家的未来和希望。大学生通过国家安全相关知识的学习,可以提高国家安全意识,树立正确、系统的国家安全观,从而正确地观察、分析当代中国国情及安全环境,正确认识政治、社会、民族、宗教、外交等各方面的问题,增强抵御西方政治渗透、不良文化思潮及腐朽没落价值观念的冲击和影响的能力,增强自觉维护国家安全的责任感。这对我们国家的稳定发展和长治久安具有深远的现实意义和战略意义。

第一节　国家安全的含义和基本内容

一、国家安全的基本含义

国家安全从根本上说,就是一个主权国家的生存和发展利益不受侵犯和威胁。《中华人民共和国国家安全法》(以下简称《国家安全法》)对"国家安全"概念的解释如下:国家安全就是一个国家处于没有危险的客观状态,也就是国家既没有外部的威胁和侵害,又没有内部的混乱和疾患的客观状态。

"国家安全"一词用于法律文件以来,其内涵和外延并未达成共识。从一些国家的安全战略和相关国家安全立法中,也能看出其中存在很大差异。如何界定"国家安全"的内涵和外延通常受到客观因素和主观因素的影响。从客观因素来说,包括国家所处的国际战略环境、国家的发展战略、核心利益的内外威胁、国家能力的大小等。从主观因素来说,包括对威胁的主观感知、认知主体的意识形态和价值观、国民的历史记忆、社会大众的政治情绪等。

总体国家安全观语境下的国家安全,是个"大安全"概念,既指国家处于安全状态,又指国家维持这种安全状态的能力。维护国家安全的根本着眼点是维护国家核心利益和国家其他重大利益,有的国家称"生死攸关的利益""极端重要利益"。由于国家核心利益和国家其他重大利益涉及国家的生存、独立和发展,任何政府都会把它们列为维护国家安全的首要核心目标,在维护上述利益时,都会态度坚决、不容争议、不容妥协、不容干涉。在新形势下维护国家安全,必须坚持以总体国家安全观为指导,坚决维护国家核心和重大利益。

《中国的和平发展》白皮书首次系统地阐述了"国家核心利益"的内涵。我国的核心利益包括:国家主权;国家安全;领土完整;国家统一;中国宪法确立的国家政治制度和社会大局稳定;经济社会可持续发展的基本保障。《国家安全法》第二条明确规定:"国家安全是指国家政权、主权、统一和完整、人民福祉、经济社会可持续发展和国家其他重大利益相对处于没有危险和不受内外威胁的状态,以及保障持续安全状态的能力。"这里规定的"国家政权、主权、统一和领土完整、人民福祉、经济社会可持续发展",就是我国的核心利益。

二、国家安全的基本内容

国家安全是一个有机的体系,是一个包括了许多子系统的社会大系统。当代国家安全包括的基本内容有:国土安全、主权安全、政治安全、军事安全、经济安全、信息安全、文化安全、科技安全、生态安全等。这些内容是互相联系、互相作用、不断变化的,并且在动态联系中占据着各自不同的位置,发挥着各自不同的作用,通过相互作用影响着整个国家安全系统。大致来说,当代国家安全系统中,政治安全、国土安全和主权安全是国家安全的根本,军事安全是国家安全的保障,经济安全是国家安全的基础。

《国家安全法》所称危害国家安全的行为是指境外机构、组织、个人实施的,或者指使、资助他人实施的,或者境内组织、个人与境外机构、组织、个人相勾结实施的下列危害中华人民共和国国家安全的行为:

(1)阴谋颠覆政府,分裂国家,推翻社会主义制度的。

(2)参加间谍组织或者接受间谍组织及其代理人的任务的。

(3)窃取、刺探、收买、非法提供国家秘密的。

(4)策划、勾引、收买国家工作人员叛变的。

(5)进行危害国家安全的其他破坏活动的。

第二节　大学生与国家安全

一、新时期大学生维护国家安全面临的形势

当前,境外敌对势力对我国进行"西化""分化"的战略图谋开始转向文化渗透,国内高校成为他们渗透的主要阵地,在校大学生成为他们争夺的主要对象。所以,大学生面临的维护国家安全的形势是长期、复杂而严峻的。

(一)境外敌对势力对意识形态领域的渗透、颠覆活动

境外敌对势力通过互联网等渠道进行宣传、煽动等渗透活动,极力宣扬西方民主、自由思想和价值观,诋毁我党和社会主义制度,甚至煽动、策划、组织民族分裂活动。作为青年人才和知识分子聚集区的高校,就成为境外敌对势力重点进行渗透的前沿阵地。有的境外敌对势力通过各种伪装,以学术交流、教育合作、志愿服务、助学助困等方式进入高校内部,在青年学生中间进行有目的、有计划的渗透颠覆活动。例如,美国国家民主捐赠基金会(NED),打着非政府组织(NGO)的招牌,以教育教学和学术交流为掩饰,通过各种活动,达到意识形态输出、文化颠覆的目的。有些组织甚至直接以战略资金的形式,频频资助各种反华势力,直接干涉中国内政。

(二)境内外分裂势力勾结策划的民族分裂活动

境外敌对势力与境内分裂势力相勾结,策划进行民族分裂活动。在制造暴力恐怖事件的同时,境内外民族分裂势力利用宗教大肆从事分裂破坏活动。他们披着宗教的外衣,打着"圣战"的旗号,煽动宗教狂热,攻击党的民族宗教政策。宗教极端势力通过各种手段,收买、拉拢、策反朝觐和外出人员,争夺清真寺的领导权,迫害爱国进步宗教人士,加紧向高校渗透,企图争取青年学生的支持。

(三)非法组织向高校的蔓延

当今社会上存在的非法组织主要包括邪教组织、非法传销组织和恐怖组织,他们利用大学生思想不成熟、好奇心强等特点,采取麻痹思想、物质利诱、出国担保等手段,对大学生进行渗透和拉拢,诱使或强迫大学生加入非法组织,进行反科学、反社会、反人类、反政府的非法活动,不仅对大学生的成长成才产生了不利影响,而且严重危害了国家安全。

此外,互联网成为境外敌对势力对中国进行颠覆、渗透活动的新平台。在网络技术飞速发展的今天,国家置身于一个没有固定边界的信息世界中,在这样的世界里,国家不仅要维护传统国家要素的安全,而且要维护信息国土的安全。近年来,随着互联网覆盖范围和用户规模的不断扩大,信息的传播更加迅速与便捷,出现了诸如网络恐怖主义、网络犯罪、网络霸权、网络信息战等一些威胁国家安全的新形式,这对国家安全提出了新的挑战。据不完全统计,大学生几乎100%是网民,大学生受网络的影响程度越来越高,60%以上的信息来源于网络。境外反华势力、敌对组织通过网络的互联性,以邮件、教文等形式传播各种不利于社会主义建设的言论,妄图扰乱社会秩序和颠覆我国政权,使有形的国家受到无形的威胁。网络软武器的使用,对国家安全和社会稳定的潜在威胁也将不断增大。

二、大学生如何维护国家安全与稳定

(一)树立系统国家安全观

国家安全观是对国家安全一般对象及具体问题的综合性、全面性的反映和认识,是对国家安全及国家安全相关问题的历史、现状、发展、规律、本质等的认知、评价和预防。对于同一个对象,人们会形成不同的认识;对于同一个国家的安全,人们也会形成不同的国家安全观。系统国家安全观主要包括以下基本点:

1.系统观

国家安全是一个社会系统,国家安全活动和国家安全工作是一项社会系统工程,必须运用系统的观点、原则和方法,来认识和分析国家安全、国家安全活动,以及各种安全要素之间的关系。国家安全不是一个封闭系统,而是一个开放系统,国家安全既具有内包性,也具有外涉性,在内包经济安全、政治安全、军事安全、文化安全、科技安全等内容的同时,又外涉他国安全、地区安全、国际安全、全球安全,甚至太空安全。因此,高水准的国家安全状态,不仅在于通过强力来维护,更在于通过合理的系统化的社会制度和安全机制来保障。

2.共赢观

在经济全球化时代,国家安全与国际安全的联系进一步加强,人们不仅需要把国际安全作为国家安全这一开放大系统的外部环境来看待,而且需要把国家安全作为国际安全和全球安全这一更大的社会系统中的子系统来看待,必须从国际安全和全球安全的广阔视野中审视国家安全。由于各国的安全和利益的系统性联系,各国在追求自己的安全和利益时,必须考虑到其他国家的安全和利益,以"共赢"的思维方式处理自身安全与其他国家的安全及利益的关系。必须抛弃"冷战"思维,坚持系统思维方式,以互信、互利、互谅、互让、平等、合作的态度处理国与国之间的关系,营造全球范围内的共同安全,以防止各种威胁国家安全的国际冲突和战争,最终在不同国家之间实现"双赢",甚至在全球范围内实现"共赢"。

3.和平观

维护和平与发展的时代主题,是当今世界保障全球安全、国际安全、地区安全和国家安全的重要任务。"冷战"结束后,和平与发展逐渐成为时代主题,但在一些地区和国家还不断发生暴力冲突甚至局部战争;同时世界上还有一些地区和国家面临严重的经济问题,发展速度缓慢甚至发生经济倒退,从而影响了一些国家和地区的安全。在当代,不同社会制度和文化背景的国家只有和平共处,也就是东西方国家和平共处,才能保证世界的和平,也才能有广泛的国际安全和相关国家的安全。南北之间在发展上存在的巨大差距是更严重的安全隐患,也需要通过促进发展中国家经济发展和社会进步来加以解决。发展中国家的发展会使世界更加稳定、人类社会更加安全。

4.组织协调观

在维护国际安全、地区安全和国家安全方面,必须充分发挥以联合国为首的各种不同层次、不同范围的国际组织的积极协调作用,同时避免由于大国或强国操纵及利用国际组织强制推行自己的价值观念、政治制度、文化传统、生活方式等,从而引起的国际性、地区性动乱和使已经发生的冲突扩大化、复杂化、持久化。在当今世界,联合国是唯一真正具有普遍性的全球性国际组织。在新的世纪,联合国应该也可以发挥更大的作用。安理会在维护国际和平与安全方面负有首要责任,应该进一步加强在维护国际和平与安全方面的领导作用,加强联合国在预防和解决冲突方面的中心作用。根据联合维和行动的实际情况和遇到的问题,各会员国应该共同维护安理会的权威,维护安理会在国际集体安全体制中的核心地位和作用,使安理会在维护国际和平与安全方面负起首要责任,在涉及国际和平与安全的重大问题上,防止绕开安理会采取单边主义行动的危险做法,反对霸权主义和强权政治行径。

(二)履行国家安全的义务和权利

1.义务

由法律规定公民和组织的义务,是国家运用法律的强制力保障实施的。违反者,就要负法律责任。《国家安全法》对公民和组织维护国家安全的规定分为以下七个方面:

(1)机关、团体和其他组织应当对本单位的人员进行维护国家安全的教育,动员、组织本单位的人员防范、制止危害国家安全的行为。

(2)公民和组织应当为国家安全工作提供便利条件或者其他协助。

(3)公民发现危害国家安全的行为,应当直接或者通过所在组织及时向国家安全机关或者公安机关报告。

(4)在国家安全机关调查了解有关危害国家安全的情况、收集有关证据时,公民和有关组织应当如实提供,不得拒绝。

(5)任何公民和组织都应当保守所知悉的国家安全工作的国家秘密。

(6)任何个人和组织都不得非法持有属于国家秘密的文件、资料和其他物品。

(7)任何个人和组织都不得非法持有、使用窃听、窃照等专用间谍器材。

2.权利

任何公民和组织对国家安全机关及其工作人员超越职权、滥用职权和其他违法行为,都有权向上级国家安全机关或者有关部门检举、控告。上级国家安全机关或者有关部门应当及时查清事实,负责处理。对协助国家安全机关工作或者依法检举、控告的公民或组织,任何人不得压制和打击报复。权力是法律赋予的,只有依法行使,才能受到保护。如果故意捏造或者歪曲事实进行诬告陷害的,要依法惩处,构成犯罪的还会追究刑事责任。

(三)自觉维护国家安全与稳定

1.要努力熟悉有关国家安全的法律法规,始终如一地树立"国家安全高于一切"的思想

认真学习《国家安全法》,不断增强国家安全意识。我们应当清醒地看到,隐蔽战线的斗争依然十分尖锐和复杂。因此,要居安思危,克服麻痹思想,提高认识能力,增强忧患意识,强化国家安全观念,坚决抵制西方思想意识、价值观念和腐朽生活方式的渗透,把维护国家安全和社会政治稳定当作自己的神圣职责,筑牢维护国家安全的坚强防线。

2.严守外事纪律,身体力行维护国家的稳定

大学生在涉外活动中要严格遵守外事纪律,自觉抵制各种诱惑,保守国家秘密。要树立稳定高于一切的观念,自觉为维护国家稳定做贡献。在学校发生破坏稳定的事件时,一定要做到不围观、不起哄、不参与,并尽最大努力做好维护稳定的工作,确保自身和周围的同学都不做有损校园稳定的事。另外,要注意别有用心的人肆意调唆、恶意破坏的行为,勇于揭露他们的阴谋活动。对于个别人搞小动作有意扩大事态、企图制造轰动效应的行为,必须坚决制止;要执行各级组织的决定、指示,认真落实学校采取的各项防范措施。

3.要善于识破、抵制各种破坏稳定的因素,严密防范危害国家安全的行为

高校校园是社会的一部分,是各种信息的聚集地,各种思潮的汇合点,社会上各种错误的思潮不可避免地渗透到学校来。我们大学生要学会识别各种错误思潮,要增强抵制错误思潮的能力;要加强时事政治的学习,用正确的思想武装自己;要有大局意识,我们的一切言行都要顾全大局,不做干扰国家大局的事,不参与损害国家大局的活动。发现外籍人员散布极端个人主义和无政府主义思潮,宣传西方物质文明及拜金主义等,都要及时向学院外事办或保卫处报告,并积极配合国家安全机关的工作。对于收到的反动性宣传品要及时主动上交,防止因扩散产生不良影响,要严守国家秘密。

4.要善于处理两类不同性质的矛盾

西方敌对势力不断对我国实施"西化""分化"的战略图谋,进行渗透和颠覆破坏活动,千方百计地用他们的政治观点、意识形态和生活方式影响我们。要善于识破他们的把戏,坚决同他们做斗争,要旗帜鲜明地反对资产阶级自由化,排除一切破坏稳定的因素。对人民内部出现的问题则应通过正常途径来解决,不要感情用事、激化矛盾,要用理智、冷静的态度解决纠纷,避免观点偏激、哗众取宠,甚至掺杂个人恩怨进行人身攻击等不正确的做法。不要把自己置于同政府、同党组织、同人民群众对立的地位,不要把简单问题复杂化,防止不良影响事件的发生,甚至发展成学潮,对社会稳定造成负面影响。

5.在民主问题上不要偏离正确的轨道

民主既是人民权利,又是国家形态和社会责任。相对于专制,它代表人类社会的巨大进步。但世上没有绝对的民主,民主具有鲜明的阶级性,并且总是与法制联系在一起。脱离了法制,任何民主都只能流于无政府主义的混乱,也只会是对民主的根本破坏。我们是以马列主义、毛泽东思想为指导的社会主义国家,宪法准则和四项基本原则是我们建功立业的基础,这是符合全国人民的根本利益的,是社会主义国家最大的民主。有人追求抽象的、绝对的民主,将宪法规定的公民有言论、结社、集会等自由理解为无论何时、何地、何种原因,想怎么干就怎么干。这是典型的无政府主义与唯我主义的表现,是对社会主义民主与法制的曲解和违背。所以,在民主的问题上,大学生一定不要偏离正确的轨道,不要参与破坏民主、损害稳定的活动。

6.对爱国主义要有正确的认识和理解

我们所强调的爱国主义,是与国际主义共容的,是在维护全世界、全人类利益的基础上,求得本国利益的最大满足。狭隘的民族主义与爱国主义只有一步之隔,如果将本国利益抽象化、绝对化,置于其他国家利益之上或对立面,必然会产生以阶级压迫为特征的资产阶级民族主义,或孤立、保守、排外为特征的狭隘的民族主义。过去发生的学潮和突发事件中有的是以爱国为主题的,表现了青年学生的爱国热情,但是也有少数人错误地认为,在爱国的题目下做什么文章都不过分,结果有的人被别有用心的人利用,以至于"跌了跟头",犯了错误。所以,如果曲解了爱国主义,也是很危险的。

7.维护学校的稳定

教育是民族振兴的基石,关系到民族的未来和广大人民群众的根本利益。学校是教师教学、科研和学生学习、生活的重要公共场所。创造和维护良好的学习和生活环境,对于保证青年大学生的健康成长、维护社会稳定和国家安全、实现中华民族伟大复兴至关重要。

作为大学生,要积极维护学校良好的学习和生活环境,维护学校的稳定。一要通过正当途径和程序向学校有关方面积极反映意见,如通过班级干部及时转告你的意见和想法向辅导员和院系党政领导反映你的意见和要求,或直接找学校有关部门的教师处理你迫切需要解决的问题,利用校、院领导群众来访接待日,直接向学校最高领导反映意见等。二要积极应对不利于学校稳定的事件。遇事要头脑冷静和理智地思考,正确判别是非曲直,也要积极帮助你的同学或朋友权衡利弊,提出忠告。同时,为了避免某些矛盾激化,应主动向学校各级组织反映情况。如果你发现有极少数别有用心的人进行恶意煽动、闹事,破坏学校稳定,要敢于与之斗争。不要散播未经核实、非正规部门公布、无事实根据、危害学校稳定的言论,未得到正规部门证实前,不要轻易相信任何不良言论。

第三节　维护国家安全,自觉保守国家秘密

《中华人民共和国宪法》第五十四条、第五十五条规定:"中华人民共和国公民有维护祖国的安全、荣誉和利益的义务""保卫祖国、抵挡侵略是中华人民共和国每一个公民的神圣职责"。《国家安全法》第十一条进一步规定:"中华人民共和国公民、一切国家机关和武装力量、各政党和各人民团体、企业事业组织和其他社会组织,都有维护国家安全的责任和义务""中国的主权和领土完整不容侵犯和分割。维护国家主权、统一和领土完整是包括港澳同胞和台湾同胞在内的全中国人民的共同义务"。由此可见,维护国家安全是包括大学生在内的每一个公民的神圣职责。

《国家安全法》第六章第七十七条规定,公民和组织应当履行下列维护国家安全的义务:遵守宪法、法律法规关于国家安全的有关规定;及时报告危害国家安全活动的线索;如实提供所知悉的涉及危害国家安全活动的证据;为国家安全工作提供便利条件或者其他协助;向国家安全机关、公安机关和有关军事机关提供必要的支持和协助;保守所知悉的国家秘密;法律、行政法规规定的其他义务。任何个人和组织不得有危害国家安全的行为,不得向危害国家安全的个人或者组织提供任何资助或者协助。

一、大学生应积极维护国家安全

作为一名大学生,应当成为国家安全和利益的自觉维护者,要始终树立国家利益高于一切的观念,熟悉有关国家安全的法律、法规,善于识别各种伪装,要严守党和国家秘密,自觉同泄密行为和泄密行径做斗争,具体包括:

第一,忠于祖国,站稳立场,坚持原则,不散布不满言论或攻击党和社会主义制度的言论。

第二,要始终树立国家利益高于一切的观念,不做任何危害国家安全的事情。

第三,提高警惕,不随意同外国人谈论我国内部情况,不泄露党和国家的秘密。

第四,要努力熟悉有关国家安全的法律、法规。据统计,涉及国家安全和保密工作的法律、法规有一百多种,我们都应该有所了解,弄清什么是合法,什么是违法,什么可以做,什么不能做。其中,特别应该熟悉以下一些法律、法规:《宪法》《国家安全法》《保密法》《刑法》《刑事诉讼法》《科学技术保密规定》《出国留学人员守则》等。对遇到法律界限不清的

问题,要肯学、勤问、慎行。

第五,不与外国人中的不法分子交往;不与外国人勾结进行走私倒卖活动;不向外国人索要财物,借阅黄色书刊;不托外国人购买市场短缺商品及捎带违反有关规定的物品。

第六,当收到国外寄来的信件中夹有反动宣传品时,不在周围的同学中传看,不扩大影响范围,要立即口头或书面向学校保卫部门报告,并将夹寄的反动宣传品交学校保卫部门处理。

第七,发现有危害国家安全行为的人或事立即向有关部门报告。

高校作为人才汇集的场所和培养人才的重要基地,向来是国内外敌对势力争夺和破坏的重要目标,他们寻找各种机会进行反动宣传,散布谣言,制造事端,煽动闹事,唯恐学校不乱。对此,大学生要提高警惕,明辨是非,时刻保持头脑清醒,不上当受骗,不被坏人利用。在发现敌人的破坏活动时要积极向有关部门提供线索,同时进行坚决的斗争,维护学校的安定团结。

二、大学生应自觉保守国家秘密

我国高校承担着国家大量的自然科学和社会科学方面的研究任务,有许多方面在国内、国际上处于领先地位。因此,高校中存有国家秘密,甚至有些秘密的密级还比较高。近年来,随着高校的改革、开放和各项事业的不断发展,对外交流、交往越来越频繁,窃密与反窃密的斗争更加复杂艰巨。作为高等学校的大学生,特别是参加科研的大学生,一定要树立保密意识,养成良好的保密习惯。具体包括:

第一,学习保密常识,接受保密知识教育。要增强保密意识,严格遵守保密制度。既要对外开放,扩大对外交流,又要确保国家机密不被泄露。要克服有密难保、无密可保的糊涂认识。

第二,提高防范意识,在对外交往中坚持内外有别。在对外交往过程中,凡涉及国家机密的内容,要么回避,要么按上级的对外口径回答,不要随便涉及内部的人事组织、社会治安状况、科技成果、技术诀窍和经济建设中各种未公开的数据资料。

第三,在与境外人员接触时不带秘密文件、资料和记有秘密事项的信息载体。对方直接索取科技成果、资料、样品或公开询问内部秘密时,要区别情况,灵活予以拒绝。

第四,不经主管部门批准,不带境外人员参观和进入非开放区。不准境外人员利用学术交流、讲课等机会进行系统的社会调查。不经有关部门批准,不得填写境外人员发放的各种调查表或替他们写社会调查方面的文章。

第五,在新闻出版工作中,注意保密原则,不得随意刊载有关国防、科研等事关国家机密的事项。参加国际学术会议或在国外刊物上发表文章,要按规定办理审查手续。不得为境外人员提供或代购内部读物和资料。

第六,自觉遵守保密的有关规定,做到“八不”:不该说的不说;不该问的不问;不该看的不看;不该记录的不记录;不在普通电话、明码电报、普通邮局传达机密事项;不携带机密材料游览、参观、探亲、访友和出入公共场所;不在通信中谈及国家机密;不在普通邮件中夹带任何保密资料。

　　保守国家秘密是每个公民的义务,也是大学生的社会责任,每一位大学生都应该自觉遵守国家的保密法规,自觉履行保密义务,坚决同泄密和窃密行为做斗争。

第四节　维护国家安全,防范恐怖主义

　　近年来,暴力恐怖袭击案件和个人极端暴力犯罪案件呈突发、频发的特点,造成大量无辜群众伤亡。典型案例有:2013年10月28日,3名暴力恐怖分子驾乘吉普车闯入长安街便道,沿途快速行驶故意冲撞游人群众,造成5人死亡,40人受伤;2014年3月1日,昆明发生暴力恐怖案,10余名统一着装的暴徒蒙面持刀在昆明火车站广场、售票厅等处砍杀无辜民众,致29人遇难,143人受伤,等等。

　　由此可见,与一般刑事犯罪案件相比,暴力恐怖袭击案件对国家、社会的危害要大得多。有的恐怖袭击案件甚至挑起民族、宗教矛盾,带有明显的政治目的,与复杂的国际形势密不可分。因此,反恐防暴斗争具有复杂性和艰巨性。

一、认识恐怖活动

　　2011年10月29日,十一届全国人大常委会第二十三次会议经表决,通过了关于加强反恐怖工作有关问题的决定。该决定对恐怖活动、恐怖活动组织、恐怖活动人员做了界定:恐怖活动是指以制造社会恐慌、危害公共安全或威迫国家机关、国际组织为目的,采取暴力、破坏、恐吓等手段,造成火灾意图造成人员伤亡、重大财产损失、公共设施损坏、社会秩序混乱等严重社会危害的行为,以及煽动、资助或者以其他方式协助实施上述活动的行为;恐怖活动组织是指为实施恐怖活动而组成的犯罪集团;恐怖活动人员是指组织、策划、实施恐怖活动的人和恐怖活动组织的成员。

二、暴力恐怖袭击案件的特点

　　当前,我国发生的暴力恐怖袭击案件主要表现为:民族分裂势力和极端宗教势力以极端暴力手段进行的带有社会攻击性的恐怖活动,以个人利益为目的的恶性恐怖犯罪,帮派及黑社会势力所进行的带有强烈社会恐怖效应的暴力犯罪活动等。暴力恐怖袭击案件主要呈现以下特点:

　　(一)实施人员

　　(1)发动"独狼式"袭击或"群狼式"袭击的恐怖分子。

　　(2)为歪理邪说或拉人入教而袭击他人的邪教分子。

　　(3)报复他人者:因对社会或生活不满而蓄意袭击他人;因某个具体矛盾而报复他人进而殃及无辜的亲朋好友;因生活、工作失意而悲观厌世、报复社会者。

　　(二)袭击手段

　　暴力恐怖分子常用的手段可分为常规手段和非常规手段。

　　1.常规手段

　　(1)刀斧砍杀袭击。恐怖分子多使用砍刀等,个人极端暴力袭击者使用匕首等管制刀具或菜刀等,在广场、车站等人员密集场所袭击不特定人员。

（2）爆炸袭击。一般发生在公共汽车、地铁、飞机等公共交通工具上，以及车站广场、大型活动现象等人员聚集场所。

（3）纵火袭击。袭击者利用汽油、酒精、柴油等易燃物，在公共汽车、地铁等公共交通工具上或公共聚集场所实施的放火袭击。

（4）枪击。主要有手枪、制式步枪或冲锋枪射击等。

（5）劫持。武力劫持飞机、汽车等公共交通工具或某些场所的不特定人员。

（6）驾车冲撞碾压。把汽车作为暴力袭击工具，冲撞机动性建筑、重要设施等，以及在公共场所冲撞人群。

（7）投毒。为报复或泄私愤，向报复对象及不特定人群的食物或饮用水等，投放农药、鼠药等有毒有害物质。

2.非常规手段

（1）网络袭击。利用网络散布或传播恐怖信息，组织恐怖活动，利用网络黑客攻击特定的电脑程序和信息系统等。近年来，网络恐怖袭击手段在国内外发展迅速，危害很大。

（2）生化袭击。为制造恐怖气氛或报复社会而向公共场所、特定人群、特定设施投放化学毒剂，生物毒素或放射物等有毒有害物质。

（3）核与辐射袭击。通过核爆炸或放射性物质的散布，造成环境污染或使人员受到辐射伤害。

（三）易发、高发的场所和地点

暴力恐怖袭击案件易发、高发的场所和地点主要有：公共汽车、火车、地铁、飞机等公共交通工具上，火车站、汽车站、地铁站，幼儿园和中小学校园门口以及校车上，政府机关办事大厅，等等。

三、暴力恐怖袭击案件的应对

危险来临时，应首先保持冷静。暴力恐怖袭击案件的基本应对原则可归纳为：一逃、二躲、三斗、四帮。

第一选择是"逃"。就是快速辨明袭击的来源和方式，选择保障自身安全的方式，迅速逃离危险区，跑到安全处，逃离袭击者范围。遇有枪击曲线跑，遇有砍杀直线跑，遇有车辆冲撞向两侧跑，在跑的过程中注意避免踩踏和拥挤。

第二选择是"躲"。逃离袭击者视线后，根据现场情况选择店铺、房间、树木、车体躲藏，并顺手拿起身边的工具等物体帮助躲避和阻挡砍杀；尽可能保持安静，及时把手机调至静音，适时用短信等方式向警求救。遇到爆炸时迅速趴下，或就近选择掩藏场所，顺手使用简易的遮挡物护住身体的重要部位和器官。如果受伤严重不能逃也不能躲，可装死。

第三选择是"斗"。组织发动现场的青壮年力量顺手拿起身边或现场的各种工具和物品，如皮带、箱包、桌椅、拖把等，进行防卫或抵抗，迅速击打对方的头部、眼睛等要害部位，使其失去行动和反抗能力，等待警察等专业人员到达现场处置。

第四选择是"帮"。先自保后救人，力所能及地救死扶伤。在确保已脱离暴力袭击者的袭击范围并保证自身安全的情况下进行隐藏求救，迅速拨打110,120,119报警。同时，应当首先保障儿童、妇女快速撤离,然后力所能及地救助伤员。要牢记生命安全第一,以逃生为第一选择,切勿贸然进入危险区域抢救财物。

(一)学校发生劫持恐怖袭击事件时的应急避险指南

第一,现场师生要保持镇静,不要乱跑乱叫。

第二,可先顺从劫持者,满足劫持者提出的要求。

第三,不要随便触碰现场的物品,以免触动爆炸装置或毒气设施。

第四,无论有什么事,学生都要向老师报告,不要直接与劫持者交涉。

第五,根据现场情况,老师要设法与劫持者交涉,争取逐步释放学生,优先释放体弱、生病、受伤的学生和女学生,并设法让被释放的学生把里面的有关情况、信息传递出去(尽可能讲明劫持者的人数、大体位置、武器装备、爆炸装置的位置等)。

第六,学生家长不要擅自采取营救行动。

第七,警察采取解救行动时,人质尽可能地卧倒贴地,用双手抱住头部,随后迅速按警察的指令撤离。

(二)学校发生爆炸恐怖袭击事件时的应急避险指南

第一,学校和老师告诫学生不要惊慌乱跑,要趴在原地。

第二,用随身携带的手帕、纸巾或衣角捂住口鼻,防止烟气中毒。

第三,服从统一指挥,有秩序地从安全通道迅速撤离到安全区域。

第四,不要乘坐电梯下楼。

第五,多层楼梯的转角处要有老师引导和维护秩序,防止前后踩踏事故的发生。

第六,学校或老师迅速报警,并协助警方调查。

第七,组织自救、互救,等待救援队伍。

(三)学校发生生化恐怖袭击事件时的应急避险指南

第一,发现可疑的生化恐怖袭击迹象,学校要立即报告警方或应急管理部门。

第二,迅速用湿毛巾、手帕或衣角捂住口鼻,扎好领口、袖口、裤脚口,尽量减少皮肤的外露,以防人体表面被损伤或被蚊虫叮咬。

第三,统一指挥,有秩序地将师生转移到附近的人防工事内,或转移到上风方向的高地。

第四,来不及撤离的师生,可躲在封闭性较好的学校建筑物内,关严门窗,堵住缝隙,关闭空调机、通风机,等待救援人员。

第五,撤离到安全区域的师生,要迅速脱去被侵蚀的衣物,清洗或擦拭裸露的皮肤。

第六,如发现师生染毒,应及时用清水、肥皂水冲洗染毒部位,并紧急送医院,对症处理。

第七,如发现师生染病,要尽快将其隔离并送医院治疗,防止传染给其他师生。

(四)学校发生核辐射恐怖袭击事件时的应急避险指南

第一,组织师生迅速远离放射源和污染区。不能迎着风跑,也不能顺着风跑,应尽量往风向的侧面躲。

第二,迅速用湿毛巾、手帕或衣角捂住口鼻(或佩戴防毒面具和各类防护口罩)。扎好裤脚口、袖口、领口,或用雨衣、塑料布等把暴露的皮肤遮盖住。

第三,不要乘坐电梯下楼。

第四,多层楼梯的转角处要有老师引导和维护秩序,防止前后踩踏事故的发生。

第五,学校或老师迅速报警,并协助警方调查。

第六,组织自救互救,等待救援队伍。

第五节　正确认识宗教、抵制邪教

邪教是阻碍人类社会发展的一大毒瘤,是危害当代大学生的一大公害。它是一个长期存在的社会问题,是一种具有危害性、对抗性的破坏力量,其本质是反人类、反社会、反科学、反政府的。如今,邪教和进行的一切破坏行为已经严重影响国家和社会的安全和当代大学生的成长。尤其在近些年,邪教加强了对高校大学生的渗透。因此,面对新形势,作为国家最高层次教育机构的高校必须高度重视反邪教教育,并提出有效的反邪教教育策略,引导大学生认知邪教的本质及危害,精准地识辨邪教,提高防范意识,从而抵制思想侵略,远离邪教。

一、邪教的定义

关于"邪教"这一概念的认定,目前国际上还没有一个统一的标准。我国对邪教进行的界定是国内许多学者所引用的主流观点:邪教组织,是指冒用宗教、气功或者其他名义建立,神化首要分子,利用制造、散布迷信邪说等手段,蛊惑、蒙骗他人,发展、控制成员,危害社会的非法组织。总之,尽管国内外对邪教概念的界定存在差异,但是也存在共同的聚焦点,即邪教是一种教义和实践具有社会危害性的组织。

二、邪教的基本特征

邪教具有以下基本特征:

第一,教主崇拜。教主崇拜即唯教主是从,为教主而生而死。邪教教主往往以伪装和骗术来神化自己,自称绝对、无限神,让信徒对其绝对服从。

第二,精神控制。精神控制是邪教教主为巩固其"神圣地位",维持其信徒效忠自己的基本手段。邪教教主一般以各种谎言、骗术、心理暗示和诱导来对信徒进行"洗脑",使信徒丧失正常理智,丧失判断是非的基本能力,甘愿受其控制。

第三,编造邪说。编造歪理邪说是一切邪教教主蒙骗坑害群众的手段。它往往打着宗教或气功等旗号,冒用宗教的属性,编造和散布歪理邪说,妖言惑众,制造恐慌心理和恐怖气氛,达到对信徒进行精神控制的目的。

第四,敛取钱财。邪教教主通过各种手段,要求信徒倾其所有,将钱财奉献给教主,或通过所谓的"治疗",兜售书籍和音像制品,举办"学习辅导班"等形式,收取不义之财。

第五,秘密结社。邪教一般都有以教主为核心的严密组织,采取诡秘方式进行联络活动。邪教组织结构相当严密,组织内部等级和戒律森严,要求信徒绝对服从教主,严禁脱离和背叛组织。

第六，危害社会。邪教对社会的危害主要表现在以极端的手段与现实社会相对抗。邪教教主大多有政治野心，他们不满足于在"秘密王国"内实行神权加教权的统治，他们幻想对全人类实行统治，为了实现其政治野心，他们或者以信徒的生命作为牺牲品和政治赌注，或者以反社会、反人类的疯狂之举来震惊世界。

三、宗教与邪教的区别

邪教是冒用宗教的名义欺骗群众、进行各种违法犯罪活动的组织。邪教不是宗教，两者是有本质区别的。

（一）目的不同

宗教主张弃恶扬善、修身养性、宽容礼让，讲积德、积福、积禄、积寿、积来世，如佛教的"庄严国土，利乐有情"，天主教、基督教的"荣神益人"，道教的"慈爱和同、济世度人"，伊斯兰教的"两世相庆"，等等。这些说法虽然不尽相同，但都是引导信徒与人为善、慈俭济人、奉献社会。而邪教的目的或是满足个人私欲，或是为了达到政治目的而主张"建立神的国，取消人的国"，或是"称皇称帝"，要"改朝换代"，或是诈骗钱财、奸污妇女等。

（二）组织形态不同

宗教的组织形态相对稳定，有固定的组织名称、经典、教规教义、信仰对象、活动场所及教内职务名称，其组织活动是公开的。而邪教的组织形态不稳定，也不正规，没有固定的组织名称、经典，没有传统的信仰对象和活动场所，教内的职务名称杂乱不一。有的自称为"王""主""活基督"，有的自称为"神的化身""菩萨转世"，歪曲、曲解宗教的教规教义或自编信条，并根据形势的变化，随时改变组织名称、活动场所等，其活动是在秘密状态下进行的。

（三）社会影响不同

宗教没有现实的直接危害，如果引导得好，还可以减少其消极作用。而邪教对社会有直接、现实的危害：有的散布谣言、邪说，鼓吹"末世论"，宣扬迷信，恐吓、蒙骗群众，扰乱社会生产、生活秩序；有的企图推翻现政权，利用社会矛盾煽动群众抗拒国家法律和政策的实施；有的借神佛鬼妖之名，诈骗钱财，奸污妇女，进行违法犯罪活动，对社会政治稳定、人民群众生命财产安全造成严重危害。由于邪教影响社会稳定，扰乱社会秩序，危害人民生命财产的安全，妨害社会主义现代化建设，毒化社会风气，因此我国党和政府的态度是坚决取缔邪教组织，并依法打击其中的为首分子，对宗教则是采取尊重和保护政策。

四、崇尚科学，反对邪教

高等学校是传播科学文化知识的殿堂，担负着为国家培养社会主义现代化建设者的艰巨任务。高校的大学生应当牢固掌握辩证唯物主义和历史唯物主义，反对唯心主义，反对封建迷信。广大青年学生应当努力学习科学知识、科学思想、科学方法和科学精神，正确地分析问题、解决问题，正确地认识世界、改造世界。

(一)要学习科学文化知识,树立正确的理想信念

理论是实践的指南,思想是行动的先导。青年时期是人的世界观、人生观、价值观的形成期,青年人乐于接受新的事物,善于接纳新观点,喜欢猎奇,可塑性强。要成为未来的建设人才,就离不开科学理论和先进思想的指引,只有用科学理论和先进思想武装起来的青年,才能担负起建设国家的重任。

第一,树立远大的理想和正确的世界观、人生观和价值观。成大业者必先立大志。每一位有志的青年,无论身在何处,无论在什么岗位,都应当心系祖国和人民,把个人的抱负同全民族的共同理想统一起来,这样才能获得强大的前进动力,才能在建设祖国和服务人民中实现自己最大的人生价值。

第二,坚定社会主义事业信念。改革开放 40 年来,中华大地发生的巨大变化证明,建设中国特色的社会主义是我国走向繁荣富强的正确道路。在振兴中华的征途上,广大青年只有坚定走中国特色社会主义道路的信念,才能保持正确的人生航向。

第三,学习掌握先进的知识和科学的思想,先进的知识和科学的思想对人的素质的影响,对一个国家生存和发展的影响越来越重要。迷信与科学是对立的,青年要不断学习新知识,掌握科学方法,树立科学观念,养成科学的思维方式,逐步把自己培养成对社会有用的人。

(二)要崇尚科学,珍爱生命,反对邪教

第一,破除迷信,相信科学。首先要相信科学,坚持以科学的态度对待一切。生了病要及时到医院就诊,千万不要盲目信奉迷信的做法,以免耽误了治疗时机。其次要保持良好健康的心态,正确对待人生的坎坷,遇到不顺心的事,要找家长、老师或朋友倾诉,寻求帮助,千万不能为寻找精神寄托而误入迷信的圈套和邪教的泥潭。

第二,关爱家庭,珍爱生命。生命对于每一个人都非常重要,珍爱生命、保护生命是文明社会的共识,而邪教却通过欺骗、引诱、胁迫等手法,把人们的生命掌握在他们的"精神控制"之中。一些相信邪教的人在"世界末日""升天"等歪理邪说的蛊惑下,放弃生命,走向极端,充当了邪教的"殉葬品",我们要充分认清邪教泯灭人性、残害生命的邪恶本质,认清邪教对人们自身、家庭及社会的严重危害。

第三,崇尚文明,反对邪教。青年大学生要培养科学健康的生活方式,不断增强免疫能力,认清邪教反人类、反社会、反科学的本质,认清其对社会和青年的危害,大力倡导科学精神,弘扬精神文明,积极参与科学文明、健康向上的校园文化活动,用科学理论和知识武装头脑,做遵纪守法、崇尚科学、反对邪教的新时代大学生。

(三)要加强反邪教知识的学习,切实提高辨别和抵制邪教的能力

邪教活动都是违法的,青年大学生需要在纷繁复杂的社会生活中正确识别真伪,认清对错,自觉抵制邪教。

第一,不听、不信、不传。不听邪教的宣传,不信邪教的谬论,更不要去传播邪教。如果自己的家属、亲戚、朋友或邻里有人信了邪教,要关心帮助他们,提醒他们不要上当。对不怀好意的邪教人员的拉拢,要提高警惕,防止上当受骗。收到邪教宣传信件,及时上交到社区、学校或单位,电子邮箱中收到这类信件时,要及时删除,不要相互传看不健康的内容。

第二,检举、揭发邪教的违法活动。发现邪教在骗人、非法聚会、进行破坏活动时,要及

时向学校或公安机关报告。如果自己的亲人参与邪教聚会、串联等违法活动,要及时劝阻。

第三,积极宣传,主动参与反邪教活动。积极参与反邪教警示教育活动,不仅要自己主动接受教育,还要动员和帮助亲友接受教育,要用学到的反邪教知识,帮助亲属戳穿邪教骗人的"鬼把戏",对迷上邪教的亲朋好友,要尽力劝说,并积极帮助他们早日脱离邪教。

第六节　集会、游行、示威合法举行

集会、游行、示威的申请。举行集会、游行、示威活动,必须依照《中华人民共和国集会游行示威法》的规定,向主管机关提出申请并获得许可后才可以进行。举行集会、游行、示威,必须要有负责人。依据规定,需要申请的集会、游行、示威,其负责人必须在举行日期的5日前向主管机关递交书面申请。申请书中应当写清楚集会、游行、示威的目的、方式、标语、口号、人数、车辆数、使用音响设备的种类与数量、起止时间、地点(包括集会地和集散地)、路线和负责人的姓名、职业、住址等。

第七节　爱我中华,反对分裂

我国是一个由56个民族组成的温暖大家庭,是一个血脉相连的共同体。增强民族团结,维护国家统一,是我国各族人民的共同责任。加强大学生的民族团结教育,是实现各民族团结和睦的基础。民族团结是我国社会主义民族关系的基本特征和核心内容之一,也是党和国家所构建的和谐目标。特别是在多民族聚居地区,维护民族团结对社会稳定、经济持续快速发展显得尤为重要。民族地区的稳定事关祖国边防的巩固,社会的长治久安;少数民族的发展事关建设中国特色社会主义事业的成败。民族地区的进步和发展不但需要各族群众自力更生、艰苦奋斗、开拓进取,还需要经济发达地区的帮助和社会各方的献计出力。各民族互相合作、互相支持,才能共同发展、共同繁荣。

中国共产党是我国的执政党,是历史的选择、人民的选择,但西方反华势力却始终没有放弃对我国进行"西化""分化"的图谋。同样,境内外敌对的"三股势力"及邪教也会利用互联网、校园BBC、个人信箱等途径发布有害信息,用资产阶级腐朽思想腐蚀大学生,进行渗透、颠覆破坏活动。每当国内外发生重大事件及高校内部出现热点、敏感问题和不稳定因素时,一些别有用心的人就会利用互联网进行煽动、炒作,故意夸大事实,扩大事态,引起群体性事件,从而对校园稳定造成危害,引发治安、刑事案件。

那么,大学生如何维护民族团结呢?

首先,认真履行维护国家统一和民族团结的基本义务,自觉同一切危害祖国统一和民族团结的行为做斗争。对各种破坏民族团结的谣言不听、不信,更不参与。其次,了解并尊重各民族习俗。我们身处的文化环境是一个多样性的文化生态环境,坚决摈弃狭隘民族主义,多学习民族知识,增进民族的相互了解,尊重各民族的风俗习惯和宗教信仰,以促进各民族同胞的信任和团结。再次,要加强民族团结。学生团体可以通过组织各民族歌舞会演、民族团结故事会、民族知识竞赛等活动,增进不同民族同学间的相互了解和友谊。最后,大学生要自觉加强政治思想素质和道德修养,牢固树立社会主义核心价值体系,坚决抵制腐朽没落思想观念和生活方式的侵蚀,真正经得起考验。

第二章 人身安全

人身安全是指个人的生命、健康、行动、名誉等没有危险或不受到威胁，是人们赖以生存和活动的首要条件，是每个人最重要、最基本的安全要求。大学生的人身安全是指大学生身体健康不受伤害，没有危险和威胁。随着各种社会矛盾的出现和高校的不断社会化，危害大学生人身安全的因素也随之增多，再加上大学生生活空间和交流领域的不断扩展，高校大学生人身伤害事故和案件时有发生。目前，常见的高校大学生人身伤害事件分为两类：一类是高校大学生人身伤害事故，包括高校群体性活动、体育运动以及实验实习中的大学生人身伤害事故；另一类是人为侵害造成的大学生人身伤害案件，包括故意伤害、抢劫、抢夺、滋扰及性侵害等形式。作为大学生，只有充分保证自身生命安全和身体健康才能顺利完成学业，才能有机会、有能力为祖国和社会做贡献，更好地实现自身的人生价值。因此，在大学生中普及预防人身安全知识，树立正确的安全防范意识，具备基本的安全防范知识和能力，尽可能避免各种伤害，对确保其生命安全具有举足轻重的意义。

第一节 大学生人身伤害事故

一、大学生人身伤害事故的类型

从事故原因进行划分，高校大学生人身伤害事故可以分为责任事故、意外事故和自然灾害事故。责任事故是指因为相关责任主体的某种过错造成大学生人身伤害的事故，因责任主体不同又可以分为学校责任事故、大学生自身的责任事故、其他相关人员的责任事故及混合型责任事故。意外事故是指因不能抗拒或者不能预料的原因造成的大学生人身伤害事故。自然灾害事故是指因为自然因素造成的大学生人身伤害事故。

下面就事故发生的不同场合进行划分，高校大学生人身伤害事故主要包括高校群体性活动、体育运动以及实验实习中的大学生人身伤害事故。

（一）群体性活动中的大学生人身伤害事故

高校群体性活动中的大学生人身伤害事故是指在学校组织的或学校负有管理职责的各种群体性教育教学活动中，造成大学生人身损害后果的事故。这类事故具有偶然性、群体性等特点，一旦发生很有可能造成多人伤亡甚至更严重的后果。

1.群体性活动中造成大学生人身伤害事故的原因

（1）活动组织存在漏洞。群体性活动因为参与人员众多、环节复杂，因此，活动的组织工作显得尤为重要。如果组织管理上存在漏洞，不仅活动不能顺利开展，而且活动参与人员的人身安全也无法得到保障，一旦出现突发事件便无法有效处置，进而酿成人身伤害事故。

（2）活动场地和设施设备出现故障或损坏。群体性活动对活动场地及设施设备的要求较高,往往配备有音响、灯光设备等大功率电器,以及舞台、横幅等设备设施,这些设备设施的故障和损坏也是造成高校群体性活动中大学生人身伤害事故的重要原因。

(3)活动参与者自身的原因。活动期间,参加活动的个别大学生不遵守活动纪律,不服从工作人员的管理安排,甚至出现冲突、拥挤等行为,也极容易导致人身伤害事故。

(4)其他原因。意外事件、人为破坏以及自然因素也是造成高校群体性活动中大学生人身伤害事故的重要原因。

2.群体性活动中大学生人身伤害事故的防范措施

(1)严格审批,认真组织。高校群体性活动的组织者要按规定严格审批备案,要根据活动的规模、流程、场地等制定完善的工作预案,配备足够的工作人员并认真落实,分工负责。活动期间,要加强现场秩序的维护,做好应急处置,确保活动有序进行。

(2)加强安全检查和隐患的排查整改。活动进行前,活动组织者要联系学校相关职能部门对活动场地及设施设备开展全面的安全检查和隐患排查整改工作,及时消除可能引发人身伤害事故的各种隐患。

(3)加强安全教育。活动开始前,活动组织者要对参加活动的大学生及工作人员进行安全教育,重点是要明确活动的组织纪律和相关要求,以及应急预案的相关措施。

(4)在高校群体性活动中,一旦发生大学生人身伤害事故,活动组织者要迅速启动应急预案,并按要求认真组织实施。大学生一定要保持镇定,听从指挥,在工作人员的安排下有序撤离,千万不可拥挤踩踏,以免造成更为严重的后果。

(二)体育运动中的大学生人身伤害事故

高校体育运动中的大学生人身伤害事故是指在学校组织实施的校内外体育活动(包括体育课、课外体育活动、体育竞赛和课余体育训练)以及在学校负有管理责任的体育场馆和其他体育设施内发生的,造成在校大学生人身损害后果的事故。当前体育运动中大学生人身伤害事故经常发生,是高校大学生人身伤害事故的主要类型。

1.引起高校体育运动中大学生人身伤害事故的原因

(1)学校因素。

①安全教育落实不力。个别高校对大学生的体育运动安全教育没有落到实处,导致部分大学生缺乏正确的安全防范意识及基本的体育运动知识和技能,体育运动观念及动作错误,引发伤害事故。

②体育场地设施不安全。个别高校对体育场地设施的管理不到位,维修不及时,因体育场地设施故障或损坏造成大学生体育运动中人身伤害事故的情况也时有发生。

③学校卫生保健制度不健全。有些高校卫生保健制度不健全,没有对大学生定期进行相应的体格检查或检查不认真,从而无法发现大学生身体健康存在的隐患,导致大学生在运动中发生伤害事故。

(2)教师因素。

①教师工作责任心不强。个别体育老师因为自身工作责任心不强,上课积极性差,不对所教大学生实施合理的保护和帮助,对学生的违规和错误行为不及时纠正,往往也会造成大学生人身伤害事故。

②教学组织不当。在实际的教学工作中,个别体育老师不能根据体育教学规律及学生的身心特点严格按照大纲内容、教学步骤组织教学,或不能根据学生的实际情况和气候特点做好充分的准备工作,这也是造成体育运动中大学生人身伤害事故的重要因素。

(3)大学生自身因素。

①安全意识淡薄,心理素质不稳定。部分大学生在体育运动中没有树立正确的安全防范意识,思想上麻痹大意,运动前准备活动不充分,不采取必要的安全防范措施,运动盲目和冒失。另外,部分大学生心理素质差,在运动中情绪低下,存在紧张、畏难、恐惧、害羞、犹豫等不良心理,进而导致动作变形,引发伤害事故。

②身体因素。有的大学生对自身的健康状况不了解,没有发现自身隐藏的一些疾病,往往因高强度的运动而诱发各种疾病导致伤害事故的发生。

③缺乏体育运动基本常识。实践中,很多大学生因为没有接受过正规的体育训练和培训,自身不具备基本的体育运动常识,体育运动缺乏科学性和合理性,技术动作不规范,违背基本的运动规律而造成伤害事故。

④组织纪律观念差。有的大学生在体育运动中,缺乏组织观念,不按照体育老师和管理人员的要求进行练习和比赛,这也是引发大学生人身伤害事故的重要原因。

2.高校体育运动中大学生人身伤害事故的防范措施

(1)学校方面。

①完善体育场地设施,充分保证安全。作为学校,有义务为在校大学生提供安全的体育运动场地和设施。学校要高度重视体育运动场地和设施的安全,要建立健全工作制度,强化管理责任,配备专职人员做好场地和设施的维修保养工作,防止因体育场地设施损坏而导致大学生人身伤害事故发生。

②建立健全卫生保健制度。学校要建立健全针对大学生的卫生保健制度,定期对大学生开展相应的体格检查,及时发现和提醒大学生自身隐藏的各种疾病,避免因盲目运动而造成伤害。

③加强对大学生的体育运动安全教育。通过安全教育,使大学生树立正确的体育运动安全防范意识,具备必备的体育运动基础知识和技能。同时,要对个别大学生进行及时有效的心理引导,克服大学生体育运动中的心理障碍。

(2)教师方面。

①提高安全防范责任意识。作为教师,在教学过程中要提高自身的安全防范意识,加强责任心,认真检查和排除各种隐患,耐心、科学地开展教学活动,及时对学生实施合理的保护和帮助措施,确保大学生人身安全。

②合理组织教学。教师要根据体育教学规律、学生的身心特点及季节、环境等因素,严格按照大纲内容、教学步骤组织教学,防止因教学组织不当而造成大学生人身伤害事故。

(3)大学生自身。

①增强体育运动安全意识。大学生要不断增强自身的体育运动安全防范意识,要对体育运动中潜在的不安全因素保持充分的认识,克服自身心理障碍,以认真、谨慎的态度参加各项体育运动。

②掌握基本的体育运动知识和技能。大学生要加强学习,掌握基本的体育运动知识和保护技能,做到体育运动的科学性和合理性,规范自身技术动作,切勿盲目和麻痹大意,确保自身安全。

③增强组织纪律观念。大学生在体育运动中,要严格服从体育老师和管理人员的安排和指导,以大局利益为重。在自己或同学受伤时,要加强团结,互相帮助,及时报告老师,果断采取措施。

(三)实验实习中大学生人身伤害事故

高校实验实习中大学生人身伤害事故是指在学校组织的各种实验实习活动中发生的,造成大学生人身损害后果的事故。比如,电击、爆炸、中毒、机械损伤等情形。

1.造成高校实验实习中大学生人身伤害事故的原因

实验实习是大学生学习过程中的重要环节,主要是锻炼大学生的实际操作能力,对促进大学生综合素质的提高具有重要意义,但因为以下几方面因素的影响,高校实验实习中经常发生大学生人身伤害事故。

(1)学生安全防范意识不强,操作失误。因为实验实习活动不同于理论学习,要求大学生必须亲自动手操作,特别是很多实验本身就具有一定的危险性,所以对实验的规范操作非常重要。有的大学生安全防范意识不强,对实验实习潜在的危险性认识不足,不按照指导老师的要求和实验规程操作,进而导致伤害事故的发生。

(2)指导老师工作不到位。有的指导老师在实验实习过程中过分相信自己的经验,简化实验操作过程;也有个别老师在工作中责任心不强,不及时纠正学生的错误,进而导致伤害事故的发生。

(3)实验实习设施设备出现故障。大学生实验实习的设施设备很多都是精密仪器,精度要求很高,因为电压、药品或设施设备本身的故障都有可能导致伤害事故发生。

2.高校实验实习中大学生人身伤害事故的防范措施

(1)树立正确的安全防范意识,严格操作规程。大学生要树立正确的实验实习安全防范意识,在进行实验实习之前,要仔细阅读和认真掌握实验实习的操作规程,特别是对相关注意事项要认真学习,要明确因为操作不当可能带来的危险。在实验实习过程中,要认真按照指导老师的要求和操作规程进行操作。发生意外时,要及时向老师报告,果断处置。

(2)指导老师精心指导。指导老师在实验实习进行前,要对大学生认真讲解实验实习的操作规程和注意事项,对实验的设施设备要认真进行检查,并及时整改隐患。在实验实习的过程中,要杜绝经验化教学,要耐心、科学地指导,对学生的错误行为要及时纠正。一旦发生人身伤害事故,要按照应急预案及时有效地处置。

二、一般人身伤害的安全预防

(一)自然灾害带来的人身安全事故的预防

1.地震危害的预防

(1)保持清醒的头脑;(2)在室内的人寻找相对安全的躲避空隙;(3)能撤离时,迅速有序地撤离到选定的安全地区;(4)在室外的人迅速远离危险区;(5)汽车不停在桥上;(6)被埋压在废墟下的人,积极自救,但要保存体力;(7)寻找身边的生存条件。

2.雷击危害的预防

(1)安装可靠的避雷装置;(2)雷雨时不要触摸铁制管道;(3)不在雷雨中行走、游泳;(4)远离危险物;(5)做好急救工作;(6)少用、不用手机。

(二)其他意外事故带来的人身安全事故的预防

1.运动损伤的预防

(1)做好运动前的准备活动;(2)做好运动后的整理活动;(3)注意运动后的饮食;(4)正确处理运动时的伤痛;(5)患有疾病的同学不参加剧烈活动。

2.溺水的预防

(1)不随意下河;(2)不到不了解的水域游泳;(3)不熟悉水性者落水要努力保持仰位;(4)施救者切忌正面接触;(5)抢救溺水者时,应将其头朝下,顶住其腹部。

3.烧(烫)伤的预防

(1)尽量远离热源;(2)发生烧(烫)伤后,要立即隔断热源;(3)对于轻度烧(烫)伤,立即用自来水冲洗,对于大面积烧(烫)伤,要保护创面,进行专业抢救。

4.身陷失火房屋里的自救

(1)俯身到距地面两米以内;(2)用湿毛巾、床单或手帕保护头;(3)关上门窗;(4)设法逃出房屋;(5)不要从两层楼以上的窗户往外跳。

5.化学物质灼伤的预防

(1)了解化学物质的特性;(2)严禁违规操作;(3)做好事故发生时的自我保护;(4)用清水冲洗并使用恰当的中和剂洗伤口。

6.触电的预防

(1)立即断电;(2)对心跳微弱的触电者采取人工呼吸、胸外心脏按压等措施急救。

7.旅途中特殊情况下的自救

(1)在沙漠里迷路,待在易被发现处,保持体力,通过鼻腔呼吸,减少出汗和水分流失,打通用的危难信号;(2)船只下沉,尽可能久地待在船上,弃船时尽可能带走全部淡水。

8.被关在电梯里的自救

(1)保持冷静;(2)利用电梯内的电话、警钟、手机求救;(3)切忌频繁踢门、拍门;(4)勿强行扒门。

9.爆炸事故的预防

(1)熟知民用爆炸物品性质;(2)遵守规定;(3)遵守操作规程;(4)做好设备定期检验;(5)做好"八防"工作,即防止可燃气体粉尘与空气混合,防止明火,防止摩擦和撞击,防止电火花,防止静电放电,防止雷击,防止化学反应,防止中毒;(6)做好事故发生时的自我保护。

10.放射性事故的预防

(1)熟知放射性物品的性质;(2)不得未经批准、未着保护装备进入放射性物品所在场所;(3)建立健全事故应急救援预案;(4)发生事故立即报告。

11.大学生自杀的预防

(1)正确面对困难;(2)倾诉以缓解心理压力;(3)明确生命的意义;(4)养成屡败屡战的作风。

12.食物中毒的预防

(1)做到"六要"和"六不要"。"六要"是:饭前便后要洗手,公用餐具要消毒,自己的食品要看好,购买食品要查证,生吃水果要削皮,对自己要有自信心;"六不要"是:不要吃含毒食品,不要吃太多的腌制食品,不要吃海鱼的内脏,不要吃不认识的食物,不要吃不明食物,不要吃不卫生饭店或摊点的饮食。(2)做好集体预防。(3)做好食物中毒事件的处理,包括抢救病人,封存可疑食物,立即报告,收集标本,查清污染源,调查究责。

13.一般传染病的预防

(1)管好传染源;(2)切断传播途径;(3)保护易感人群;(4)做好个人防护。

第二节　大学生人身伤害案件

【案例导入】

　　临近毕业的大学生都渴望找到一份工资高又相对轻闲的工作,但由于他们涉世不深,很容易被骗子诱骗,尤其是女大学生。女大学生被拐卖就是一个很典型的事实。

　　小燕23岁,在太原某大学公共管理学院读大四,毕业前夕四处奔走找工作,但该返校时小燕却一直没有返校,这引起了学校老师的怀疑,问她的同学,他们都不知道其去向,与她的家里联系,父母却称她没有在家,打她手机,也处于关机状态,小燕的下落一时成了一个谜……

　　小燕的失踪引起了学校和当地警方的高度重视,于是组织专案组开始侦查。经过连夜侦查,才知道小燕在找工作时被一家招工单位的虚假信息所骗,被卖到一个偏远山区给一位农民做老婆。犯罪嫌疑人王某在人才交流市场的某药品公司的求职登记上看到了小燕的名字和电话后,就以该公司的名义打电话通知小燕说她被录用为该公司的财务人员,请她一同乘车前往药材基地,要她去基地收药材,到达地点后,又骗她说在村里,就这样,小燕在王某一而再、再而三的哄骗下被骗到一个小村以6 700元卖掉了。

　　事后小燕向警方哭诉:我太相信人,因为当时他说的待遇也很好,而且我想找工作应该自己闯一闯,他说去看看药材基地,当天能返回来,我就去了。

案例评析

　　小燕的不幸遭遇是值得同情的,但又是很可悲的,她心灵的创伤或许一辈子都不能复原。通过这件事可以看到,大学生虽然具备了很专业的知识,但其他很多基本的能力还是非常欠缺的,在找工作时要保持一个正常心态,同时也应妥善保存自己的个人档案信息,以防类似的悲剧重演。

思考与讨论

　　大学生求职要具备哪些心理素质?

　　高校大学生人身伤害案件是指发生在高等学校及校园周边,非法侵害大学生人身权利,造成在校大学生人身损害后果的案件。随着社会及学校发展过程中一些矛盾的影响,近年来高校大学生人身伤害案件不断增多,对大学生本人、家庭、学校及社会都产生了消积的影响,常见的有故意伤害、抢劫、抢夺、滋扰及性侵害等。

一、故意伤害

　　针对大学生的故意伤害是指非法的故意损害大学生身体健康的行为,是对大学生人身权利的严重侵犯。这是高校大学生人身伤害案件的主要类型。

(一)故意伤害案件的特点

1.具有严重的危害性

　　故意伤害,首先会对大学生的身心健康造成一定程度的影响。其次,因为对伤害的治疗需要大量费用,在经济上会给个人和家庭造成沉重的负担。另外,案件的处理一般需要一个较长的过程,对大学生的日常学习、生活会带来诸多不利影响。故意伤害行为特别是打架斗殴,一般具有群体性特点,不仅严重破坏校园风气,而且容易引发其他纠纷,给学校乃至社会带来不安定因素。

2.表现形式多样

　　高校故意伤害案件其行为和结果都表现出多种形式,总结起来可以分为两类:一类是行为人单方的故意侵害行为;另一类则是当事双方的打架斗殴行为。在打架斗殴案件中,一部分是大学生与非大学生之间的打架斗殴行为,但更多的则是大学生之间的打架斗殴行为。

3.往往造成多名大学生受到伤害

　　高校故意伤害案件特别是打架斗殴案件,除了少数是事先有预谋外,多数当事人事先并没有准备,甚至双方并不认识,往往因矛盾纠纷瞬间激化而爆发。而大学生大多是集体活动,在面对矛盾纠纷时往往缺乏理智,常常会有多人卷入,造成多人受伤。

4.多发生在公共场所

　　高校故意伤害案件一般都发生在人员较多的公共场所,例如,食堂、教室、图书馆、运动场以及校园周边的网吧、餐馆、歌厅等公共场所,这些地方人员众多,特别是校园周边人员成分复杂,发生摩擦和矛盾的可能性大,容易发生伤害案件。

　　引起大学生被故意伤害的原因多样,概括起来主要有以下几个方面:

　　(1)利益之争。这里的利益不仅包括经济利益,还包括例如大学生学习、生活中的一些荣誉、竞选学生干部等其他利益,双方往往为某种利益产生冲突,进而造成伤害事故的发生。

　　(2)恋爱。目前,大学生因恋爱而引发的一些纠纷和不安定因素经常出现,特别是由此引起的校园故意伤害案件时有发生。

　　(3)体育运动。体育运动因激烈的肢体碰撞极容易引发冲突而导致伤害事故的发生。

　　(4)酗酒。大学生酗酒已经成为一个非常普遍的现象。有的大学生在酗酒后,要么与他人发生矛盾,造成对自身或双方同学的伤害,要么故意挑起事端伤害他人。

　　(5)心理原因。有些同学因猜忌、嫉妒等不良心理支配,往往把别人的进步和成绩当作对自己的威胁进而对别人进行故意伤害。

另外,因为学校及周边的治安形势严峻,不法分子无故挑起事端而伤害大学生的现象也经常出现。

(二)防范措施

1.加强大学生的法制纪律观念

法律及校纪校规是大学生的行为准则。大学生要自觉养成遵纪守法的良好习惯,切实加强自身法制纪律观念和意识。这样,一方面大学生自身可以避免很多矛盾和纠纷,在与别人发生矛盾纠纷时也可以用法律武器进行解决,避免伤害。另一方面,大学生还可以用法纪约束自己不伤害别人,从某种意义上说这也是对自身的一种保护。

2.加强思想道德修养

大学生要不断提高自己的文明程度和道德水准,提高自身思想修养。首先,要保持文明友好的言行举止和高尚的道德情操以及正确的荣辱观,不主动制造纠纷、激化矛盾。其次,要客观分析,冷静处置发生在生活中的各种矛盾。生活中的矛盾无时不在,只有具备博大的胸怀,冷静处置才能防止伤害。同时,大学生要养成谦虚谨慎的作风,在生活中要诚恳友爱,与人为善,克服骄横跋扈、妄自尊大、唯我独尊的错误作风,以减少不必要的伤害。

3.正确化解矛盾纠纷

伤害,很多是因为对矛盾纠纷处理不当激化所致,正确化解生活中的矛盾纠纷可以避免很多伤害。

(1)坚持化解矛盾纠纷的正确原则。

坚持正确的处理原则是及时有效化解各种矛盾纠纷的前提。一是坚持冷静处理的原则。发生矛盾纠纷时,双方当事人往往处于激动和非理智的不正常状态。这时,我们一定要保持冷静,千万不可偏激和冲动。如果能保持充分的冷静,便可以消减对方的不理智,同时也更有利于自己灵活处理当前的矛盾。二是坚持矛盾宜解不宜结的原则。如果双方能够坦诚相见、换位思考,很多矛盾便可以迎刃而解。我们要把握矛盾宜解不宜结的原则,认真做到不发生矛盾,不激化矛盾,迅速、理智地处理矛盾。三是坚持客观公正的原则。作为旁观者,如何对待眼前的矛盾也是矛盾纠纷能否及时化解的关键。当矛盾纠纷发生时,旁观者如果能坚持积极制止、善意劝说、客观调解的原则,矛盾就有可能得到及时化解。相反,如果不分青红皂白,见矛盾纠纷就趁势介入,起哄挑事,推波助澜或不问是非,偏袒一方,甚至大打出手,往往使矛盾纠纷迅速升级,伤害也就在所难免,甚至很可能伤及自身。

(2)坚持正确的化解方法。

矛盾激化,很多时候是由于化解矛盾纠纷的方法不当造成的。因此,我们在面对矛盾纠纷时必须要坚持正确的化解方法。一是保持理智。矛盾纠纷发生后,只要有一方能坚持冷静理智,不发火、不急躁,语言举止文明,对方的锋芒将会消散。二是保持谦逊的作风。发生矛盾纠纷时,只要自身态度谦逊,严于律己,不过多指责对方,对方固执己见就失去了意义,矛盾也就不容易激化。

4.劝阻打架斗殴

如果你遇上别人打架斗殴,应该做到:

（1）不围观，不起哄，不介入，更不要火上浇油。

（2）如果你想劝解，应当先问明情况，站在公正的立场上做双方的工作。若劝解无效，应迅速向学校有关领导或保卫部门报告，以防事态扩大。

（3）打架的一方如果是你的同学或熟人，在劝解时要主持公道，不可偏袒。在采取隔离措施时，应当首先拉自己的同学或朋友，以免被对方误解为"拉偏架"，或者被当作"同伙"而受到无辜伤害。

（4）见义勇为是每一个公民的道德义务。当学校有关部门调查打架真相时，现场目击人要勇于主动向有关部门提供线索和证据，以保护受害人的合法权益，使肇事人受到惩处。

（三）大学生遭遇故意伤害时的处置措施

1.低调应对，迅速离开

大学生在遭遇故意伤害时，千万不要进行硬碰硬的冲突，这样只会造成更为严重的后果。一般情况下，大学生可以低调应对，以消减对方的锐气，最好是在伤害发生之前抓住时机迅速离开。

2.积极寻求他人的帮助

大学生在遭遇故意伤害时，要注意观察现场及周围情况，可以适时向周围的同学和路人求助。

3.正确进行正当防卫

当伤害在所难免时，大学生可根据双方力量对比情况实施正当防卫，以尽可能减少伤害。

4.及时报案

事后，大学生一定要及时向公安机关报案，这样可以得到及时的帮助和救治。同时，及时向公安机关反映情况，有利于打击违法犯罪，减少更多的伤害。

二、抢劫、抢夺

抢劫是指采用暴力、威胁或其他方法，当场强行劫取公私财物的行为。抢夺是指公然夺取公私财物的行为。由于大学生涉世不深，缺乏社会经验以及遇险被抢劫后大多数不敢反抗，因此往往成为犯罪分子选择的对象。这两类案件在一定情况下容易转化为伤害、凶杀、强奸等恶性案件，造成被害人精神伤害，甚至危及生命安全，严重影响大学生正常的学习和生活。

抢劫、抢夺有如下区别：一是侵犯的客体不同。抢夺只是侵犯财产权利，不侵犯被害人的人身权利；而抢劫除侵犯被害人的财产权利外，还会侵犯被害人的人身权利。二是行为人的主观故意不同。在抢劫案件中行为人是故意对被害人施以暴力、威胁或其他人身强制方法；而在抢夺案件中，即使有暴力，行为人也只有对财物实施暴力的故意，主观上没有对被害人人身施用暴力的故意，致伤致死是行为人的过失所致。三是客观方面不同。抢劫表现为行为人采用暴力、威胁或其他方法，当场强行劫取公私财物；抢夺表现为行为人公然快速夺取公私财物的行为。

（一）抢劫、抢夺案件的特点

1.发案时间具有规律性

这两类案件一般发生在深夜,以及开学特别是新生入学期间。因为在深夜行人稀少,大学生往往孤立无援,作案容易得手,犯罪分子也容易隐蔽和逃离。学校开学时,大学生一般带有一定数量的现金,容易成为被侵害对象。特别是新生入学时,新生对学校及周边环境不熟悉,更容易被侵害。

2.发案地点具有隐蔽性

抢劫抢夺行为人作案,一般选择校园内较为偏僻的远离师生生活区的树林、小山、在建建筑物、自习室附近,以及无灯光、行人稀少的地段,或者是校园周边地形复杂、人少及夜间无路灯的地段。因为这些地方比较容易隐蔽,不易被人发现,得手后也容易逃脱。

3.作案手段的多样性

犯罪分子实施抢劫的手段通常有:采用殴打、捆绑等直接的暴力行为实施暴力型抢劫;抓住个别同学社会经验不足,胆小怕事的弱点,对其进行暴力威胁,实施抢劫;冒充老乡或朋友骗得同学的信任,继而寻找机会用药物将其麻醉,实施抢劫等。

4.作案目标具有选择性

一般情况下穿着时髦、携带贵重财物、单身行走的大学生及在无人地带谈恋爱的大学生情侣容易成为被选择的目标。

5.作案人员往往具有团伙性

抢劫、抢夺犯罪分子一般是学校附近不务正业、有劣迹的年轻人。他们往往相互勾结,组成团伙,共同实施犯罪。为了抢劫财物这一共同目的,结成团伙,有明确的分工,有的在抢劫前还进行了周密的预谋。

（二）防范措施

预防抢劫、抢夺案件的发生,要从思想上高度重视,严格遵守学校制定的有关安全规定,并自觉落实到具体的行动中,不给犯罪分子以可乘之机。

1.遵守校纪校规,按时回校

多数抢劫、抢夺案件都发生在深夜,大学生一定要按照学校规定,不得擅自在外租房,不得晚归或夜不归寝,以免给犯罪分子留下可乘之机。

2.贵重物品应妥善携带

大学生在携带贵重物品时一定要保持高度警惕,不要外露和过分张扬。现金是犯罪分子的最主要目标,一般情况下大额现金要存入银行,平时只带少量的零花钱。

3.外出结伴不独行

抢劫、抢夺案件的受害者很多都是在单身的情况下受到侵害。因此,为了保护自身安全,大学生特别是女大学生外出务必结伴而行,晚上最好不外出。

4.注重仪表

个别大学生喜欢刻意打扮,佩戴贵重首饰,动作行为张扬,这往往也会给自己埋下祸根,容易成为被侵害对象。

5.尽量避免出入复杂场所

大学生要选择校园内的大路行走,特别是夜间尽量不要行走在偏僻、阴暗的地方。另外,尽量不出入校外的网吧、歌厅、旅馆等复杂场所,以免给自身带来伤害。

(三)大学生遭遇抢劫、抢夺时的应对措施

1.沉着冷静,克服畏惧心理

大学生在遭遇抢劫、抢夺时,首先要保持镇定,克服畏惧、恐慌情绪;其次,要有正义必然战胜邪恶的信念。只有这样,才能使自己灵活机智地应对现场情况。

2.灵活处置,避免盲目蛮干

犯罪分子在作案前,一般都做了相应准备,要么人多势众,要么以凶器相逼。遇到这种情况,有的同学生性刚烈,往往鲁莽行事,易被犯罪分子伤害,一定要灵活处置,千万不可鲁莽行事,否则反而会造成更严重的后果。

3.巧妙周旋,迅速逃离

俗话说:"三十六计,走为上计。"同学们如果遇到抢劫,对比双方力量,感到无法抗衡时,可看准时机向有灯光或人员集中的地方快速奔跑,犯罪分子由于心虚,一般不会穷追不舍,从而可有效避免劫案的发生。当大学生已处于犯罪分子的控制之下无法反抗时,可先交出部分财物缓和气氛,或在犯罪分子心理开始动摇放松警惕时,看准机会迅速向有灯光或人员集中的地方奔跑。

4.及时报案,如实反映情况

大学生一旦遭遇抢劫,要注意观察,尽量准确地记下犯罪分子的特征,如身高、年龄、发型、体态、衣着、胡须、特殊疤痕、语言及行为等,还可趁其不注意在作案人身上留下暗记,事后及时向公安机关报案,并如实反映情况,配合警方侦查破案。

5.视情况呼救,不能胆怯

犯罪分子有其胆大妄为和凶悍的一面,更有其心虚的一面,只要同学们把握机会,及时呼救,一些抢劫案便可以得到有效的控制。

三、滋扰

滋扰,是指不法人员无视国家法律和社会公德而寻衅滋事、结伙斗殴、扰乱社会秩序、侵犯公民合法权益的行为。具体到高校校园,滋扰案件主要是指对校园秩序的破坏扰乱,对大学生无端挑衅、侵犯乃至伤害的行为。其表现形式以暴力滋扰居多,但随着通信的发展和进步,利用先进的通信工具实施的通信滋扰案件也时有发生。

(一)暴力滋扰

暴力滋扰是指采取暴力手段实施的流氓滋扰行为,一般表现为在公共场所故意起哄、强要强夺、无理取闹、寻衅滋事、结伙斗殴等行为。

1.校园暴力滋扰案件的常见形式

(1)一些不法社会青年,在学校周边的网吧、歌厅、餐馆甚至路上等偶然场合与大学生发生矛盾,进而酿成冲突。

(2)青少年犯罪团伙邀约到校园内斗殴滋事,伤害大学生人身安全,扰乱校园秩序。

（3）一些游手好闲的青少年，把学校变为玩乐场所，在校园内随意游逛，或故意怪叫，破坏校园秩序。

（4）不法青少年通过多种途径与少数大学生进行交往，如发生矛盾或纠葛，便入校寻衅滋事，伺机报复。

（5）有的不法青年，专门尾随女大学生或伺机到学生宿舍、教室等处侮辱、骚扰、调戏女生，致使女大学生身心受到伤害。

2.暴力滋扰的防范措施

（1）提高自身修养。大学生要不断提高自身修养，在日常生活中应尽量避免各种纠纷，不要因小事而招惹是非，在结交朋友特别是社会上的朋友时要保持谨慎。

（2）尽量不出入校园及周边的复杂场所。校园及周边复杂场所人员众多且成分复杂往往是不法人员的集中场地，大学生要尽量少出入这些场所，以免给自身带来不必要的伤害。

（3）遵守校规校纪。大学生应严格遵守学校的各项规章制度，按时作息，不留宿他人，也不能夜不归宿。特别是在组织集体活动时，要按照学校规定提前申报备案，要充分考虑安全方面的因素，制定完善的应急预案，采取必需的安全措施，以防止不法分子趁机滋事，从而造成人身伤害。

3.遭遇暴力滋扰的处置措施

（1）充分依靠组织和集体的力量，积极干预和制止违法犯罪行为。大学生在遭遇滋扰行为时，要保持自身的正义性，要抓住闹事者外强中干的心理，充分依靠学校保卫部门、公安机关等正义力量，有效、及时地制止滋扰行为。

（2）自觉运用法律武器保护他人及自身安全。面对流氓滋扰行为，大学生要正确运用法律武器。既要坚持以说服为主，不轻易动手，同时又要留心观察，掌握证据，及时向学校保卫部门或公安机关报案，并积极提供线索。

（二）通信滋扰

通信滋扰是指利用信件、电话、网络等通信工具实施的流氓滋扰行为。当今社会，随着科技的发展，通信手段日新月异，利用先进的通信手段进行滋扰等违法犯罪行为较为普遍，严重破坏了广大青年学生的正常生活秩序，具有很大的社会危害性。通信滋扰主要是一种精神上的滋扰，侵害对象多为女大学生。通信滋扰行为具有很强的不确定性和随机性，实施行为人往往只是为了取乐、寻求刺激。而且，实施滋扰过程中，滋扰对象、方式及内容也会随时发生改变。滋扰实施者试图通过这种给别人造成麻烦、痛苦的方式，来满足自己的变态心理。

1.通信滋扰的常见形式

（1）电话滋扰。有的不法青年，在知道女大学生的电话号码后不停拨打对方电话，无聊地谈天说地，或者口吐污言秽语，严重影响大学生的学习生活秩序。

（2）信件滋扰。少数不法分子，通过各种渠道打听女大学生的姓名，然后不停地给其写信，内容不是低级庸俗的谈情说爱或造谣中伤，就是莫名其妙的恐吓威胁，甚至敲诈勒索，使大学生在精神上遭受巨大的压力和恐慌。

（3）网络滋扰。有的不法青年,利用网络,通过电子邮件、QQ、微信等方式,漫无目的地发一些淫秽图片、下流文字等以达到自己变态取乐的目的,严重影响大学生身心健康。

2.通信滋扰的防范和处置措施

（1）慎重交友。大学生特别是女大学生千万不要结交不知底细的社会朋友,以免给自己带来不必要的麻烦。

（2）注意保管个人基本信息。大学生不要轻易向陌生人及初次认识的人透露自己的个人信息,包括通信地址、电话号码、QQ、微信、电子邮件等内容,以免被别有用心的人利用进而伤害自己。

（3）果断处置。大学生在意识到接听的陌生电话有骚扰嫌疑时,一定要保持果断、坚决的态度,尽量不要与其搭话。同时,可试图打探一些对方的信息并做好记录,及时向公安机关报案,以利于相关部门打击处理。

四、性侵害

一般认为,只要是一方通过语言的或形体的有关性内容的侵犯或暗示,给另一方造成心理上的反感、压抑和恐慌的,都可构成性骚扰。性侵害案件是指以女大学生为目标,以暴力、胁迫或其他手段,违背其意志强行与其发生性关系或对其猥亵、侮辱的案件。对女大学生的性侵害,不仅使被害人的身心受到创伤,而且还会使被害人的人格尊严受到侮辱,从而导致女大学生精神崩溃,甚至导致自残、自杀等严重后果。因此,女大学生了解一些性侵害和性骚扰的基本情况,掌握一些基本应对方法,是很有必要的。

（一）性骚扰和性侵害的主要表现形式

1.暴力型性侵害

暴力型性侵害主要是指犯罪主体采取暴力手段、语言恫吓,或利用凶器进行威胁,对受害人实施性侵害的行为。暴力侵害比较复杂,有的是社会上的犯罪分子混入校园进行强奸,或混入女生宿舍或校园内偏僻处伺机作案;也有的是以抢劫、盗窃为目的,见有机可乘或因受害人处置不当而发展为强奸犯罪;还有的是因恋爱破裂或单相思,走向极端,发展成为暴力强奸。如果在性侵害的过程中被侵害人强烈反抗,或者他们害怕事情暴露,犯罪分子还可能会剥夺被侵害人的生命。

2.社交型性侵害

这类性侵害的主体大多是熟人,是指在自己的生活圈子里发生的性侵害,与受害人约会的一般是同学、同乡、朋友,有的甚至是男朋友。社交型性侵害也被称作"熟人强奸""沉默强奸""酒后强奸"等。受害人受到伤害后,往往出于各种考虑而不敢揭发。"社会是人的社会,人是社会的人",一个人生活在社会中,总要与人交往,生活在大学校园里的女大学生们也不例外,现代大学开放式的管理模式给了大学生许多交往空间,但由于其自身社会经验的缺乏,在社会交往活动中容易成为犯罪分子侵害的对象。在现实生活中女大学生可能被侵害主要情形有:

（1）家教。家教是许多女大学生在大学期间参加的一项社会实践活动,它可以增强学生的社会实践能力,同时也能获得一定的经济收入。但有的女大学生找家教工作不是通过正规的中介机构去联系,而是仅凭张贴的招聘广告自己去联系,有时只是看报酬多少,不了解对方家庭成员、社会背景等情况,毫无警惕意识。

（2）求职。在竞争日益激烈的今天,女大学生找到一份工作很不容易,总想通过各种途径去推销自己,托熟人、找关系,以求工作单位找得更好一点,这种急于求成的心理往往毫不掩饰地写在脸上,作案分子利用机会,凭借三寸不烂之舌,将自己吹嘘得如何本领大,取得女大学生的信任和崇拜,然后找机会对女大学生进行侵害。

（3）大学生们离开了父母和家庭,来到一个陌生的环境,更加迫切希望得到心灵上的慰藉。因此,在大学生生活中,同学之间建立纯真无邪的友谊是大学生生活不可缺少的一部分。但在实际生活中,许多大学生容易把异性间的友谊错当成爱情,特别是那些性格和泼、言谈举止轻浮、暧昧的女生更容易使男生产生误解。

（4）网恋。随着网络技术的迅猛发展,给在校的大学生提供了更多与陌生人交往的机会。时下,上网聊天,结识网友已成为高校的一种时尚,作案人在网络聊天中往往利用花言巧语给那些正处于感情迷茫时期的女生以最大的诱惑。在女学生看来,那些人就是她们要找的"梦中情人",因此容易上当受骗。某高校女大学生仅凭在网上聊天,与一男网友约定见面。孰料,该男子竟然是曾因强奸罪被判刑,且至今仍有多起案件在身的逃犯。女大学生被这位"虎狼"网友骗至一民宅后遭到蹂躏,而且在其后的16天里女大学生更是生活在人间地狱,"虎狼"网友将其光着身子锁在屋中,后来经过警方侦查,才将其解救出来。

3.诱惑型性侵害

诱惑型性侵害主要是指利用受害人追求享受、贪图钱财,或者意志薄弱,作风轻浮,制造各种机会引诱受害人,进行性侵害,被害人大多数因性观念混乱,择友不当,贪图钱物和享受而被侵害。

4.胁迫型性侵害

胁迫型性侵害,是指犯罪分子利用自己的权势、地位、职务之便,对有求于自己的受害人加以利诱或威胁,从而强迫受害人与其发生非暴力型的性行为。行为人往往利用职务之便或乘人之危而迫使受害者就范,或者设置圈套引诱受害人上钩或者利用过错或隐私要挟受害人,从而达到性侵受害人的目的。

5.流氓滋扰型性侵害

流氓滋扰型性侵害主要是指社会上的流氓结伙闯入校园,寻衅滋事,或是某些品行不端正人员在变态心理的驱使下,对受害人进行的各种性骚扰。一是利用机会靠近女生,强制性地进行抚摸、搂抱、挤碰女生等下流行为;二是在女生面前故意暴露生殖器等进行变态式性滋扰;三是向女生寻衅滋事、无理纠缠,用污言秽语进行挑逗,或者做出下流举动对女生进行调戏、侮辱等。如在夜间,受害人孤立无援,或处置不当等,也可能发展为暴力强奸或轮奸。

（二）性侵害案件的特点

1.具有严重的社会危害性

针对女大学生的性侵害案件是一种严重的暴力犯罪，与高等学校文明、和谐的氛围严重不相符，容易引发一系列不安定因素，影响校园乃至社会稳定。另外，性侵害犯罪不仅给受害大学生身心造成严重的伤害，同时还使其人格受到侮辱，进而有可能引起自杀、自残等更为严重的后果。

2.作案目标的选择性

犯罪分子通常选择以下人员为侵害目标：

（1）长相漂亮、打扮前卫者。在性犯罪案件中，感官刺激是性犯罪的主要犯罪因素。娇美白皙的面容、曲线优美的身材、前卫暴露的衣着往往给人很大的感官刺激，加速了犯罪欲望的产生。因此，在性侵害案件中，长相漂亮、打扮前卫的女生要比相貌平平、穿着朴素的女生被侵害的比例高。

（2）单纯幼稚、缺乏社会经验者。缺乏社交经验是很多大学生的弱点。大学生因为社会阅历较浅，在社会交往中缺乏必备的安全防范意识和能力，在与有着丰富社会阅历的人打交道时显露出许多单纯幼稚的言行，这恰好成为让那些心怀叵测的人攻击的弱点，因此，往往成为被侵害对象。

（3）作风轻浮、关系复杂者。随着高校的不断社会化，大学生与社会的接触已越来越多。面对越来越多的诱惑，一些思想过分开放的女大学生开始蠢蠢欲动，她们频频出入歌厅、舞厅等娱乐场所，广泛结识各种类型的社会朋友，而最后却成为被侵害的对象。

另外，文静懦弱、胆小怕事者，身处险境、孤立无援者，贪图钱财、追求享受者，精神空虚、无视法纪者，也容易成为性侵害的对象。

3.作案手法的多样性

前面我们已经在性侵害的表现形式中谈到了性侵害的各类作案手法，如暴力、胁迫的手段以及通过家教、网恋、求职等方法去侵害女大学生，以下的几种手法也是性侵害中经常出现的：

（1）谈恋爱。这种手法具有一定的隐蔽性，一般不容易为被害人所防备。女大学生在选择恋爱对象时，不考察对方的人品、修养及内涵，而过多地注重相貌、身材等外在因素，在遇到那些以玩弄女性为目的的恋爱高手时，往往是哑巴吃黄连有苦说不出。

（2）饮酒。这种手法常常发生在熟识的同学、朋友、老乡聚会以及有些女大学生有求于人的场合，犯罪分子通过与女学生交往一段时间，取得她们的信任后，然后在吃饭的场合提出让女学生喝酒，由于酒精能刺激麻痹人的神经系统，使人的思维过程受到干扰而变得神志不清，自制力下降，从而使犯罪分子容易得手。例如，女生谢某结识一位在学校附近打工的老乡袁某，袁某多次提出要与谢某发生性关系都遭到拒绝。一次袁某带谢某参加老乡聚会，酒桌上大家频频向两人敬酒，谢某为了不扫大家的兴致，只得勉强应酬，结果醉得一塌糊涂。早已对谢某垂涎三尺的袁某于是将其带到自己的租屋内，强行与其发生了性关系，后逃之夭夭，留给谢某的只有伤心的回忆和惨痛的教训。

4.报案时间的滞后性

由于性侵害案件客体的特殊性,涉及被侵害对象人格、名誉的损害,加上中国传统世俗的偏见,所以许多女性在遭到性侵害后都采取延迟报案或不报案的态度,致使犯罪分子更加肆无忌惮地对其他女性实施加害行为。例如,某高校女生夏某与王某在学校附近合租了一套房子,王某因参加了一项社会实践活动没有回家,周边居住的一个无赖看在眼里,一天晚上趁夏某熟睡之机,翻阳台进入将夏某强奸。事后夏某想去报案又有些犹豫,害怕一旦让人知晓自己的名誉就完了,她抱着反正无人知道的思想就将此事埋在心里。当地的那个无赖见事后没有任何动静,尝到"甜头"后,他决定再次铤而走险,当他第二次翻入室内作案时王某又成了受害者。虽然犯罪分子终被绳之以法,但带给两位女大学生的心灵伤害却永远难以抹平。因此,许多女大学生在遭到性侵害后往往采取延迟报案或不报案的态度,对公安机关及时调查取证、侦查破案十分不利。

(三)性侵害案件的防范措施

1.树立正确的防性侵害意识

在社会中,女性作为性侵害的特殊客体容易遭受侵害。因此女大学生在校内校外的各种活动场合,要随时注意遭受性侵害的可能性,提高自我保护的警觉性,对一些预警性的性侵害信息要及时采取防卫措施,有效地保护自己。如在社会交往中对朋友,对同伴那些肮脏下流的笑话,淫秽暧昧的语言,挑逗暗示的动作采取强烈的排斥态度,就能及时打消他们的侵害念头,从而防止被侵害。一旦发现某异性对自己不怀好意,甚至动手动脚或有越轨行为,一定要严厉拒绝、大胆反抗,并及时向学校有关领导和保卫部门报告,以便及时加以制止。

2.行为端正,态度明朗,言行得体

女大学生在校期间的穿着打扮要符合自己身份,以大方得体、朴实无华为好,不要盲目追赶潮流及女性性感的时装,以防给那些本无意实施强奸的犯罪分子感官上以极大的刺激,加强他们的犯罪欲望。在言行举止方面,如果自己行为端正,坏人便无机可乘。如果自己态度明朗,对方则会打消念头,不再有任何企图。若自己态度暧昧、模棱两可,对方就会增加幻想、继续纠缠。在拒绝对方的要求时,要讲明道理、耐心说服,一般不宜嘲笑挖苦。

3.谨慎结交新朋友

根据调查表明,有63%的性侵害是发生在相互认识的熟人中间。因此,女大学生在与同学、老乡及朋友(网友)的交往过程中要注意对方交往的目的,留意对方日常言行中表现出来的人品、道德修养。如发现对方时常有过分亲昵、挑逗等预兆性言行时,要及时果断地终止来往。在与朋友交往中应时刻注意观察和提醒自己,不要轻信好话,不要单独跟新朋友去陌生的地方;控制感情,不要在交往中表现轻浮;控制约会环境,不要到偏僻人少的地方;不要过量饮酒,不接受超过一般关系的馈赠;对过分的言行持反对态度等。

4.有选择地适当参加社会活动

女大学生应慎重参加社会活动,要通过学校及正规合法部门联系社会单位,切忌自己通过小广告或者自行推荐去选择服务对象。如家教类的活动,即使要参加也要通过学校及

有关部门去联系,一定要对服务对象进行全方面的了解,要签订正式的纸质合同,不要只图报酬高,嫌手续烦琐而贸然前往。

5.时刻关注所处周围环境

性侵害犯罪作为一种特殊的犯罪行为,犯罪分子往往注重作案环境的选择以求作案的"成功率",减少作案风险,所以女大学生对自己的生活、居住环境要加倍关注。晚上尽量不要外出,有事外出也要尽早回来,夜晚外出或在校内行走最好结伴而行,行走时要选择行人较多,路灯较亮的道路行走,经过树林、建筑工地、废旧房屋、桥梁涵洞等处时要特别小心。在学校公寓或校外租房处就寝时,要避免独处,特别是节假日期间,晚上睡觉时要关好门窗,拉上窗帘。

6.学会运用法律保护自己

对于那些失去理智、纠缠不清的无赖或违法犯罪分子,女大学生千万不要惧怕他们的要挟和讹诈,也不要怕他们打击报复。要大胆揭发其阴谋或罪行,及时向领导和老师报告,学会依靠组织和运用法律武器保护自己。注意千万不能"私了","私了"常会使犯罪分子得寸进尺、没完没了。

7.学点防身术,提高自我防范的有效性

一般女性的体力均弱于男性,防身时要把握时机,出奇制胜,狠、准、快地击其要害部位,即使不能制服对方,也可制造逃离险境的机会。人的身体各部位都可用来进行自卫反击,头的前部和后部可用来顶撞,拳头、手指可进行攻击,肘朝背部猛击是最强有力的反抗,用膝盖对腹股沟猛击相当有效,用脚前掌飞快踢对方胫骨、膝盖和阴部非常有效,同时,要注意设法在作案人身上留下印记或痕迹,以备追查、辨认作案人时作为证据。

8.掌握常用的正当防卫手段

为了帮助女性在危机中能使用正当防卫手段,结合实践,介绍以下几种正当防卫方法,可供女性在遭遇不法分子时使用。

喊——有道是"做贼心虚"。不法分子在实施犯罪行为时,心虚得很。别小看喊声带来的作用,它有可能阻止不法分子的主观恶念继续加深。假如不法分子正处于犯罪初始(刚着手)阶段,女性应当大声呼救,以求得旁人闻警救助。

撒——若只身行路遭遇不法分子,呼喊无人,跑躲不开,不法分子仍然紧追不舍,女性可以干脆就地取材,抓一把泥沙撒向对方面部(城市女性为防侵害,可以在衣袋、书包内常备些食盐)。这样做可以抢出时间,跑脱后再去调兵擒魔。

撕——如果撒的办法不起作用,仍被不法分子死死缠住,打斗不过。女性可以在反抗中撕烂不法分子的衣裤,令其丑态百出,而后将他的烂衣裤(碎片、衣扣、断带)作为证据带到公安机关报案。

抓——若使劲撕仍不能制止加害行为,可以向不法分子的面部、要害处抓去。抓时只有抓得狠、抓得死,将其抓破,才能达到制服不法分子、收集证据的目的。将留在指甲里的血肉送公安机关,即可作为遭到不法侵害的证据。

踢——面对一时难以制服的不法分子,可以拼命踢向他的致命器官,这样可以削弱他继续作案的能力。不少女性在自卫中使用过这种方法,极见成效。

变——若遭可疑人物跟踪,不要害怕,见机变换行走路线,一般都可将其甩掉。

认——受到不法分子侵害时,女性应当牢记不法分子的面部和体态特征,多记线索以便在报案(一定要争取在 24 小时之内)时提供给公安人员。

强奸案件屡有发生,在此类犯罪现象中,犯罪嫌疑人的主观恶性深度不一样,而女性被侵害时的情况也不尽相同,这就需要女性在遭遇不法分子时胆大不慌,依法自卫。如能灵活使用上述方法,既可制服不法分子,保全自己,又可为民除害。

(四)面对性侵害的处置措施

1.头脑清醒,控制情绪

女大学生在遭受性侵害之际,保持头脑清醒、情绪稳定是最重要的,只有设法使自己沉着、冷静,才能明白性侵害者意图,与其周旋,从而找出摆脱困境的方法。如果被害人处于危险时惊慌失措,大喊大叫,反而会助长犯罪分子的攻击性,导致性侵害的发生。

2.明确坚决的反对意愿

有时性侵害行为是性侵害者错误地理解了被害人的意思后发生的。因此,女大学生遇到别人要对自己进行性侵害时,应当恰当而且坚定地表明自己的态度以阻止性侵害行为的发生。明确表示,能够有效防止熟人之间性侵害行为的发生,也能够使一些陌生的性侵害者丧失信心,放弃性侵害的企图。

3.沉着冷静,机智反抗

女大学生在遭遇性侵害时,要注意观察性侵害者的弱点和周围环境以及一切可以利用的积极因素,采取恰当的措施适时进行反抗,尽可能结合自己平时生活中积累的经验和知识予以防范。比如尽量用赞扬的话语将其优点挖掘出来,唤起侵害人人性中善良的一面,使其行为向好的方面转化,以避免性侵害行为的发生。

4.有效使用正当防卫

女大学生在遭受性侵害时,可采取一些暴力防卫措施,特别是对犯罪分子身体薄弱部位进行有效的攻击(如脸部、腹部、下身等处),使性侵害人的身体产生伤痛,从而使其终止侵害行为,同时为被害人逃脱或获救创造条件。某高校女生在路过学校附近的小山林时,一男青年见四周无人,冲上来企图强奸这名女学生,在反抗过程中,该女学生死死咬住歹徒的舌头不放,歹徒疼得拼命挣扎,等他挣脱开时,一块舌肉已经掉下来了,没有占到任何便宜的歹徒捂着嘴夺路而逃,该女生马上赶到派出所报案,警察在附近的医院将正在就医的歹徒抓获。某高校女生晚上回校时,在一偏僻处遇到一中年男子欲行不轨,该女生假装同意,并让对方先脱下衣服,当那名男子将裤子脱到脚踝处时,该女生猛然将其推倒在地,那男子因裤子绊住了双腿,一时站不起来,女生趁机跑开了。

5.把握时机迅速脱身

性犯罪的行为主体在实施犯罪过程中,其心理变化有一个从冲动到后悔再到恐惧的过程。所以女大学生在遭遇性侵害时,要抓住一切有利时机,迅速向有人的地方奔跑并及时呼救。

(五)遭受性侵害后的处置措施

1.及时报案,不要拖

女大学生在遭遇性侵害后,要及时向有关部门报案,不能因为害怕名誉受损不报或延迟报案,这样不利于对犯罪分子进行抓捕、惩处,会使犯罪分子逍遥法外,也会使更多的女性受害。

2.积极配合调查

在性侵害发生后,被害人在报案的同时,要将有关物证保留好,并将犯罪分子的体貌特征、衣着打扮、口音、携带物品、受伤状况等情况如实向有关调查人员反映,为公安机关破案提供线索。

3.及时调整心态

女大学生被侵害后,表现出意志消沉,精神萎靡,心理负担加重,整天生活在被侵害的阴影中,久而久之,会产生厌世情绪,甚至有些会抱着破罐破摔的心理,走上自甘堕落的道路。还有自尊心较强的会因悲愤产生强烈的报复心理,发誓要除掉加害人。因此,作为有知识、有文化的女大学生,一定要在吸取教训的同时,及时调整心态,尽快从阴影中走出来。

(六)容易受性侵害的女大学生特征

第一,经常出入娱乐场所、打扮时髦、行为不羁的女生。

第二,性格懦弱、胆小怕事的女生。

第三,作风轻浮、胡乱交友的女生。

第四,独处于学生教室、寝室、实验室、运动场或其他隐蔽场所的女生。

第五,怀有不光彩的隐私、容易被他人要挟的女生。

第六,贪图钱财、贪图享受、缺乏观察识别能力的女生。

第七,意志薄弱、难拒性诱惑以及精神空虚、无视法纪的女生。

第八,夏季衣着单薄、裸露部分较多、曲线毕露的女生。

第九,夜晚长时间、独自在室外活动的女生。

五、被拐卖

拐卖是指不法分子以出卖为目的,利用欺骗、利诱等方法,将被侵害人出卖以获取金钱的行为。

大学生作为高智商的群体,被拐卖的问题却屡屡发生。究其原因,有的是因为想找个好工作,轻信人贩子能给自己安排一份好工作从而上当被拐卖;有的是因缺乏生活常识,缺乏警惕心喝了人贩子下有迷魂药的饮料,在不清醒状态下被拐卖;有的是因交朋友上当被拐卖;有的是因想占便宜,轻信人贩子丰厚利益许诺被拐卖;等等。在被拐卖的大学生中,有本科生,也有研究生,确实发人深省。

(一)女大学生被拐卖的原因

个别女大学生之所以会轻易被人贩子得手拐卖,除了不法分子的狡猾外,就女大学生

自身的原因看,主要有以下几点:

(1)缺乏社会经验。对于人贩子设计的一个个光环和各种假象,不能有效辨别,及时识破。

(2)缺乏警惕性。轻易相信初识或陌生的人,思想上失去防线。

(3)有想占便宜的思想。当人贩子以利益等许诺时,经不住诱惑而上当等。

(二)人贩子惯用的拐卖伎俩

(1)麻痹女大学生的思想警惕性,解除其思想防线。以花言巧语热情"帮助"或给小恩小惠,首先取得女大学生对他好的印象,消除其戒备心理。

(2)投其所好。以利益、名誉诱之,通过接触或事先了解,针对女大学生的思想和需要,投其所好,给以许诺,设法使其上钩。

(3)假交朋友。

(三)怎样防止被拐卖

(1)保持思想上的警惕性。特别是独自一个人外出或活动时,任何情况下都不要失去思想防线,遇事多问几个为什么。

(2)不要有占便宜的思想。特别是无缘无故的利益突然降到你面前时,一些冠冕堂皇的"君子"向你许诺时,切莫轻信,天上不会掉馅饼。

(3)不要随便吃喝初识人的东西。

(4)慎重交朋友。特别是对于对方的邀请,不要轻易应邀,一旦应邀,最好能把自己去的地方、联系方式、回来的大概时间告知同学,留以后手。

六、预防艾滋病

(一)艾滋病的基本知识

1.艾滋病(AIDS)

艾滋病的医学全名为"获得性免疫缺陷综合征"(英文缩写 AIDS),是由艾滋病病毒(人类免疫缺陷病毒-HIV)引起的一种严重传染病。艾滋病病毒侵入人体后破坏人体的免疫功能,使人体发生各种难以治愈的感染和肿瘤,最终导致死亡。

2.艾滋病病毒(HIV)

艾滋病病毒的医学名称为"人类免疫缺陷病毒"(英文缩写 HIV),它侵入人体后破坏人体的免疫系统,使人体发生多种难以治愈的感染和肿瘤,最终导致死亡。

3.艾滋病病毒感染者和艾滋病病人的区别

艾滋病病毒感染者是指已经感染了艾滋病病毒,但是还没有表现出明显的临床症状;艾滋病病人指的是已经感染了艾滋病病毒,并且已经出现了明显的临床症状,被确诊为艾滋病的人。两者之间的相同之处在于都携带艾滋病病毒,都具有传染性。不同之处在于,艾滋病病人已出现了明显的临床症状,而艾滋病病毒感染者还没有出现明显的临床症状,外表看起来跟健康人一样,从艾滋病病毒感染者发展到艾滋病病人,可能需要数年到 10 年甚至更长的时间。

4.艾滋病患者的主要临床症状

艾滋病病毒进入人体到致病需要一定时间。一般有 7~10 年甚至更长时间的潜伏期,但也有个别感染者几周后就出现类似流感一样的症状,如发热、肌肉疼痛和皮疹等。当感染者的免疫功能被破坏到一定程度后,出现原因不明的长期低热、体重下降、盗汗、慢性腹泻、咳嗽等。其他致病菌,甚至在正常情况下一些非致病菌也会乘虚而入,使人发生多种疾病,如严重腹泻、肺炎或某些癌症。还有些病人因病毒侵袭到神经系统会发生痴呆等症状。总之,艾滋病的临床表现是多种多样的,但最后病人往往是死于严重的腹泻、肺炎、肿瘤等造成的身体衰竭。

5.艾滋病是"超级绝症"

艾滋病是一种严重危害健康的传染性疾病。当人体处于正常状态时,体内免疫系统可以有效抵抗各种病毒的袭击。一旦艾滋病病毒侵入人体内,这种良好的防御体系便会土崩瓦解,各种病毒乘机通过血液、破损伤口长驱直入。此外,人体内一些像癌细胞之类的不正常细胞也会迅速生长、繁殖,最终发展成各类肿瘤。虽然全世界众多医学研究人员付出了巨大的努力,但至今尚未研制出根治艾滋病的特效药物,也没有可用于预防的有效疫苗。目前,这种死亡率几乎 100% 的"超级绝症"已被我国列入乙类法定传染病,并被列为国境卫生监测传染病之一,因此,也被称为"超级绝症"。

(二)艾滋病(AIDS)的传播

1.艾滋病传播的途径

艾滋病病毒(HIV)主要存在于艾滋病病毒感染者和艾滋病患者的体液中,包括血液、精液、阴道分泌液、乳汁、伤口渗出液等。能够引起体液交换的行为,都有传播艾滋病病毒(HIV)的可能。感染艾滋病病毒 4~8 周后才能在血液中检测出艾滋病病毒抗体,但在测出抗体前已具有传染性。已感染艾滋病病毒的人平均 7~10 年时间(潜伏期)才被确诊为艾滋病病人。在成为艾滋病病人以前,其外表上看上去很平常,但能将病毒传染给其他人。艾滋病病毒有三种传播途径:性接触传播、血液传播及母婴传播。

(1)性接触传播。性接触传播是目前全球主要的艾滋病病毒传播途径,全球大约有 70%~80% 的感染者是通过性接触感染上艾滋病病毒的。性交是艾滋病最常见的传染方式。男性病人的精液和女性病人的阴道分泌物中含有艾滋病病毒,人体生殖器黏膜内的毛细血管丰富而密集,黏膜脆弱而敏感,而性交会使黏膜出现微细创伤,这就为艾滋病病毒从感染者一方进入到健康者一方提供了最好的条件。男性同性恋是艾滋病传播的又一种方式。这种性交方式更容易损害皮肤和黏膜,感染艾滋病的机会更大。此外,口交与手淫等方式也可能会相互传染。总之,不管用何种方式性交,只要在双方直接紧密接触的部位有微小创伤,都会被传染上艾滋病病毒。

(2)血液传播。一是静脉注射吸毒。静脉吸毒者共用注射器或注射器消毒不严,致使艾滋病病毒相互传染。二是输血或输入血液制品。如果是艾滋病病毒感染者参加献血,病毒也会随着血液进入到其他非感染者体内引起感染。三是医源性感染。临床医疗工作中交叉感染。如针头、牙钻和注射器等消毒不严,与艾滋病病人、艾滋病病毒感染者共用器械,或用不干净的注射器,这些都容易被传染。

(3)母婴传播。母婴传播主要是感染了艾滋病的妇女(约有30%),通过妊娠、分娩和哺乳传给婴幼儿。

2.青少年易染艾滋病

目前,艾滋病毒感染者和病人中约有1/3的人年龄在15~24岁。在许多发展中国家,艾滋病病毒感染多发生在年轻人中间,其中年轻女性尤其易染,在全世界每天约16 000名艾滋病病毒感染者中,年轻人就占一半以上,这是因为:

(1)性活跃期。他们热衷于新鲜事物,容易受到诱惑而发生性行为。

(2)药物滥用。易成为毒品、酒精、烟草等的俘虏。

(3)易受社会、经济及朋友影响而发生高危行为。

3.不会传染艾滋病的情况

艾滋病虽然是一种严重的传染病,但它不是在任何情况下都会传染的,下述具体情况就不会传染艾滋病:

(1)在学校、公共汽车上、音乐厅、球场或其他地方相邻而坐。

(2)身体接触或握手。

(3)与他人共用厕所、水壶和电话。

(4)献血或做血液化验。

(5)共用计算机终端、商店设备、书或其他学校设施。

(6)在餐厅用膳,甚至共用菜盘、口杯、刀叉和其他餐具。

(7)在同一游泳池游泳或使用同一淋浴器淋浴。

(8)咳嗽或打喷嚏。

(9)蚊虫叮咬。

(10)与艾滋病病人及艾滋病病毒感染者的日常生活和工作接触。

(三)艾滋病的预防

党中央、国务院对学校预防艾滋病教育的要求。中央领导强调,"要从中华民族兴衰、发展的战略高度认识这一问题。要重视在青少年学生中普及预防艾滋病知识。要贯彻预防为主,要加大预防工作上的投入。要加强宣传教育,加大科普知识的普及力度,把知识教给群众,要提高群众的自我保护能力。"

《中国预防与控制艾滋病中长期规划(1998—2010年)》对学校预防艾滋病健康教育提出了具体工作目标,即到2002年,普通高等学校和中等职业学校新生入学预防艾滋病性病健康教育处方发放率达100%。

《中国遏制与防治艾滋病"十三五"行动计划》中强调,加强学校预防艾滋病和性健康的宣传教育,建立健全学校艾滋病疫情通报制度和定期会商机制,开展高校预防艾滋病教育试点工作并逐步推广。

国务院还明确教育部门在预防与控制艾滋病性病工作中的职责:负责在全国各类院校开展艾滋病性病防治知识及性教育,并将其纳入教师培训课程和大学、中学健康教育计划,在大学生中适当开展性安全知识的教育;支持并配合卫生部门做好外国留学生艾滋病的监测管理和出国留学生人员宣传教育工作。

艾滋病是一种病死率极高的严重传染病,虽然目前还没有治愈的药物和方法,但却是可以预防的,只要每个人都掌握预防艾滋病的常识并认真遵守、执行,就可以把传染艾滋病的危险减小到最低程度。就大学生自身而言,应注意以下事项:

(1)加强自身修养,树立正确防范意识。对艾滋病既不能过分恐惧和存有偏见,更不能对艾滋病正在以惊人的速度蔓延和所引起的社会危害视而不见,应采取积极正确的态度面对。学会缓解学习、生活压力,不在苦闷时寻求不健康的刺激以求解脱,拒绝自己不愿发生的事情,如婚前性行为、性骚扰、吸烟、酗酒,甚至吸毒等。要学会与同学交往,要学会在遇到困难时正确寻求同学、老师的帮助。

(2)遵守性道德,洁身自爱,反对性乱,不要有婚前和婚外性行为;遵守婚前健康检查的规定;婚前一定要知道对象是否已受艾滋病病毒感染;遵守政府法令,不搞卖淫嫖娼。

(3)不到消毒不严密或不消毒的理发店、美容店和浴室去理发、美容、文眉、文身、穿耳眼、修脚、洗浴;刮脸刀、电动剃须刀必须每个人自备专用,不与他人共用;牙刷必须每个人一把。

(4)任何注射,最好使用一次性注射器。

(5)怀疑自己或对方受艾滋病病毒感染时,应坚持使用安全套。

(6)不以任何方式吸毒。有毒瘾者暂未戒除前,切勿与他人共用注射器。

(7)就医时要到正规医院,使用经严格消毒的注射器及治疗器械;不到消毒得不到保证的不正规诊所、医院去打针、拔牙、针灸或手术;在救护流血的伤员时,要设法防止血液直接沾到自己的皮肤或黏膜上。

(8)不要擅自从国外带入血液制品,不使用未经检验的进口血液制品;有必要输血时,要使用经艾滋病病毒抗体检验合格的血浆。

(9)已受艾滋病病毒感染的女性不要怀孕。

(10)如果自己有感染艾滋病病毒的条件和可能,或自身有这方面的不适,应及时到医院检查;如果已成为艾滋病病毒携带者,应先与当地的卫生防疫站和传染病医院接触,从那些机构可以得到医疗服务、咨询和帮助,并采取防护措施,严防再传染他人。

第三节　正当防卫

一、正当防卫的概念

根据《中华人民共和国刑法》第20条规定,正当防卫是指为了使国家、公共利益、本人或者他人的人身、财产和其他权利免受正在进行的不法侵害,采取对不法侵害人造成损失的方法制止不法侵害,没有明显超过必要限度造成重大损害的行为。正当防卫不仅是公民维护自己合法利益的权利,同时也是国家用以维护国家利益、公共利益,震慑违法犯罪者,鼓励广大人民群众同犯罪做斗争的重要手段。正当防卫不仅是法律赋予每个公民的合法权利,同时也是每个公民应尽的道德义务。

二、正当防卫的成立条件

根据我国刑法有关规定,正当防卫成立必须具备以下条件:

(一)必须有现实的不法侵害存在

保护各种合法权益免受不法侵害,是我国刑法规定的正当防卫的目的。因此,不法侵害行为的现实存在,是正当防卫的前提条件。这里的"不法侵害",是由人实施的非法行为对合法权益的侵害。

(二)不法侵害必须正在进行

正当防卫的目的是为了保护合法权益免受"正在进行的不法侵害"。因此,"不法侵害正在进行"是正当防卫必须具备的时间条件。"正在进行的不法侵害"包含两层意思:一是不法侵害是客观存在的事实,不是防卫人主观推测的结果;二是不法侵害已经开始,尚未结束。

(三)必须具有保护合法权益免受正在进行的不法侵害的目的

保护合法权益免受正在进行的不法侵害的目的,是正当防卫成立必须具备的主观条件。其内容包括两方面:一是行为人明知自己是在制止正在进行的不法侵害的防卫意识;二是行为人希望以此来保护合法权益免受侵害的防卫目的。

(四)正当防卫只能针对不法侵害人进行

这是正当防卫成立必须具备的对象条件。通过制止正在进行的不法侵害行为来保护国家利益、公共利益和公民个人的合法权益,是正当防卫的目的,这种目的只有通过剥夺不法侵害人的能力才能实现。所以,正当防卫只能以不法侵害人为行为对象,不能损害第三者利益。针对不法侵害人采取的防卫措施,包括针对不法侵害人的人身所采取的措施和针对不法侵害人的财产所采取的措施两种情况。

行为人出于维护合法权益的目的,对第三者权益造成损害的,可以根据案件的具体情况进行处理。这种行为如果出于迫不得已并符合紧急避险的条件,应当按紧急避险处理;如果不符合紧急避险的条件,则应根据行为人主观罪过的内容和案件的实际情况来决定行为人是否应当承担刑事责任。

(五)不能明显超过必要限度造成重大损害

这一条件是正当防卫的限度条件。刑法第20条第2款规定:"正当防卫明显超过必要限度造成重大损害的,应当负刑事责任。"该规定说明,超过法律规定限度的防卫行为,就不再是合法行为,甚至可能成为犯罪行为。

1.正当防卫的必要限度

在如何确定正当防卫必要限度的问题上,刑法理论中有"适应说""必需说"等观点。"适应说"强调防卫必须在手段、强度、损害利益的大小等方面与侵害行为大致相当。"必需说"主张防卫手段应该以制止不法侵害所必需为限。正当防卫的目的是保护合法权益免受正在进行的不法侵害,将正当防卫的"必要限度"原则上理解为制止不法侵害所"必需"的"限度",更符合正当防卫的立法要旨。因此正当防卫的"必要限度"可以理解为:

(1)防卫行为确实为保护合法利益所必要。这里的"必要",是指不采取防卫行为,就不可能有效地制止不法侵害,从而避免合法权益的损害。在一般情况下,只要确实为保护合法利益所必要,行为人所采用的防卫手段可以强于侵害的手段,防卫行为对侵害人的损害也可以大于防卫行为保护的利益。

(2)防卫行为没有超出制止不法侵害所必要的范围。这是指在可以有效地制止不法侵害的防卫措施中行为人采取了损害最小的方法,或者说在造成较小损害就可制止不法侵害情况下,行为人没有选择造成较大损害的防卫方法。

当然,正当防卫的必要限度必须根据防卫的利益,不法行为侵害强度与紧迫程度防卫人与不法侵害人的年龄、性别、体力的差距,防卫行为实施时的客观环境等综合因素,并结合防卫人行为时的主观心理状态进行综合评价,才可能得出正确的结论。

2. "无限防卫"的理解与适用

为了保护和鼓励公民运用正当防卫与严重威胁公民人身安全的暴力犯罪做斗争的积极性,纠正司法实践对正当防卫限制过严的情况,刑法第 20 条第 3 款规定:"对正在进行行凶、杀人、抢劫、强奸、绑架以及其他严重危害人身安全的暴力犯罪采取防卫行为,造成不法侵害人伤亡的,不属于防卫过当,不负刑事责任。"这一规定被我国刑法学界称之为"无限防卫",它实质上是刑法对存在严重危及人身安全暴力犯罪的情况下,应当如何确定正当防卫必要限度的具体说明。在理解与适用该款规定时,应当注意:

(1)该款只适用于制止严重危及人身安全的暴力犯罪的正当防卫行为。对非暴力犯罪,或未严重危及人身安全的暴力犯罪实行的正当防卫,不适用该款规定。

(2)该款中"严重危及人身安全的暴力犯罪",除了刑法条文中明文规定的行凶、杀人、抢劫、强奸、绑架等犯罪外,还应该包括任何"其他严重危及人身安全的暴力犯罪"(如爆炸、放火等危害公共安全的犯罪等)。

(3)该款中的"严重危及人身安全",是指不法侵害对公民人身构成紧迫威胁已严重到应采取造成不法侵害人伤亡的措施加以排除的程度。如果威胁尚未达到应该采取造成不法侵害人伤亡的措施加以排除的程度,对他们的正当防卫也不属于本款规定的适用范围。

三、大学生错误使用正当防卫的常见情形

在实际中,个别大学生由于对正当防卫的内涵及构成不了解或只是片面的了解,导致一种情况是在其面对不法侵害时不知道实施正当防卫来保护自己;另一种情况是错误地实施正当防卫,造成伤害案件,构成违法犯罪。不构成正当防卫的情形主要有以下几种:

(一)防卫挑拨

这是一种行为人在侵害他人的目的支配下,故意挑起对方实施侵害行为,然后以"正当防卫"为借口加害对方的行为。这种行为表面上看似符合正当防卫的客观条件,但由于对方的侵害行为是人为故意引起的,行为主观上不具备正当防卫必需的防卫目的,因而其客观上的"防卫"实际上是具有社会危害性的不法侵害行为,如果构成犯罪,应当按照故意犯罪追究刑事责任。

(二)相互斗殴

这是一种行为人双方都在加害对方的目的支配下实施的行为。斗殴双方主观上都不具备正当防卫的主观条件,任何一方在客观上加害对方的行为都不能称之为正当防卫。当然,现实中的相互斗殴情况很复杂,是否存在属于正当防卫的情况往往需要进行具体分析才能得出正确的结论。如在斗殴相持不下时,一方主动停止斗殴撤离退避,当在对方的追击下,因无路可退而被迫进行纯防卫性反击;或者在一方已经告败、求饶胜方仍不停止严重侵害的情况下,败方为避免损害而被迫自卫等情况,都应视为符合正当防卫的主观条件。错误地实施正当防卫进而相互斗殴的情况在大学生中相当普遍,经常造成大学生人身伤害。

(三)防卫过当

防卫过当是指"正当防卫明显超过必要限度造成重大损害"的行为。这里的"明显超过必要限度",是指在损害利益、手段、强度等方面,防卫行为明显地超过了制止不法侵害的需要。"造成重大损害",是指超过必要限度的正当防卫行为,对不法侵害人造成了不必要的重大损失。

(四)假想防卫

对事实上并不存在的"不法侵害"实施"防卫",刑法理论上称之为假想防卫。有的大学生在实际生活中,因为心理原因等因素影响,往往形成一些假想的侵害事实,从而实施错误的正当防卫行为。

(五)防卫不适时

防卫不适时是指对尚未开始或已经结束的不法侵害进行防卫。防卫不适时在大学生中表现为两种情况,一种是个别大学生在与别人发生矛盾纠纷但对方并没有实施不法侵害的意图或在不法侵害行为还没有开始的情况下,采取先下手为强的方式错误地使用正当防卫;另一种是个别大学生在对方已经停止不法侵害后,还对对方实施侵害的行为,这也是防卫不适时的表现。

第三章　财产安全

财产是否安全会直接影响到大学生的精神状态,一旦财物受到侵犯,首先会产生急躁、伤心等消极情绪,处于愤怒、抱怨、憎恨、难受的状态,这种状态会影响正常的学习和生活;其次,财物是学习和生活的工具,失去后会给大学生的学习和生活带来不便,从而影响学习的效率和生活的品质。为此,我们应该学习有关财产安全方面的知识,认识侵财案件的特点,积极预防侵财案件的发生,最大限度地减少财产安全事件的发生。

通常情况下,大学生在校园里财产被侵犯的主要形式是盗窃和诈骗,其次是传销、抢劫或抢夺、高利贷勒索等。大学生个人财产的保护途径:一是他力保护;二是自力保护。他力保护就是利用法律、法规和规章,依靠国家行政、司法机关、高校保卫职能部门和其他行政组织的保护。自力保护或称自我保护,是凭借自己对财产安全的防范意识和基本常识,依靠自己的力量,对财产的不法侵害进行事前的预防和适时的防卫以及事后的保护。不同形式的侵财行为,具有不同的特点,我们通过认识和学习,增强防范意识,掌握失窃时的应对方法,就能冷静地对待失窃案件,并将侵财案件的发生率降到最低。

第一节　校园盗窃案件

【案例导入】

2015年5月2日,宁波警方在某高校校园内发现一名可疑男子。在侦查员表明身份后该男子显得极其慌张,遂将其传唤至公安机关进行询问。经侦查,该男子交代了近期以来在该校的教室、阅览室等公共场所内以假扮学生的方式实施盗窃20余次的犯罪事实。

案例评析

教室、阅览室等公共场所是人流密集、学生财产疏于保管的地方,容易遭到不法分子惦记,导致财物被盗。这些地方经常出现盗窃案件,让人防不胜防,因此,学校应该努力做好以下几点:加强学生的防窃防盗意识,使其不论何时何地都保持高度的警惕性,保管好自己的财物;加强公共学习场所的监察管理力度,加派巡视人员以便及时发现可疑人员;适当安置监控设备,监控全局;完善校园的进出制度,严格管理非学校人员的进出;加强学校与公安机关的联系和合作,及时破获盗窃案件。

思考与讨论

大学生如何防范校园盗窃行为?

盗窃,是一种以非法占有为目的,秘密窃取国家、集体或他人财物的行为。近年来,一方面,高校招生规模的扩大,在校大学生的数量逐年递增,各大学校积极走产、学、研相结合的道路,以及后勤服务的社会化等,使得进出校园的人员多而杂,加之校园周边环境越来越复杂,使得校园受到社会的冲击和影响越来越大;另一方面,学校师生员工的安全意识并未随着一系列变迁而及时跟上,尤其是在校内的安全意识相当淡薄,疏于防范。由于以上两方面原因给了犯罪分子可乘之机,导致盗窃案件频繁发生,高校盗窃案发案率居高不下,给学校及师生造成了大量的财物损失,严重影响了师生正常的工作、学习和生活秩序。据统计,盗窃案件是校园的主要刑事治安案件,在高校发生的各类案件中侵财类案件占80%以上。

现简要介绍高校盗窃案件的表现形式、基本特征以及预防措施,以提高大学生特别是大学新生的防范意识,加强对自身财物的保管,不给犯罪分子可乘之机,从而减少盗窃案件的发生,避免财产损失。

一、高校盗窃案件的特点

根据对近几年在各高校发生的盗窃案件的调查显示,在高校盗窃案件中,校外人员流窜作案的约占50%,大学生作案的约占40%,在宿舍楼内借宿的校外人员作案的占10%。在高校作案的犯罪团伙都有自己固定的"地盘",且是多次重复作案的惯犯。大多是从顺手牵羊逐渐发展到进入宿舍盗窃财物。进入高校盗窃的犯罪分子大多是20出头的年轻人,为掩人耳目,他们进校偷东西前,在穿着上,一般都会特意穿比较休闲的衣服假装大学生。一方面,这样不会引起楼管的注意;另一方面,万一碰上学生询问,也可以谎称走错房间或找老乡等。少数大学生对自己要求不严,不顾家庭和自己的经济承受能力,爱慕虚荣,追求时髦,盲目攀比,从而导致没有钱花就去偷,以致逐步走上了犯罪道路。

大学里一般盗窃案件都有以下共同点:实施盗窃前进行有预谋、有准备的窥测;盗窃现场通常遗留有痕迹、指纹、脚印、物证等;盗窃手段和方法常带有习惯性;有被盗窃的赃款、赃物可查。由于客观场所和作案主体的特殊性,高校盗窃案件还有以下特点:

(一)作案时间的选择性和不确定性

盗窃犯罪分子总是在不断窥探学生在财物保管方面的薄弱环节,寻找作案时机,给人防不胜防的感觉,好像小偷就跟着自己一样。许多发生在学生寝室、公共场所的盗窃案件,均是因为短时间的财物保管疏忽而被盗的。

(1)上课时间。学生以学习为主,每天都有紧凑的课程安排,没有上课的学生大部分也上图书馆学习或进行课余活动。因此在上课期间,特别是上午第一、二节课,学生宿舍里一般无人,盗窃分子一般都深知此规律,并抓紧这一时间作案,因此这一期间是外盗作案的高峰期。

(2)课间时间。课间休息仅10分钟,学生在下课后一般都会走出教室放松,很少有学生回寝室,作案分子特别是内盗作案人员会利用此时机,在盗窃得手后继续回教室上课,给人以没有作案时间的假象。

(3)夜间熟睡后。经过一天的学习、活动,大家都比较疲惫,而且学校一般都有规定的熄灯时间,所以上床后会很快入睡。盗窃分子趁夜深人静、室内人员熟睡之际行窃,特别是有些学生睡觉时不关寝室门窗,这更是给小偷创造了有利条件。

(4)新生人校时。新生刚人校时,由于彼此之间还不太熟悉,加之防范意识较差,偶尔有陌生人到寝室来也会以为是某同学的老乡或熟人,不加盘问,这给了作案分子可乘之机。

还有军训、学校举办大型活动等期间,学生宿舍活动人员少,易被盗;校园发生和处置突发事件时,人们的注意力往往集中在某一点上而无暇顾及其他,盗窃分子往往是乘虚而入,浑水摸鱼。

(二)目标的针对性和准确性

高校盗窃案件特别是内盗案件中,作案人的盗窃目标比较准确。由于大家每天都生活、学习在同一个空间,加上同学间互不存在戒备心理,东西随便放置,贵重物品放在柜子里也不上锁,使得作案分子盗窃时极易得手。有些大学生早上起床后,不关房门就到卫生间去洗漱,回到寝室后即发现放在桌上的手机、钱包不见了;有些大学生将书包放在自习室,在去卫生间的间隙书包被偷走;等等。这些集中反映出犯罪分子在作案时机选择上的针对性、准确性以及离开现场的迅速性等特点。

(三)作案上的连续性

"首战告捷"以后,作案分子往往有侥幸心理,加之报案的滞后和破案的延迟,作案分子极易屡屡作案而形成一定的连续性。

(四)手段上的多样性

盗窃分子往往会针对不同环境和地点,选择对自己较为有利的作案时机,以获得更大的利益。

第一,利用大学生毫无防范意识,将现金、贵重物品随意丢放,疏于保管,外出时不关房门等情况作案,造成公共场所、学生寝室案发较多。

第二,利用防护设施不牢、管理有漏洞作案。硬件设施的好坏、合理与否直接关系到防盗的效果是否良好,如楼层结构是否合理、有没有防盗门、安没安防护窗等。

第三,利用管理人员失职、管理措施不到位,伺机作案。

(五)动机上的复杂性

(1)追求享乐摆阔气——这类作案在大学生内盗案件中占绝大部分。少数学生受"金钱至上"等价值观的影响,以至见钱眼开、见利忘义、贪图虚荣、不择手段。比享受、比吃穿,花钱如流水,久而久之打起了歪主意去行窃,这样钱来得快捷又省事省力,还可以继续摆阔。

(2)经济透支无来源——有少数学生本来经济条件不好,加之花销大,债台高筑,又没有新经济来源支持。怎么办呢?个别学生最后就只有实施行窃,从而逐步走向犯罪的深渊。

(3)寻求报复泄私愤——这类盗窃作案人仅仅是出于对他人或对集体的一种报复。有的是出于变态的不平衡心理,看不惯有钱的学生大手大脚地花钱而进行偷盗,有的则是因为与同学有其他矛盾转而去偷他的钱物,并加以损毁,从中获得快感。

(4)心理扭曲变态——这类作案人心理扭曲变态,患有盗窃癖,偷盗只是为了得到心理上的满足。

（六）内盗案件不容忽视

在已查获的发生在学生寝室及部分公共场所（如图书馆、球场）的案件中，就有一部分是内部人员作案，这些作案人员有的是为满足自己的过高物质需求和虚荣心而伺机偷窃同学财物；有的是一时糊涂，对同学随便乱放、疏于保管的财物起了贪念；有的是出于羡慕或妒忌，泄愤报复；有的是由于从小就有这些偷盗劣习，无法改掉，甚至已经形成一定的病态心理；等等。除此之外，还有相当一部分案件非常符合内部人员作案的特点，只是大多数因没有确凿证据无法确定嫌疑对象。

二、高校盗窃案件易发生的场所

高校盗窃案主要集中在5个场所：宿舍、食堂、图书馆、教室、运动场。每个场所容易被侵害的物品不尽相同。

（1）宿舍：主要被盗物品是笔记本电脑，盗贼入室盗窃时，会同时将衣物、包、手机等拿走。

（2）食堂、图书馆：主要被盗物品是书包。

这两个地方是学生书包丢失最多的场所。很多学生下课后直接去食堂，然后把书包往座位上一丢，自己到窗口买饭。这个时候小偷们就挨着桌子"收包"。在破获的案子中，其中一名嫌疑人曾感叹："拿包比在地上捡钱还容易。"而到图书馆里看书或上自习的大学生一旦进入专心致志的学习状态，自然会放松对自己书包的控制。还有很多学生在图书馆存包处已满的情况下，就直接把包搁在存包的柜子上，这也是图书馆易丢包的原因之一。

（3）教室、运动场：主要被盗物品是手机。

学生搁在教室尤其是大教室桌子上或者运动场边上的手机是小偷眼里"小菜"。学生在教室里基本上是不设防的，尤其是上大课的大教室或自修室，多是几个专业的学生一起上课或自修，互相之间不一定认识，很多小偷就抓住这个空子，混进教室，伺机盗取学生随手放在课桌上的手机。

学生在运动时，手机多数都随意搁在场边空地上。偶尔有学生负责看管，但这些看管的学生注意力多集中在运动场上。某高校盗窃犯罪团伙被抓后供认，每天下午4点之后他们拿着一个提兜来到大学运动场边，大大方方，边转悠边提兜"捡"手机。偶尔遇到有人查问，他们就会应付着说是帮同学看管，由于他们穿着打扮很像学生，一般都能糊弄过去。

三、高校盗窃案的类型

（一）"顺手牵羊"

学生宿舍没人或物主短暂离开、临时外出、粗心大意或注意力不集中时，被顺手拿走笔记本电脑、手机、钱包等贵重物品。

（二）溜门盗窃

有的学生对自己的贵重物品和随身物品保管不严，随意放置，如果寝室是不同系、不同班的混合寝室，各班的学习、活动时间不同，常常因生活学习的步调不一致出现不锁门的现象，从而更易造成失窃。

（三）暴力破门

学生宿舍中的门锁质量出现问题后，一些寝室门只能勉强挂住，很不牢固，用力撞或踢,门就能打开,窃贼利用这点,破门而入实施盗窃。

(四)撬门扭锁

有些盗窃分子常常有很多撬开门锁的方法,进门后也往往会将抽屉、箱子撬遍,满屋翻个底朝天。

(五)插片入室

学生宿舍中一些宿舍门的门板和门框之间缝隙比较大,足以用卡片等"插片"开锁。

(六)偷配钥匙

有些窃贼作案前有预谋地偷配了钥匙,然后寻找机会,入室盗窃。

(七)翻入室内

有些宿舍没有结实的护栏,却又有易于翻越、攀登的窗户,包括门上气窗,窃贼都有可能从此翻入。

(八)"垂钓咸鱼"

有些窃贼会用竹竿或其他用具将晾在窗外或阳台上的衣服钩走。多发生在晚上同学们熟睡之时。

(九)假借推销

一些窃贼常常以推销物品的形式踩点,然后进行偷窃。有的是边推销边实施盗窃,有的是踩点后再寻找时机进行盗窃。

(十)假认老乡

有的窃贼以"认老乡"的名义,尤其是对大一的学生,或以困难求助为名窃取同学银行卡的密码,进而取走卡里的存款。

(十一)留宿外人

一些学生违反学校相关规定,擅自带老乡、校外人员留宿寝室,当宿舍同学去上课时,放心地将钥匙交给他们,为留宿人员在宿舍内进行盗窃打开了方便之门。

以上这些偷盗方式中,"顺手牵羊"与"溜门盗窃"是高校最为常见的盗窃方式。

【典型案例】

> **材料一**
>
> 刚开学不久的一天,空气里还留有夏日潮湿的余热,管理系学生张某刚上完自习,准备回去舒舒服服洗个澡。远远望见寝室灯还黑着,心想:嘿!真怪,今儿怎么一个个都这么忙,这么晚还不回来。开了门,亮了灯,张某突然发现自己的抽屉半开着,锁已被撬,存放在抽屉里的银行卡、身份证、饭卡都不翼而飞,同时失窃的还有收音机、充电器、一副耳机、汽车票等一些并不值钱的物品。看到这种情况,张某立即打电话给校保卫处。

学校保卫处接到报案后,立即派人进行现场勘查,发现这起失窃案不同寻常,十分蹊跷。主要疑点有:一是行窃对象可疑。该寝室住有8位学生,而偷窃者只撬开了张某的抽屉,其他学生没有任何损失,说明偷窃者很可能是针对张某而来。二是行窃目的可疑。一般来说,偷窃者是为了占有财物而行窃,而这起失窃案偷盗者不偷其他值钱物品,只针对某个人行窃,包括一些不值钱物品,说明行窃者肯定有着其他目的。三是偷窃者身份可疑。据调查,21时左右寝室正是人来人往的时候,行窃者敢在此时作案,说明他熟知内情,是看准时机实施行窃的,所以极有可能是内部人员所为。

鉴于以上分析,与张某同寝室的谢某进入了保卫处的视线。谢某与张某同班,平时性格内向,不善交流,在同学中相对孤立。日常生活中常有一些反常的举动,不叠被子,很少洗澡,常受同学们的指责。那天傍晚,其他同学均外出,只有谢某最后离开寝室,因此他的嫌疑最大。鉴于此,谢某被带到保卫处问话。出乎人的意料,他没有丝毫隐瞒,很快便交代了行窃经过。

据谢某陈述,他的行窃是经过精心准备的。早在一周前就准备好了作案工具。作案那天21时左右,他趁寝室无人之际,实施行窃。当晚将得手的物品分别丢弃在临近公路的阴沟里以及附近社区的厕所里,作案工具则抛在学校的草坪上。行窃的主要原因是谢某认为张某曾经从心理上伤害过他,为了报复,遂将张某的证、卡等物偷走抛弃,给他一个警告。

案例评析

这是一起典型的同学之间因生活上的摩擦、误解,且缺乏相互沟通而引发的报复性偷窃行为。据张某说:"自己平时也并非有意骚扰谢某,对于自己平常正常的打电话、发短信、用电等行为,谢某总认为是故意骚扰他、针对他。"张某跟他解释过几次都没有起到什么效果,又加上平时和谢某沟通比较困难,后来干脆就不理他了。万万没想到,谢某会采取这么极端的方式。

学生在学习、生活以及情感上受到挫折、误会,遭到变故、刺激时,在求得精神解脱、心理平衡的过程中,会采用一些不适当的方式,如谢某通过偷窃报复他人。有的甚至会出现自残行为等。不管采用何种方式,都会成为校园不安全的隐患。

材料二

2015年10月16日17时许,北京某高校两个班级的男生在球场进行篮球比赛,不少同学将手机放在衣服口袋中,衣服便放在篮球架下面和球场旁。18时许,李某因有事要离去,拿起衣服,发现衣服口袋里的手机被偷,接着其他同学去检查自己的衣服,多名同学也都发现手机和钱包被偷。报案后,通过学校监控设备看到,作案人也穿着运动服,利用拿饮料作掩护,偷取了别人的财物,得手后迅速离开球场。

案例评析

作案人将作案地点选在体育场,打球时人员混杂,便于下手。大学生往往认为个人衣物放在自己的视线范围内很安全,就疏于看管,小偷正是利用这一机会,从大学生的眼皮底下盗窃了他们的财物。该案例提醒大学生,运动时要加强防盗意识,最好不要携带贵重物品到运动场地,如必须要带贵重物品,需请专人看管,不让小偷得手。

四、大学盗窃案件的防范措施

(一)居安思危,提高自我防范意识

一般防盗的基本方法是人防、物防和技防。其中,"人防"是预防和制止盗窃犯罪唯一可靠有效的方法。对大学生而言,提高防范意识,做好防盗工作,这不仅是个人的事,也是全校师生共同关心的大事。只有人人参与其中,群防群治,才能真正有效控制和防范盗窃案的发生。事实上发生在大学生周围的盗窃案件大部分是由于大学生自身的防范意识淡薄而引起的,他们不注意对自身财物的保管,给盗窃作案分子以可乘之机。在日常生活中,大学生应从以下几个环节上加强安全意识培养,提高防盗能力。

(1)对于大额现金不要随意放在身边,应就近存入银行,同时办理加密业务,将存折和印鉴、密码、身份证分开存放,最好不将自己的生日、手机或家庭电话号码、学号作为自己的存折或信用卡密码,防止被他人盗取。

(2)对贵重物品如手机、快译通、照相机等,不用时最好锁起来,以防被顺手牵羊者盗走。

(3)不要怕麻烦,要随手关窗锁门。

(4)相互关照,勤查勤问,对陌生人要多留一个心眼。

(5)积极参与安全值班,共同维护集体利益。

(二)遵守纪律,落实学校安全规定

为营造一个安全的学习环境,学校有关部门都制定相关的管理制度来规范大家的日常行为,但有些同学常常为了自己个人的一时之便,置学校的纪律于不顾,违反规定,结果给自己和大家造成财物损失。

(1)不随意留宿他人。大学生因在宿舍违规留宿他人造成被盗的例子很多,应该从中吸取教训。日常生活中,同学、老乡、朋友来访本来很正常,但有些同学对来访的人并不十分了解,又碍于情面,宁可违反学校的有关规定,也不做对不起朋友、老乡的事,江湖义气实不可取。来客一时无法离校,学校和周边都有招待所可供接待,万一客人要在宿舍留宿,也应向有关部门报告,并办理相关登记手续。

(2)爱护公共财物,保护门窗和室内设施完好无损。有些同学在平时忘带门钥匙后为图省事,毁锁开门,还有部分学生将衣柜、书桌损坏。这些公物损坏后又不报修,使寝室的门、柜形同虚设,起不到任何保护财物的作用。

(三)提高修养,养成良好的生活习惯

根据有关调查研究表明,盗窃分子盗窃欲望的产生在许多情况下一般是受到盗窃目标的诱惑与刺激,加上我们日常生活中的不良习惯给盗窃分子提供了机会。如大额现金有意无意在人面前显现,照相机、随身听任意摆放在室内等,这都是盗窃案件易于产生的原因,所以加强自身财物保管是减少被盗的有效途径。

(1)注意团结,友好与人相处,形成互相帮助的风气。

(2)谨慎交友,少交酒肉朋友,防止引狼入室,甚至同流合污,成为盗贼的帮凶。因此大学生在交友过程中要特别慎重,擦亮眼睛,以免终生悔恨。

五、发生盗窃案件后的处置方法

（一）保护现场，及时报案

作案现场是判断作案人活动和真实反映作案人客观情况的基础，只有把现场保护好了，侦查人员才有可能发现作案人遗留下的手印、脚印、作案工具等痕迹及物品并收集起来，作为揭露和证实犯罪的有力证据。一旦发生被盗案件，不要惊慌失措，应迅速组织在场人员保护好现场，不能让人进入，更不能让人翻动室内的任何物品。对作案人员可能留下痕迹的门柄、锁头、窗户、门框等也不能触摸，以免把无关人员的指纹留在上面，给勘查现场、认定犯罪嫌疑人带来困难，此时应立即向学校保卫部门报告。

（二）发现可疑，及时控制

如果发现可疑人员，一定要沉着冷静，应主动上前询问，一旦发现其回答有疑问，要设法将其稳住，必要时组织学生围堵，及时向有关部门报告，防范盗贼狗急跳墙，伤及人员。在当场无法抓获盗贼的情况下，应记住盗贼的特征，包括年龄、性别、身高、胖瘦、相貌、衣着、口音、动作习惯、佩戴首饰等，以便向公安、保卫部门提供破案线索。

（三）及时报失，配合调查

在完成现场勘查工作后，经工作人员许可，有关同学可以进入宿舍清理自己的物品，如果发现信用卡、存折、就餐卡等失窃，应立即打电话挂失或直接到相关银行及机构办理挂失手续。

报案后，高校保卫部门或公安机关根据情况会向失主及有关同学了解情况，制作"询问记录"，知情人员应当积极配合公安、保卫部门的调查取证工作，如实回答前来勘验和调查的公安、保卫部门提出的各种问题。回答时要实事求是，不可凭空想象、妄加推测；要认真回忆，力求全面、准确。反映情况时要尽量提供各种疑点、线索，不要觉得此事无关紧要而忽略，也不要觉得因涉及某个同学怕伤感情而隐瞒不报，公安、保卫部门有义务为反映情况的同学保密。有的人在调查人员询问时不敢提供有关情况，给侦查破案工作带来许多困难，往往也贻误了破案的最好时机，使犯罪分子逍遥法外继续害人。

（四）猝遇盗贼怎样对付

（1）提高警惕性，进行必要的盘问，同时锁好门窗等。

（2）发挥集体力量。宿舍内绝大多数情况下总留有一部分同学，只要听说宿舍里进来小偷，大多会挺身而出。

（3）以正压邪，随机应变、注意安全。如撞见盗贼正在作案，要头脑冷静，急而不乱。一面尽快拿起身边可用以自卫的工具，同时大叫"捉贼"招呼同学。在援兵未到之前，要和盗贼保持一定距离，谨防其狗急跳墙行凶伤人，以防其逃窜为主要目的。

（4）抓获窃贼后，应立即通知学校保卫部门或派出所，或者直接将其扭送校保卫部门或公安机关。

（5）如遇两个及以上盗窃分子结伙作案，在他们分头逃跑时要集中力量抓住其中一个。

（6）在无法当场抓获盗贼的情况下，应记住盗贼的特征，以便向公安、保卫部门提供破案线索。

第二节　预防诈骗

【案例导入】

　　一天,某高校大二学生小张接到活动中奖的电话,"活动主办方"称其中了二等奖,奖品是价值 4 000 元的三星手机一部,并告知其通过指定的银行账号汇款 800 元的手续费后便可领取奖品。小张按照要求汇款后不久,便收到一部伪劣手机,于是向"活动主办方"打电话反映,对方称发错手机,同时告知他现在二等奖的奖品已经没有了,只剩下一台尚无人领取的一等奖价值 8 000 多元的苹果 8 手机一部。对方要求其把三星手机寄到指定地址后,再付 1 200 元的手续费,就可以领取一等奖的苹果 8 手机。小张心仪苹果 8 手机已久,只是因无钱购买,眼见有如此机会,便赶紧按照要求向对方汇款 1 200 元,此后收到的却是一部苹果 8 模型机,再给"活动主办方"打电话,却已联系不上,直到此时,小张才发现自己上当受骗了。

案例评析

　　诈骗分子巧妙利用部分大学生轻信、爱贪便宜的心理,从而达到诈骗目的。因此,大学生在日常生活中应时刻提高警惕,对于"天上掉馅饼"的好事一定要谨慎,切莫因一时之贪损失钱财、上当受骗。

思考与讨论

　　大学生如何预防诈骗?

　　诈骗是指以假冒、伪造等欺骗手段,用虚构事实或者隐瞒真相的方法,将公物非法占有的犯罪行为,或在受害人同意的情况下,将受害人或者受害单位的公私财物非法占为己有。诈骗案件的一般特点是犯罪分子冒充身份,编造出种种谎言,制造出各种假象骗取受害人的信任,流窜犯罪。随着高校校园日益"社会化",诈骗案件在高校时有发生,其案件发案率仅次于盗窃案件。诈骗案件的行为特征是犯罪分子采取欺骗的方法。从其作案手段看,它属于智能型犯罪,其犯罪目的是骗取财物;从犯罪类型看,它属于侵犯财产罪,同时兼有多种犯罪。

　　诈骗一般不使用暴力,而是在平静甚至"愉快"的气氛下进行的。社会环境日趋复杂,形形色色的诈骗分子往往将思想单纯的大学生锁定为诈骗对象。大学发生的诈骗案件的主要形式有:借熟人关系进行诈骗;以中介为名进行诈骗;以遇到某种祸害急需别人帮助的名义进行诈骗;先以小利骗取信任再行诈骗;手机短信骗取银行卡持有人钱财的诈骗。提防和惩治诈骗分子,不仅要依靠社会和政府的力量,更要依靠大学生自身的谨慎防范。大学生要了解诈骗分子的惯用伎俩,防止上当受骗。

一、为什么大学生容易上当受骗

　　大学时代对于人生,是一个伴随探索与追求、理想与奋进的黄金时代,年轻的学生才华横溢、精力充沛、热情奔放、充满自信,乐于与人交往,这都是极为正常的事情。然而有一些大学生书生气十足,认为"世界充满了爱",忘却了世界的多样性和复杂性,忘记了美与丑、正义与邪恶并存,因而不加选择或不懂选择,轻率交友。这些正是诈骗分子屡屡得手的根本原因。

同学们乐于交往、信任他人,有助于良好社会风气的形成,是值得社会提倡的。但社会是复杂的,不同的社会背景、不同的成长环境、不同的受教育程度使得社会上各种人、各种现象都可能存在。善良的动机不一定能获得美好的结局。犯罪分子通常利用大学生简单、单纯的心理诱使大学生上当受骗。从众多大学生上当受骗的事例中反思,大学生身上被利用的因素有:

1.思想单纯,缺乏社会生活经验

在大学生宿舍时常有一些前来寻访的熟人、老乡、同学,或朋友的朋友、熟人的老乡、同学的同学之类的人。这其中有的是真,有的是假,而我们许多同学缺乏刨根问底的习惯,在不辨真伪的情况下宁信其有而不信其无,而且常常把他人的寻访看作一种荣耀。某校一女学生在宿舍里接待了一个曾实习过的单位里一个师傅的朋友的女儿,此人甜言蜜语,大谈原来的师傅如何表扬她,说她如何优秀,一口一个"师妹",称是该女生的师傅请她出差时顺道来看望她。这个女学生出于对昔日师傅的信赖,也没有细问就留陌生人住下。事实上,这个陌生人是一个女骗子。她趁同学们都去上课时,盗走了寝室的一台手提电脑及毛衣、大衣和数百元现金。

2.疏于防范,感情用事

大学生从小学、中学,经过寒窗苦读,一路走来,得到学校老师、家人的精心呵护,最后幸运地跨进了高等学府。在踏进大学的校园后,很多同学尤其是新生,喜悦、激情溢于言表,安全防范意识尚未形成,这在客观上给了诈骗分子可乘之机。某校学生宿舍住有6个刚入学的新生,6个人在互做介绍之后,互相商量,将各自姓名、籍贯等都贴在寝室门上,以便和其他寝室的同学交往。正是由于她们这单纯的想法,却引发了一桩同乡诈骗案。一天中午,一个20岁左右戴眼镜的人前来,直呼室内一个山东学生陈某的名字,自称是本校三年级同专业的学生,也是山东人氏。陈某以为异地遇老乡,十分高兴,同室其他人也为之庆幸。略事寒暄,来人提出因住院需借一点钱,并说"在家靠父母,在外靠朋友"。陈某一听,慷慨应诺,随即掏出200元。该人激动地说:"真是人不亲土亲呀,如不嫌弃就交个朋友",并为其借钱立下了借据。事后,陈某寻遍校园,却找不到这个"老乡"。直至一年后,那个主动上门认老乡的家伙被抓获,这才知道他是个专门从事诈骗的流窜分子。

3.有求于人,轻率行事

求别人帮忙本无可非议,但求人帮忙也是有原则的。如果为求得某种帮助而不问青红皂白,难免上当受骗。据调查,当前有些大学生有急于办成事,又迫于无门的心态,这样易被骗子利用。有的同学想经商助学而缺乏经商实际经验;有的急于成名,爱慕虚荣而无意戒备;有的想分配到理想的工作单位而又缺少门路等。诚然,每个人免不了有求他人相助的事,能否如愿这就要看是何事、对象是谁。如果不辨青红皂白,为达目的而轻率交友,可能就会上当受骗。如某校应届毕业生董某,为能分配到某单位工作而四处奔波,经过人托人再托人,结识了一位自称与该生理想单位的总经理的儿子是"割头换颈的朋友"的胡某。胡某声称:"此事没问题,包在我身上,交800元介绍费就可以了。"董某于是写信要父母寄来800元介绍费。胡某钱到手便消失得无影无踪,董某再回头找那些萍水相逢的中间介绍人,要么互相推诿,要么"宽慰"几句。最后事情不了了之。

4.爱贪小利,授人以柄

大学生受骗,不少人是因贪小利占便宜,授人以柄所致。有的是吃了人家的嘴软,拿了人家的手短;有的是因贪小利违法、违规、违纪后,怕受处理而受制于人;有的因贪小利丧失道德,爱慕虚荣,怕丢面子,将苦水往肚子里吞;有的因贪小利无辜受害、蒙冤,不知道该怎么保护自己的权益等。

二、高校中常见的诈骗手段

从诈骗分子诈骗大学生的实例来看,诈骗的例子不胜枚举,诈骗的手段和招数各式各样,归结起来,诈骗分子实施诈骗的手法分为日常诈骗、网络诈骗、电话诈骗及短信诈骗。

(一)日常诈骗

1.伪装身份,"标签效应"

利用大学生存在"标签"心理,冒充各种身份,利用假名片、假身份证(或是捡的别人的身份证),打着吓人的招牌和迷人的头衔赢得大学生的好感,从而实施诈骗。

【典型案例】

> 刘同学在校门口遇到一辆小轿车,车上坐着三个人,两男一女。那个女的说他们是北方某名牌大学的学生,现在正在做一个研究,今天要赶回去,但是钱物和其他东西都被偷了,现在车没有油,问刘同学能不能跟他们一起去加油。刘同学犹豫了,那位女子便拨通了他们"教授"的电话,"教授"向刘同学证明情况属实,请求给予他们帮助。上车后,他们就提出借电脑,说他们有一个国家科研项目的紧急调研要发出去,一番交流之后,刘同学相信了,回宿舍借了同学的笔记本电脑给他们,他们又找理由要刘同学回去拿身份证帮他们到银行开户,当刘同学拿身份证重新来到校门口时,人和车(当然还包括电脑)已经消失了。

警示:遇到路人"落难"求助时,要有警惕性,要注意此类诈骗的几个特点:

(1)"求助者"最初往往只要求借用电话、借卡、借少量的钱。

(2)串通不在现场的合作伙伴进行演戏,增强可信度。

(3)此类诈骗者往往声称是商人、企业家,你帮他之后将获得丰厚的回报。诈骗者正是利用了学生的善良和有些人贪小便宜的缺点。天下没有免费的午餐,不要有不劳而获的侥幸心理。

2.以次充好,推销"紧缺"商品

利用学生购物经验少,又追求完美的心理,直接向学生推销以次充好的劣质商品或所谓的"紧缺"商品。尤其那些混进学生宿舍的骗子,在推销过程中发现宿舍无人时,顺手牵羊,盗取财物;在购买过程中以假钞骗真钞等。

3.编造谎言,博取同情

骗子在车站、码头、校园等地冒充名牌大学实习的学生,声称与同学或老师失散身上无钱不能返回;或表示在外发生意外、生病等,急需钱用,骗得学生信任,骗取学生乃至家长的钱财。

4.投其所好,骗取信任

利用大学生急于就业或出国等心理,以帮助办理出国手续、介绍工作为由骗取财物。或以各种花言巧语,利用一切机会与大学生套近乎,施以一些小恩小惠,与大学生交"朋友",表现得十分慷慨,给人相见恨晚的感觉,在获取信任后伺机作案。

5.故意撞人,抛物分成

这种行骗大多由几个人配合完成。在大街上,骗子可能故意撞上大学生,然后声称其物品被撞坏,或诈骗分子趁行人经过身边时故意将自己的眼镜、瓷器等易碎物品扔到地上,要求大学生高额赔偿。利用一些同学的贪欲,诈骗分子假装掉了钱包,然后另外的骗子会在选定的行骗目标面前拾获,捡到后叫住同学到一僻静处平分,再利用各种形式骗取同学包里的钱、银行卡密码等,然后借机调包或逃之夭夭。

6.虚假招聘,虚假合同

这类诈骗主要发生在大学生求职或兼职打工的时候。诈骗分子常利用部分大学生急于就业或出国等心理,应其所急,骗取介绍费、押金、报名费等。一些诈骗分子以公司的名义让学生推销产品或做其他工作,事后却不兑现诺言和酬金。由于事先没有完备的合同,事后处理起来也比较困难。诈骗分子利用大学生勤工俭学时急于求成的心理,用招聘的名义设置骗局,骗取介绍费、押金、报名费等。

7.冒充警察

诈骗分子冒充公安机关、海关等职能部门人员,声称能为事主办妥一些难事,从而骗取订金;诈骗分子间接盗取受害人个人资料后,谎称自己是公安民警,因查案需要令受害人将手机关机几小时,在受害人关机期间,编造事由给受害人家人打电话行骗。

8.破财消灾

这类诈骗常以家人可能有"血光之灾"为由,逐步攻克受害人的心理防线,然后以祈福、消灾等迷信手段诈骗财物,并"忠告"受害人,不要告诉任何人,否则就不灵验。

(二)网络诈骗

1.中奖诈骗

通过 E-mail 或其他方式,告知你中了"大奖",要求你汇钱确认或支付邮资,甚至缴纳税费等。

2.网上购物

一些信誉度不高的购物网站,其商品以次充好,或冒充名牌产品,骗取钱财。或以网上拍卖的方式,放出大量拍卖信息。在消费者汇款后,实际得到的产品价值很低。

3.点击陷阱

在浏览某类网站时必须下载某个特别的浏览器或拨号软件,使用这些软件后,电话线可能被接入国际长途。或在点击某广告条时,广告代理商谎称会根据广告在你机上的显示时间或点击次数,给你一笔报酬,但事后不可能得到任何回报。

4.网络创业陷阱

一种类似普通传销的欺诈,通过发展下线赚钱,消费者一旦入网即被套住。或创业欺诈,在网上告之有宏伟的创业计划,以高额回报为诱饵,实际上子虚乌有。

【典型案例】

20岁的关某是一名大三女学生。在一次聚会时,关某听说帮网店刷单可以赚钱,便想着尝试一下。关某在网上搜索"刷单赚钱"的相关信息并找到了一个"信誉度很高"的网站。关某通过网页上的QQ号联系上对方,对方称刷一笔单子可以得到5%的返利。关某动了心,就按照页面上的订单指示刷单,一共刷了两笔,合计2 600元。刷完后,对方称单子没成功,让关某激活一下,并需再交1 000元保证金。事后,关某发现自己被骗。

案例评析

眼下,诈骗形式网络化,而大学生群体正是接触网络最多的群体之一,在校大学生使用手机进行网络聊天、网络购物的频率高,容易轻信这些渠道传达的信息,一不当心就会成为犯罪分子侵害的目标,因此要加强防范意识。

(三)电话、短信诈骗

1.骗取家长钱财

诈骗分子常常通过电话或短信,冒充各种身份,通过电话或手机短信骗取家长的钱财。如冒充学校老师,要求家长将一些与学习有关的费用打到账上。或冒充公安、医务人员、老师、同学,谎称同学生病、出车祸等急需用钱,叫家长立即汇钱。甚至就以短信的方式谎称学生本人,说是电话坏了,或银行卡丢了又急需钱用,将钱汇到"某同学"的账上。

2.对机主进行诈骗

诈骗分子常会发布一些欺诈信息,如"你中了某某奖""你被邀请参加某某活动"等,条件是要通过汇款、转账等方式,交纳一定的"手续费""奖金税"或"工本费"。或谎称机主在某商场消费刷卡支付了一笔高额费用,引起机主的恐慌后,然后按照他们设的陷阱说出自己的银行卡号、密码及身份证号等。

3.支付高额电话费

故意拨打你的手机,响一声后即挂断,然而当你回拨时会支付高额的电话费。诈骗分子利用消费通知和友人问候进行诈骗,内容多为"您刚持××银行信用卡在××百货消费××元成功,如有疑问请致电135××××××××或向××银行发卡中心查询"等。收到短信的人打电话过去,对方会称系统错误,让客户输入准确的银行卡号,输入密码进行查询或确认,以此盗取银行卡信息进行诈骗、转账等,如按照对方的指示操作,卡上的钱将会被诈骗分子转走,还有的诈骗分子发布如"分开这么久,你还好吗? 为你点了一首××歌曲,祝福你,拨打159×

××××××收听吧"这类的短信进行诈骗。这种内容的短信会让人误以为是久未联络的好友,但当你打电话听歌后,会被扣除高额话费。

4.返还话费

利用手机、固定电话或短信,冒充工作人员,告知因电脑系统出错,多扣了话费,请到自动提款机前,按提示操作或提供银行账号,以返还话费,如果按照其提示操作,就有可能造成经济损失。

5.闪断电话

打入电话只响一声就马上挂断,若是按照号码回拨后,回复内容多为"欢迎致电香港六合彩……",这是非法"六合彩"在招揽客人,而回拨电话既可能损失话费又容易上当受骗。

三、诈骗的预防

目前,学校的诈骗案件呈上升趋势,针对诈骗案件的特点及手段,应采取一些有效措施进行预防。

(一)遇事不感情用事

不要被"同情心"所迷惑。社会上的一些骗子,有的组成团伙,雇佣一些老人、年轻妇女,租借一些小孩,编出种种落难的故事,专门骗取善良人的钱财,对此要小心分辨。

(二)识破伪装身份

诈骗分子常常以亲戚和同学的朋友、老乡、受害者等身份出现。遇这种情况不要急于表态,不要草率相信,要仔细观察,从言语中找出破绽,辨别真伪。对于不了解的人,不可轻信,不可盲从。

(三)识破变化手法

诈骗分子常常变化手法,如改变姓名、年龄、身份、住址等。诈骗的形式花样百出,如谎称丢钱、中奖等;诈骗分子常常一身多"职",因而要注意对方的言谈举止,从中找出疑点,识破其真面目。

(四)切忌贪小便宜

如果仔细观察犯罪嫌疑人的一言一行、一举一动,就会发现有反常现象:别人办不了的事他能办到;别人买不到的东西他能买到;别人犯法他能担保等。这些与正常情况差距越远的承诺,虚假性就越大。对意外飞来的"横财""好运",一定不要动心,克服贪占便宜的心理,就不会被诈骗分子所俘虏,自己的财产才有保障。

(五)当心麻醉剂

诈骗分子为了达到目的会不择手段,用麻醉剂等药物将人迷晕,然后实施犯罪行为。

(六)抵御诱惑

诈骗分子会不惜成本,吃小亏占大便宜,诱人上当,如宴请、赠礼或投其所好进行诱惑,要时刻谨记天上不会掉馅饼。

(七)警惕陌生人的询问

不要轻易和陌生人答话,防止被骗。对可疑的"陌生人"提出的求助要求,应当尽力回避,不给作案分子可乘之机。

(八)预防短信诈骗

对未经正规渠道核实的虚假信息不要轻信,不要慌乱。持有银行卡的同学,收到陌生人发来的关于银行卡消费的短信,要保持警惕性,不要轻易相信,也不要回复或对其询问,必须要向相关的权威部门核实。

(九)与家长达成共识

告诉家长接到有关自己出意外需要用钱的电话或短信,不要急于听从对方的要求,应先同自己或学校老师取得联系再作决定。

(十)识别真伪,戳穿骗局

可通过犯罪分子的口音、谈话内容以及对当地的风土人情、地名地点的了解等识破其真面目;从犯罪分子的举止、业务常识,以及所谈及人的姓名、职务、住址、电话等判断其真伪;从身份证中核实其人,并牢记"没有免费的宴席,天上不会掉馅饼"。这样就能防止或减少上当受骗。

四、诈骗的应对措施

(一)要树立防范意识

(1)要有"害人之心不可有,防人之心不可无"的戒备心理。在现实生活中,好人虽然是绝大多数,但是,丑陋与邪恶始终是存在的。我们虽然不能草木皆兵,但戒备心理是必不可少的。

(2)遇事多问几个为什么,不盲目轻信。我们不是说要怀疑一切,但是遇事多动脑筋,必要时可以调查研究,弄清一些基本情况,然后再做决策。

(3)三思而后行,不轻率行事。遇事要经过深思熟虑,以做出正确的判断,拿出较好的方法,再开始行动。切忌麻痹疏忽、草率决策、鲁莽行事。

(二)交友要有原则

青年大学生,有自己的远大目标,求知奋进,热情奔放。广交朋友无疑是好事。值得注意的是,在结交朋友时,必须遵循正确的原则,不能善恶不分。物以类聚,人以群分,交朋友就必须选择品行好的人。为了完成学业,为了将来的事业,要广泛结交那些志同道合、道德高尚的人,切忌因感情用事、"哥们儿义气",而结交那些低级下流之辈、偷鸡摸狗之流、吃喝嫖赌之徒、游手好闲之人等。

(三)不占便宜,不贪小利

诈骗分子施骗惯用的伎俩就是投其所好,以利诱之。只要大学生树立正确的人生观、价值观,不贪占不义之财,保持洁身自好,骗子就无机可乘,就可以避免上当受骗。

(四)巧妙周旋,有效制止

在发现疑点无法确定真假而又不愿意轻易拒绝时,要有礼有节,采取一定的谈话、交往策略,注意在交往中发现破绽,通过与其周旋印证自己的猜测。必要时,还可以采取一些威胁的言辞,使对方心存顾忌,不敢贸然行事。

(五)平静内心,及时报案

在校内被骗,要及时报告辅导员或班主任和学校的保卫部门;在社会上被骗要及时报告公安机关。特别是不要因自己的某些不足造成被骗又怕暴露隐私不敢报案。如果那样,骗子就会抓住你的弱点,更加肆无忌惮,对你再次施骗或转向诈骗他人。发现受骗后,还要注意保留相关证据,积极协助公安机关破案,最大限度地挽回损失。

五、敲诈勒索如何处置

敲诈勒索之所以能够得逞,主要是敲诈者抓住了个别同学的某些把柄或弱点,再据此相威胁,从而达到敲诈勒索财物的目的。为避免落入坏人的圈套,要做到洁身自好、不贪图不义之财、不接受小恩小惠、不做非分之举,以免授人以柄。另外,要提高自身防范意识,比如在校外尽量和同学结伴而行,提高警惕,注意识破敲诈勒索者的圈套等。

常见的敲诈勒索方式主要有口头威胁、带条子威胁、通过第三人传话威胁等。当遇到敲诈勒索时,要做到以下几点:

(1)无论遇到哪种形式的敲诈勒索或威胁恐吓,都不要害怕,更不要按敲诈者的话去做。

(2)巧妙地同歹徒周旋。一旦遇到敲诈勒索者,要沉着冷静,巧妙地与对方周旋,果断选择时机,充分利用身边的人、物以寻求帮助。同时尽快与警方取得联系,只有这样,才能彻底摆脱这些敲诈勒索的控制。

(3)摈弃破财免灾的观念。对付敲诈勒索,我们往往有种传统观念,叫破财免灾,就是说,我只有花了钱,才能够把灾摆平,我不花钱,这个事就永远都完不了。这样往往使敲诈勒索者更加肆无忌惮,屡屡得逞。因此,我们对付敲诈勒索首先要摈弃破财免灾的观念,相信正义的力量,依靠公安机关和法律,勇敢地同坏人作斗争,揭露阴谋,使其受到法律制裁。

(4)敢于把受到敲诈勒索的事情告诉家长或老师,把敲诈者的条子马上交给家长、老师处理,并在家长或老师的陪同下到公安机关报案,由公安机关处理。

【延伸阅读】　　　　　　　　　　　诈骗罪

《中华人民共和国刑法》第二百六十六条规定:诈骗公私财物,数额较大的,处三年以下有期徒刑、拘役或者管制,并处或者单处罚金;数额巨大或者有其他严重情节的,处三年以上十年以下有期徒刑,并处罚金;数额特别巨大或者有其他特别严重情节的,处十年以上有期徒刑或者无期徒刑,并处罚金或者没收财产。本法另有规定的,依照规定。

第三节　抵制传销

【案例导入】

　　小李是一名来自乡镇的女大学生,2007 年 5 月,一个朋友给她来信说,她舅舅在广西某地开了一家公司并称那里有很多"高素质人才",很适合大学生发展,特意邀朋友去锻炼锻炼。此后,这位朋友多次打电话并在 QQ 上留言,描绘了"美好"的发展前景,鼓励她去"发展事业"。经不住诱惑,小李决定去朋友所说的广西的公司看看。到达后,才知根本不是所谓适合高素质人才发展的公司,实际上是一家打着直销旗号的传销黑窝点,连哄带骗地叫她加入。当她发现是传销后曾拒绝加入,但传销者采取威胁、跟踪等手段,上厕所跟着,上街跟着,而且威胁说不加入就出不了这个房子,或者出不了这个城市。从此,小李过着让人难以忍受的生活,每天吃的是白米饭、没油水的白菜冬瓜汤,晚上睡觉则在地上铺一张席子。而所谓"高素质人才"仅仅是用谎言和虚假包装起来的。他们的工作是用欺骗的方式将价值几百元甚至一文不值的假冒伪劣化妆品以天价卖给下线。后来,她在交 6 000 多元买了"产品"后才伺机逃了出来。

　　事后,小李说:"她待过的那个传销黑窝点,至少有大学生 100 多人,民办高校和普通大学的自考生相对较多。他们打着直销旗号,挂羊头卖狗肉,骗钱害人,使不少人家破人亡、人财两空。还有不少大学生因此把握不住人生航向,失去生活信心,失去人格尊严。我没有半句谎言,之所以要把这件事讲出来,是想告诉那些打算往这个死胡同里发展的,或者已经进了这个死胡同但还心存侥幸打算多捞一把的大学生,千万不要利欲熏心,天上从来不会掉馅饼。"

案例评析

　　这是一起典型的传销案例,受当前就业形势的影响,一些在校高年级学生求职心切,"好工作"的诱惑是大中专学生被拉下水的第一"帮凶"。而传销组织宣扬的"好工作""高收入"使他们放松了警惕,丧失了抵制诱惑的能力,甚至失去了理智。这名女大学生正是因为急于就业,憧憬着美好的未来,被传销人员所谓的优厚待遇、美好前景所迷惑,不幸陷入传销陷阱,幸好醒悟及时,没有在传销陷阱中迷失人生的航向,没有失去生活的信心,并敢于揭露传销的危害,及时纠正了自己的人生航标。

思考与讨论

　　谈谈你对传销的认识。

　　传销是指组织者或者经营者发展人员,通过对被发展人员以其直接或者间接发展的人员数量或者销售业绩为依据计算和给付报酬,或者要求被发展人员以交纳一定费用为条件取得加入资格等方式牟取非法利益,扰乱经济秩序,影响社会稳定的行为。近年来,在当前大学生就业形势极其严峻的情况下,传销组织也把触角伸向了涉世不深又急于赚钱的大学生中间。

这些组织和个人利用小投入、大收获的诱饵使大学生上当受骗。结果往往是大学生既没有赚到钱又耽误了学业和青春。因此,大学生有必要对传销活动有一个清醒的认识。

一、正确认识传销

(一)传销概述

传销,自20世纪90年代传入我国后,一些不法分子顺风跟进,他们打着传销的招牌,招摇撞骗,怂恿被游说的对象交纳高额入会费或认购价格高昂的假冒伪劣商品,加入传销队伍中来。在整个传销网络中,真正受益的只是那些处在传销网络"金字塔"顶端的极少数人,绝大部分传销人员不仅没有挣到什么钱,到最后反而会血本无归,有的还倾家荡产、妻离子散。

传销本身就是违法的,没有非法与合法传销之说。传销组织宣传自己的传销是"合法传销"不是"非法传销",实际上是在玩文字游戏,以此来混淆视听。所谓的非法传销只是人们的一种不严谨的说法,我们不要认为传销有非法与合法之分。

传销组织一般都是由朋友、亲戚、老乡、同事、同学所构成的。因为彼此之间都比较了解,对其没有防范心理,最容易成为被欺骗的对象。传销主要靠不断地发展"下线",来保持其运作和养肥"金字塔"上面的"网头"。

(二)传销行为的界定

自2005年11月1日起施行的《禁止传销条例》规定,下列行为属于传销行为:

(1)组织者或者经营者通过发展人员,要求被发展人员发展其他人员加入,对发展的人员以其直接或者间接滚动发展的人员数量为依据计算和给付报酬(包括物质奖励和其他经济利益,下同),牟取非法利益的。

(2)组织者或者经营者通过发展人员,要求被发展人员交纳费用或者以认购商品等方式变相交纳费用,取得加入或者发展其他人员加入的资格,牟取非法利益的。

(3)组织者或者经营者通过发展人员,要求被发展人员发展其他人员加入,形成上下线关系,并以下线的销售业绩为依据计算和给付上线报酬,牟取非法利益的。

二、传销组织如何吸纳新成员

尽管国家三令五申严厉打击传销,但是以暴利为诱饵欺骗他人非法推销劣质产品,或走私商品以大肆偷逃税收的传销活动仍十分猖獗。传销发展到今天,其手段更加隐蔽,危害性也更大,而且还有融入黑社会乃至向经济邪教发展的趋势。

传销为什么有这么大的魔力? 可以在传销行业用于培训的教材中找到答案。这些教材里应用了很多心理学的知识,极富煽动性和欺骗性,极易诱人上当。可以从中看到传销组织如何将新人骗进传销组织的一条完整的"黑色"欺骗链条。其步骤大致分为:列名单、电话或书信邀约、摊牌、跟进、胁迫加盟。

(一)揣摩心理列名单

传销组织通过长期的欺骗实践,总结出了列名单的技法,这是传销教材第一部分的内容。

名单列出之后,进行分类筛选(一般是在高一级别的人帮助下进行),分析哪些人是可以被骗来的对象。对象分为几类:亲戚类:兄弟姐妹;朋友类,"五同"——同乡、同宗、同好、同事、同学;邻居类,左邻右舍;其他认识的人,如师徒、战友等。然后对这些人的心理进行分析,那些急于改变现状的人,是他们网罗的主要人选。

(二)巧言邀约设骗局

第二步:邀约。发展"下线",被称作"邀约"。首先要制定邀约技巧,根据被邀约人的工作及特点,用非常有诱惑力的工作或丰厚的工资骗"下线"过来,每次只邀约一个人。什么人最容易成为被"邀约"的对象呢?农民、下岗失业人员、做生意赔钱的人,现在发展到大学生。

"邀约"的方式一般是写信或打电话,主要采取电话形式。打电话有很多技巧,很多"学问",如规定有"三谈三不","三谈"即谈社会、谈理想、谈这里的优越性;"三不"是指每次通话不超过三分钟;不能一人去打电话,需要有加入时间长的人陪同;不能第一个电话就"邀约"对方过来,要先经过三五个电话的交流作为"邀约"前的电话铺垫。总之,整个电话过程不谈传销的真相,不正面回答对方的提问,不具体解释自己的话题等,只是根据对方的心态、特长、背景等特点给出甜蜜的诱惑。

为了提高骗人的成功率,教材上写明了谈话时的语气。要求谈话时兴奋度要高,语调要高(比平常要高八度),语速要快,语言要清晰,语气要肯定。总之,整个谈话的语气要给对方绝对信任的感觉。说出的话具有一种神秘感,让对方无据可查。

传销组织在骗人加入时还会"与时俱进"地变换很多时髦的说法,比如采用"加盟连锁、人际网络、网络销售、框架营销、连锁销售、电子商务"等听起来很前沿的措辞,以骗取被"邀约"对象的好感。

在上述种种游说和谎言的欺骗下,如果对方被说动了,愿意加入,下一步就是接站。

当被"邀约"的人到来时,整个"家"(传销组织自称是一个"家")里的人都必须行动起来,预先告诉各家庭成员即将来的"新朋友"的基本情况,并和"家长"、经验丰富的"家人"商量,如何周密安排,密切配合,以营造温馨的环境。"家长"会亲点一个和"新朋友"性格、兴趣接近的"老朋友"来"照顾"即将到来的"新朋友",且尽量采取男女交叉的形式,"新朋友"走到哪里他们就跟到哪里。

接站的整个程序,细到神态和衣着都有明确规定。衣着要求光鲜,比如西装领带,让人家一见就会感觉到你肯定是有一定社会地位的人。新朋友一进车站,接站人就要主动热情地迎面跑上去,握手寒暄,然后到酒店里吃便饭,热情地引导来者上车。使初来乍到的人没进门就感觉到温暖,觉得这个朋友真好。

传销组织对接来的"新朋友"的关心是无微不至的,从对你的嘘寒问暖,到陪你做游戏,给你洗衣服,甚至给你洗脚、洗袜子,这叫"付出"。这是传销群体里所谓的"人帮人",令你感觉一种久违的亲情,给你一种家的温暖,使你放松警惕。

(三)摊牌跟进,翻脸相迫

不管前面说得如何天花乱坠,美丽的谎言总要被揭穿,传销组织把这叫"摊牌"。

第二天要做的工作是听课,为逃避公安机关、工商部门的打击,授课通常在相对偏僻和隐蔽的城郊民宅中进行。听课的人数一般为二三十人,采用集中授课的方式。讲授的内容主要是反复灌输致富观念,描绘"美好"的前景,宣讲传销所从事的"事业"是一个投资小、回报大的"光辉事业",想致富必须抓住传销这个机遇,它是给老百姓最后一次"暴富"和"翻身"的机会。课程过后还会有所谓的"成功者"传授经验。

摊牌的时间规定为听课前的5分钟。这时候,对方已无法脱身。摊牌后,就有两种情况了。如果对方去听了课,待其迷迷糊糊、将信将疑时,传销组织就会进入第3个阶段——跟进。跟进的具体方式是把你关在屋子里,一大帮人围着你讲他们怎么发了财。

为鼓动"新朋友",他们会运用传销教材中一些逻辑怪异,但具有较强诱惑性和煽动性的言辞来进行说服。比如,以暴利相诱惑会解释成:"传销可以缩短你成功的历程,可以使你一两年内,挣到你几十年挣不到的钱。"如果你说没钱,那么传销理论又会告诉你,因为你没钱,所以才让你想办法赚。如果你说没时间,他们的回答是,正是因为你没有时间,所以才让你在很短时间内赚到钱,然后浓缩你的生命拥有更多的时间。对于欺骗亲友的血汗钱这种罪恶行径,传销抛出的怪论是:"这些钱确实是自己的亲友掏出来的,关键是这个钱该不该赚呢?我看是该赚。因为钱本来就是叫人赚的,具体谁赚本无多大区别,你不赚别人也会赚,如果钱印出来都埋入地下,不让人赚,岂不都成了废纸。"传销组织甚至为谎言这样辩护:"谎言并不一定就是坏的,有时候我们甚至应该说'这个世界因为谎言而美丽'"。

在听课时大家住在一块,没有电视、报纸,跟外界可以说是隔绝的。讲课内容主要就是围绕每个月要发展多少人,发展到下线后可以有多少奖金等。这样时间长了,思想就会像入了魔似的掉进他们设的圈套而不能自拔。

如果"新朋友"在经过听课、跟进等主要的"洗脑工作"后,头脑仍然很清醒,依然意识到这是传销描绘的骗局。传销组织就会变一副面孔,对你进行威胁、跟踪。威胁说,不交钱的话,就可能出不了这个房子。跟踪就是每时每刻都跟着,没有一点自由。这种卑鄙的手段,会逼得人走投无路,只好投入传销再欺骗他人。这样,下一个恶性循环就又开始了。

三、传销的危害

由于非法传销活动具有隐蔽性、欺骗性、流动性和群体性,因此,极易演变为有组织的社会犯罪,它不仅会对广大参与传销的人员造成身心和经济的伤害,而且也会对经济秩序和整个社会造成极大的危害。

(1)误导思想,污染社会。一方面,非法传销的核心理念是"有钱就是成功"。成功的定义被他们狭隘地限定在能否拉下线、上业绩、日进斗金。其实,任何成功都离不开个人对社会的贡献,成功是社会对个人贡献的一种评价和回报。而他们宣扬的靠骗取人头费不劳而获的理念最终只能使人们的思想扭曲,从而误入歧途。另一方面,通过他们的"洗脑",让人不以骗为耻,反以为荣,靠骗人赚钱心安理得。从心理上突破道德和法制的约束,危害人的思想信念基础,这样的社会成员如果达到一定规模,社会控制体系将面临崩溃的危险。称传销为"经济邪教"并不为过。

(2)危及社会诚信体系,动摇市场经济赖以发展的基础。非法传销的基本方式是"杀熟",本质是欺骗,出售人与人之间的信任资源。参与者一旦发现自己被骗,解脱的方式就是发展下线,欺骗别人。这样一个庞大的骗子网络建立起来,如果无限发展下去,必然导致亲友相骗,朋友反目,人与人的信任资源无限流失。它不仅冲击正常的市场秩序,而且还动摇市场经济赖以发展的基础。

(3)瓦解家庭,引起社会动荡。一方面,非法传销参与者多是被亲戚、朋友、同学、同乡,以介绍工作为名,骗到外省市。参与人员多是弱势群体,是顶级非法传销组织者的敛财机器,最后的结果往往是妻离子散,血本无归,家破人亡。另一方面,非法传销满足的唯一需求是"成功"。但是,在金字塔式的非法传销体系中,"人人都能成功"是无法兑现的。只有极少数接近塔尖的"硕鼠"才能一夜暴富,而对无数身埋塔底的人来说,被激发起的"成功"欲求永远无法满足。这种普遍无法满足的需求,最终必然成为社会的动荡之源。

四、大学生为何会误入传销

1998年4月18日国家禁止传销以来,仍有数以万计的大学生误入非法传销的迷途,严重损害了大学生身心健康,不同程度地影响了高校的和谐稳定。分析大学生参与传销的原因,除了非法传销组织的欺骗性和校方管理疏漏等客观原因外,部分大学生自身就业压力大、社会阅历浅、辨别是非能力差、法制观念淡薄,也是其重要原因。

(一)就业压力大

今年,大学生就业难不仅已成为社会的热点问题,而且也对大学生的思想、学习、生活等方面产生着严重的影响。有的大学生急于找工作,甚至饥不择食。对此,许多传销组织打着帮助"就业"的幌子,以招聘为名,诱骗大学生参加非法传销活动。有的大学生对事业发展存在着急于求成和急功近利的思想,加之对生活期望值过高,非法传销组织就乘虚而入,宣称传销"人人都能成功",以迎合他们指望通过参加传销活动而一举成功的心理。特别是部分贫困大学生,急于致富脱贫,对此,非法传销组织大力灌输传销能"一夜暴富"的闪光理念。就业压力的种种情况,使得大学生屡屡受骗。

(二)阅历浅,辨别是非的能力差

大学生经历了十几年的学校生活,都是从一个校门到另一个校门,学了不少书本知识,但毕竟没有经历过社会风浪,思想比较单纯,对一些复杂的问题缺乏辨别是非的能力和应有的适应能力。当非法传销的组织者把非法传销说成是直销;为传销披上"科学""现代"的外衣,并且形而上学地宣称"传销一夜能暴富""传销人人都能成功""今天睡地板,明天当老板,成功就在眼前""皇帝轮流做,谁都有钱赚"等谬论时,部分大学生便轻易当了俘虏,个别同学还成了其中的骨干。

(三)法律观念淡薄

有的学生法律观念不强,明知传销已被国家禁止,还是抱有侥幸心理,违法参加。有的学生发现自己上当受骗,为挽回被骗而无法索回的损失,他们便不惜违法,设法再去欺骗亲朋好友,使自己在非法传销的泥潭中越陷越深,不能自拔。

(四)高校管理因素的不足

经济、思想、文化的多元化,加之大学生较强的自我意识,造成了部分大学生自以为是、我行我素。有的学生以找工作为名，不请假离校，有的跨市甚至跨省，有的长时间不归，在什么地方，干什么事情，概不向组织和学校汇报。有的大学生为寻求自由空间，不遵守学校规定，随便在校外租房，设法摆脱学校管理，等等。高校一方面对传销的本质及其危害的宣传力度不够，对学生的针对性和说服力不够强；另一方面对学生的行为管理有缺陷和漏洞，如考勤不严格等，使传销有可乘之机。

（五）社会管理因素的力度不够

工商行政管理机关对虚假广告的监管，对群众举报投诉的传销活动的查处以及公安机关对传销案件的查处力度有待进一步加强。

五、大学生如何避免参与传销

（一）政府和社会预防

国家政府相继出台的禁止传销的法律法规，为打击传销提供了法律和政策依据。

1998年国务院有关文件规定：大学生、军人、公务人员均不得参加直销。

2005年国务院同时颁布了《直销管理条例》和《禁止传销条例》。《禁止传销条例》于2005年8月10日，国务院第101次常务会议上通过，自2005年11月1起施行。

2009年2月28日第十一届全国人民代表大会常务委员会第七次会议通过《中华人民共和国刑法修正案（七）》，在《刑法》第224条后增加一条——组织领导传销罪：组织、领导以推销商品、提供服务等经营活动为名，要求参加者以缴纳费用或者购买商品、服务等方式获得加入资格，并按照一定顺序组成层级，直接或者间接以发展人员的数量作为计酬或者返利依据，引诱、胁迫参加者继续发展他人参加，骗取财物，扰乱社会经济秩序的传销活动，处五年以下有期徒刑或者拘役，并处罚金；情节严重的处五年以上有期徒刑，并处罚金。

过去，对组织传销的违法犯罪活动，在司法实践中，主要是根据实施传销行为的不同情况，分别按照非法经营罪、诈骗罪、集资诈骗罪等追究刑事责任，并无对传销罪的专门规定。为了更有效地打击传销违法犯罪活动，国务院法制办、公安部、国家工商总局等部门提出，在刑法中对组织、领导实施传销行为的犯罪做出专门规定。

2007年教育部、公安部、国家工商行政管理总局联合发出了《关于开展防止传销进校园工作的通知》。

政府各级教育行政部门、公安机关、工商行政管理机关等在加大宣传教育和管理的同时，严厉打击传销活动，做到"标本兼治，着力治本"，并密切配合学校、当事人家属做好解救受骗学生的工作。

（二）学校预防

学校广泛开展禁止传销宣传教育活动，使广大学生认清传销的欺诈本质和严重危害，帮助学生提高识别能力，增强防范意识，自觉抵制传销。加强学校安全管理和学生管理，严禁任何传销组织及人员在校园内进行任何形式的宣传、蛊惑及诱骗活动。及时了解学生思想动态，依托班级、社团、辅导员、班主任等引导学生自我教育、自我管理。针对寒暑假学生开展社会实践等活动，加强对外出实习学生、毕业班学生等重点群体的教育和管理。

（三）学生自我防范

1.提高认识,增强辨别是非的能力

（1）要进一步认识非法传销的本质、危害及手段。非法传销绝不是什么"光辉的事业",而是国家明令禁止的,一种使非法传销的少数组织者聚敛钱财,使绝大多数加入者受害的欺诈活动。

（2）要进一步提高辨别是非的能力。特别是对于那些用光环罩着的非法传销的谬论,要进一步认识其欺骗性的本质。非法传销绝不会"人人都能成功",绝不会"一夜能暴富",更不是最公平的"皇帝轮流做,谁都有钱赚",而是顶级传销商敛财的机器,从而从根本上增强抵制参与非法传销的自觉性。

2.树立正确的致富观

大学生能否致富,并不完全决定于就业的岗位选择,关键要看自己的付出和对社会的贡献大小,只想走捷径是不可能的。只有靠科学才能致富,靠勤劳才能致富,守法才能致富,只有这样的致富才会受到法律的保护。否则,靠投机、欺诈的致富,最终会受到法律的制裁,落得人财两空。所以,非法传销绝不是一条致富路,而是一条不归路。大学生无论如何都要远离非法传销这条路。

3.增强法制观念

1990年年底传销形式在我国出现,它经过了自由发展、限制发展和全面禁止3个阶段。1998年4月18日,国务院出台了《关于禁止传销经营活动的通知》。2000年,国务院办公厅55号文件提出,要严厉打击"6类"传销和变相传销的非法经营活动。2001年,国家打击传销办公室成立。2005年11月1日,国家《禁止传销条例》颁布实施。大学生是国家多年培养的人才,是我们未来的希望,要想成就一番事业,有所作为,就必须树立法纪观念。明确哪些是法纪提倡保护的,哪些是法纪禁止的。凡是法纪提倡保护的,应自觉遵守,坚决去做;凡是法纪禁止的,坚决不做。只有这样,才能适应法治国家的需要,否则,将一事无成。那些明知传销已被明令禁止,或事后察觉已上当受骗,仍坚持迷途不返的,最后必将受到法律的制裁。

4.迷途知返

大学生不论何种原因,一旦误入非法传销,一是要迷途知返,可与学校老师取得联系,也可以拨打"110"报警,尽快设法脱离传销组织;二是不能一错再错,自己被骗受害后,再骗别人受害。

六、如何解救误入传销的人员

（一）动之以情,晓之以理

首先,冷静对待误入传销的人员,以理服人,不要指责。指责可能导致双方对立,越对立越逆反。如果没有把握说服对方,可以求助反传销的专业人员。

其次,要给予理解。误入传销不是他的错,人人都渴望改变、渴望财富。错的是传销的网头,错在被别人利用和欺骗,选错了道路。

再次,要动之以情。戳穿传销"美丽的谎言",让他感受亲戚朋友的爱护,明白事实的真相。不要以分手或断绝关系相要挟,这会让误入传销的人员反而"信念"更加坚定,让他们觉得没有退路。

(二)断其后路,破坏其邀约市场

告诉所有的亲朋好友不要受邀去见面。当知道自己的亲朋好友或同学陷入传销后,及时将事实的真相告诉其他人,不要给他寄钱,以破坏他的邀约市场。不要为了面子对朋友或同学掩饰事实真相,认为只要自己不上当就行,因为这样做即使传销人员骗不到你,也可以去骗不知情的其他亲朋好友或同学。

(三)解救时的注意事项

做到以上两个方面以后,若想及时把陷入传销的亲朋好友或同学解救出来,最好依靠组织,如告知公安部门、学校或家长,制定解救方案。最好是传销人员的父母能随去,因为陷入传销的人员已经执迷不悟,他们不会心甘情愿地回来,带上其父母去,可将其强制带回。

去前应先取得他的信任。不能说明去的真实人数,以一个人的名义去才不会引起怀疑。不要告诉他你到站的具体时间,因为这样才能在你们到达后,有一定机动时间,联系当地派出所或者工商局,寻求他们的帮助。

当一切联系好后,为保证解救成功,可先买好返程的火车票,在火车开动前两三个小时给他打电话,叫他来接站。传销组织来接人时一般是两个人,所以当他们来接你时,不要让他看见来的人的多少,不然他们不与你们见面。一旦接上,你们一行人即可立马把他们带到派出所或者工商局,在说服不了的情况下,可强制性把他带上车,时间拖得越长对解救越不利。

第四节 拒绝高利贷

【案例导入】

某学院 2015 级学生乌某,因借高利贷被追债而不敢上课,2016 年时常旷课不在学校住。他的同学文某为其借款担保,被高利贷债主逼债,还债 3 600 元。但是债主没有还给他借条也没有打收条,继续到该学院找两名学生敲诈勒索。最后文某迫不得已向保卫处求助并到公安部门报了案,在保卫处和公安部门的共同努力下,处理了此事。

案例评析

同学们千万不要贷高利贷,也不要为其他同学或朋友担保,一旦贷了高利贷或者担保,就会上当受骗,遭到多倍的还款并受到胁迫、打骂等。

一、大学生借贷高利贷现状

借贷的利率只要超过或者变相超过国家规定的利率,即构成高利贷。近几年在我国高校中,存在着少数学生因法律意识淡薄,经不起一些社会不法分子的种种谎言和诱惑,陷入高利贷陷阱,给自身及家庭造成了严重伤害,甚至荒废了学业。

二、高利贷主敲诈勒索学生的手段

手段一：

高利贷1 000元→利息50%→实际打借条1 500元→尽力做到有效性、合法性(借款人及担保人身份证、学生证复印件、手纹画押)→过期还不了或不能一次性还清→连本带息翻一番→还3 000元→非法拘禁借款人或担保人并进行威胁、殴打、敲诈勒索达几万元→侵害学生身心健康,给家人及本人造成巨大经济压力和精神伤害,导致学生放弃学业。

手段二：

贷款人与借款人是朋友或同学、同乡→借款人与担保人是同学或朋友→借款人以急用钱为由,让担保人为己担保高利贷→借款人故意躲避还款→贷款人威胁担保人还款,非法拘禁、殴打、敲诈勒索→一旦成功,贷款人、借款人分享高息→侵害担保人身心健康,给担保人及其家人造成严重经济压力和精神伤害。

手段三：

制造事端进行敲诈勒索→在游乐、饭馆等场所故意制造事端,让其生气动手打人→以支付医疗费或私了为由索取钱财、敲诈勒索→进行非法拘禁、威胁、殴打,使其没钱借高利贷,从而落入陷阱。

三、大学生如何预防高利贷

(一)充分认识高利贷的危害性,拒绝高利贷

把自己有限的生活费有计划地支出。树立勤俭节约、艰苦朴素、勤奋好学的思想;学会节约,做节约型个人;远离高利贷,保证个人身心健康,争做当代优秀大学生。

(二)努力学习相关法律知识,增强法律意识

事前要衡量它的合法性和非法性,做到学法、知法、守法、用法。用法律的武器保护自身利益,确保人身安全。

(三)不要感情用事

高利贷一般是朋友找朋友,特别是好朋友,不要因朋友感情而害了自己。有的人只要朋友有求,让自己借高利贷或作高利贷担保时,什么也不问,不明不白地跟着干,结果陷入了高利贷陷阱。

第四章　交通安全

　　近年来,伤害大学生的交通事故屡见不鲜,无论发生在校外还是校内,都给大学生及其家庭带来了极大的痛苦。现在,高校校园内人流、车流量急剧增加,部分高校在校园道路和交通标志、标线建设方面没及时跟上,且校园一般不设交通管理人员,使得校园交通状况复杂,交通安全事故在大学校园内也呈上升趋势。由此,加强高校交通安全管理尤为重要,树立交通安全常识、培养遵守交通规则的好习惯,从而避免遭受交通事故的伤害,成为大学生安全教育的重要组成部分,这也是校园安全保卫工作的重中之重。

第一节　校内外常见交通事故

【案例导入】

　　某市某高校的三名女大学生上街购完物后准备回学校,当她们打算乘公交车时发现,必须走到 200 米外的人行天桥过马路才能到达公交车站,由于逛了一上午商场,肚子又饿,于是她们决定直接横穿马路,结果一辆疾驰而来的货车"嘭"的一声将她们撞倒,其中 1 人当场死亡,另 2 人经医院 X 光拍片透视和 CT 颅脑扫描显示,均有不同程度的骨折,内脏破裂,其中一名学生颅脑有三处出血点,医院立即施以手术治疗,后移送到重症病房监护。事后经交警部门认定:三位同学违规横穿马路(未过天桥或斑马线),对事故应负主要责任;货车驾驶员车速过快,刹车不及时负次要责任。货车驾驶员所投保的保险公司对三位同学的家属进行了合理的经济赔偿,三位同学所在的学校积极配合事故处理,并对家属进行了慰问。

　　案例评析

　　200 多米外就有天桥,如果这三名同学交通安全意识强些,就算再累也不会贪图方便横穿公路,坚持多走几步路,悲剧就不会发生。交通事故具有突发性,稍有不慎,就会酿成祸患,并且后果严重。这次事故主要是由于三位同学安全意识淡薄,违反交通规则,乱穿马路引起的。生命只有一次,应该格外珍惜。一旦发生交通事故,一是浪费大量的精力、物力、财力,涉及面广;二是往往造成人身伤残或危及生命,给学生及家长造成沉重的压力。

　　学生外出,一定要注意交通安全:一是要识别交通信号、交通标志、交通标线;二是要在过马路时走人行横道、地下通道、人行天桥;三是通过红绿灯的路口时,要集中精力注意观察来往车辆,不要逗留、嬉戏、打闹,严格遵守交通规则。

一、交通安全现状

交通包括道路交通、轨道交通、水路交通、航空交通等，最常见的交通事故主要是道路交通事故。据有关报道，自有交通事故死亡记录以来，全世界死于道路交通事故的人数已超过3 200万人，全世界每年有120多万人死于交通事故，每年因交通事故造成的经济损失约为5 180亿美元。

目前，我国道路交通事故死亡人数居世界第一位，交通事故人员死亡率是发达国家的几倍甚至几十倍；在所有的交通事故中，也是道路交通事故占绝大多数，道路交通事故死亡人数占全国安全生产总死亡人数的80%左右。据公安部统计，2014年的交通事故死亡人数为34 292.34人，比2013年的31 604.3人增加了2 688.04人，增长率为8.5%；相比2012年的30 222.5人，增加了4 069.84人，增长率为13.46%；相比2011年的29 618人，增加了4 676.34人，增长率为15.78%。

二、大学生交通安全事故的主要表现形式

(一)校园内易发生的交通事故

大学生刚刚离开父母，安全意识淡薄，许多同学理所当然地认为在校园内比公路上安全，不存在发生交通事故的情况，容易在思想上麻痹大意。事实上，校园内存在很多安全隐患。

(1)路面窄，弯道较多。

(2)不同时间、不同地点，人、车流量不均匀。如上下课高峰期流量大；刚开学放假前人流较多且没规律；大型集会、文体活动结束后，交通秩序混乱；食堂、主教学楼等周围路段流量相对较大。

(3)校际交往、交流日益频繁，外校老师或学生来校不熟悉交通线路。

(4)交通安全设施没有社会道路配套完善，无专职交通管理人员。

这些安全隐患的存在，如果同学们在思想上不予以重视和防范，就会导致校内交通安全事故的发生。校园内发生的交通事故有：

(1)在校园内行走时注意力不集中。如走路时边看书边听音乐，边走边思考问题，嬉笑打闹、左顾右盼、心不在焉等。

(2)校园道路上运动。大学生精力旺盛、活泼好动，即使在路上行走也是蹦蹦跳跳，嬉戏打闹，甚至有时还在路上进行球类活动，无视交通秩序，更是增加了发生事故的风险。某高校两名男同学在操场踢完足球后，余兴未尽，在回寝室的路上还在边跑边相互传球，此时正好驶来一辆摩托车，驾驶员躲闪不及撞上一名同学，造成其右小腿骨折。

(3)骑"飞车"或开快车。一般高校校园面积都比较大，宿舍与教室、图书馆等之间的距离比较远，不少同学买了自行车、电动车，甚至汽车，认为校园内没有红绿灯，骑(开)车速度就很快，容易将同学撞伤，甚至造成人员死亡。

(4)在校园内人行便道上行走时，不注意观察或不及时躲闪，有时也会被违章的汽车撞伤甚至撞死。

(二)校园外易发生的交通事故

1.行走或骑自行车时发生道路交通事故

学生空闲时到市区购物访友或到景点观光等,这些地方大多车流量大,行人多,各种交通标志也多,交通状况复杂,令人眼花缭乱,又缺乏通行经验,易发生交通事故。

这些交通事故有的自身要承担一定责任,甚至全部责任,如违章闯红灯逆行、过马路不走人行横道等。有的是机动车驾驶员违章或肇事造成的。如学生在非机动车道上骑自行车正常行驶,被后面违章驶入非机动车道的汽车撞伤、撞死;学生在绿灯放行时步入人行横道,被违章汽车撞伤、撞死;学生在车站站台候车,被酒后驾车者撞伤、撞死。

2.乘坐汽车等交通工具发生事故致伤、致死

大学生离校、返校,都要乘坐各种长途或短途的交通工具,全国各地高校大学生因乘坐交通工具发生交通事故的情况时有发生,有时甚至造成群体性伤亡事故。

3.驾驶机动车违章发生事故致伤、致死

现在大学生学习驾驶技术的越来越多,由于其驾驶时间短、经验少,遇到紧急情况时缺乏处理经验,有的学生还在醉酒后驾驶汽车等,因此易发生交通安全事故。还有的学生无证驾驶无牌照摩托车,并在后座带人,当遇到突发事件时惊慌失措,加之驾驶技术不精,从而导致交通事故的发生。

总之,不管在校内还是校外,不论是行人、骑车人,还是乘车人、开车人,发生交通事故的最主要原因是思想麻痹、不遵守交通法规、缺乏交通安全常识、自我保护意识淡薄等。

三、大学校园易发生交通事故的主要原因

随着高校改革的不断深入,高校与社会的交往越来越频繁,使校园内人流量、车流量急剧增加。许多高校老师拥有私家轿车已不算稀奇,摩托车更是普遍,学生骑自行车的很多,开汽车上学已不再是新闻了。校园道路建设、校园交通管理滞后于高校的发展,校园道路一般都比较狭窄,交叉路口没有信号灯管制,也没有专职交通管理人员管理。校园内人员居住集中,上、下课时容易形成人流高峰等,使高校的交通环境日益复杂,导致交通事故经常发生。

第二节　交通事故的预防

我们每天都能从报纸、电视或网络等媒体看到交通事故频频发生的报道,如车辆违章相撞殃及行人,公交车燃烧,机动车翻车,飞机失事,轮船海难,火车脱轨等。另外,人们生活出行,飞来的横祸也时有发生,如行人不小心掉到坑里,掉入窨井;被汽车撞或自己撞到车上,不小心撞上电杆、广告牌等。这些事故和飞来的横祸,虽说是意外,但只要多加小心,增强安全意识,有许多事故是可以避免的。

一、校外交通安全预防

除提高交通安全意识、掌握基本的交通安全常识外,大学生还必须自觉遵守交通法规,才能保证安全。

（一）行走时交通事故的预防

（1）在道路上行走，必须走人行道；在街道或乡镇无人行道与机动车道划分的混合道上行走，靠边行走，主动避让各种车辆。

（2）在穿越有交通信号灯的人行横道时，自觉按信号灯的指示通行。穿越没有交通信号灯的人行横道，要注意观察过往车辆，不要猛冲或在车流中穿行，确认安全后要快速通过。

夜间交通信号灯停止使用后，黄灯闪烁，走人行横道一定要环顾左右，注意判断车速，在确认安全的前提下快速通过。

（3）有隔离栏的路段，要寻找人行天桥或地下通道穿过，或从有人行横道标志的地方通过，不要翻越隔离栏。

（4）不得有爬车、强行拦车等妨碍道路交通安全的其他行为。

（5）走路时要专心，注意观察路面状况，包括车流量、流向和是否有障碍物；不要边走边看书、看报、聊天、嬉戏、打闹；不要在路上踢球、滑旱冰、耍滑板等。

（6）穿越居民区、胡同或从施工的建筑物旁通过，要注意观察住户窗户上摆放的物品和是否有人在活动，建筑物施工场地是否设有安全标志线和安全设施，尽量不要从工地上直接穿过。

（7）雨雪天出行，要注意观察路面和周围环境，如路边的变压器、供电线路及郊区高压线路，路边的高大树木，有无电缆从空中穿过等，注意是否有潜在的危险。

（8）夜间外出尽量选择有路灯的道路行走。在没有路灯的情况下最好携带照明用具，要注意观察路边的无盖窨井，停放的车辆是否启动，是否有非机动车往来。特别是夜间在混合道上通过，不要匆忙，要注意行驶车辆。

（9）通过火车道口时应听从管理人员的指挥，如在无人管理的路口穿过，一定要注意观察，在确认没有火车经过可能的时候快速通过，不要在轨道上或其附近逗留、玩耍。

（10）不要在机动车行驶的高架桥上行走，不要横穿高速公路。

（二）乘坐交通工具时交通事故的预防

现实生活中，人人都离不开交通工具，交通工具在给人们提供便利的同时，对人们的生命财产也会造成威胁。特别是在城市里人车拥挤，各种车辆来往频繁，停停走走，时慢时快，所以在乘坐交通工具时要增强安全意识，提高自我防范能力。

无论乘坐何种公共交通工具，首先要做到遵守国家和地方的相关法律法规，不要携带易燃、易爆、有毒、放射性等危险物品和管制刀具，也不要携带有腐蚀性、有异味的物品及家养宠物。易燃物品一般指煤油、汽油、香蕉水等。易爆物品有两种：一是指爆破器材，包括各类炸药、雷管、导火线、非电导爆系统、起爆药和爆破剂；二是指黑火药、烟火剂、信号弹和烟花爆竹。

乘坐不同交通工具时对交通事故的预防：

1.乘坐汽车

（1）乘车购票，须到运输部门指定的客运售票处购买，问明乘车地点按时进站乘车，不要向路边票贩购买，特别是节假日人流高峰期，以防票贩子欺诈和骗子坑害；若是中途搭车，须向售票员或司机索要车票。

（2）乘坐公共汽车、电车和长途汽车须在站台或指定地点依次候车,待车停稳后,先下后上,不可以在站台下和越过安全线候车。下车后,不要因急于赶路,不要突然从车前或车后窜出或猛跑穿越公路,否则极易被来往车辆撞上,过公路应走人行横道。无人行横道的要等车辆开走,看清左右的情况后再安全通过。

（3）在道路上搭乘机动车,应当从车身右侧上车;不得强行上下或者攀爬行驶中的车辆,乘车时注意文明礼貌,谦和礼让,自觉购票,起到大学生的文明示范作用,避免因拥挤与人发生摩擦。

（4）乘坐出租车,应当在有规定的出租车停车标志的地方候车。若无出租车专用停靠站,选择道路宽阔、视线好的地方候车,不在车行道上或交叉路口处招呼出租。不要乘坐无经营许可证的或路边拉客的"黑车"。乘坐前排副驾驶位要系好安全带。

（5）乘坐出租车到达目的地,停车后,应观察后面有无驶来的车辆(包括自行车),在确认无车后,从右侧车门下车。因为右侧靠非机动车道或人行道,下车后较为安全,左侧靠机动车道,穿梭来往的机动车车速快,下车后不安全。如果确需开左侧车门,应在确认无来车情况下开门下车,并迅速、安全地向人行道方向行走,切不可下车后直接穿越公路。

（6）车辆行驶中,乘车人不要同司机攀谈,不应催司机开快车或用其他方式妨碍司机正常驾驶。车辆行进中,抓牢扶手或椅背,避免因汽车启动或刹车时的惯性或意外情况带来的伤害。不要将身体的任何部位伸出车外,更不能跳车。不要在车内吸烟、吃零食,以免在会车、避让或颠簸时发生意外;也不要往车外吐痰、扔杂物。

（7）乘坐长途汽车,上车后将行李物品安置好,以防途中散落伤人。中途停车休息和用餐时关好车窗,记好车牌号,按时上车。如在中途搭车,注意车辆停稳后再上车,不要乘坐超载、超员车辆,也不要乘坐人货同载的汽车。

（8）外出乘车要注意观察周围乘客群体,切勿露财。旅途中人员复杂,不要轻信他人,不得跟随他人出走,不要吃陌生人给的食物,不要参与乘客中带赌博性质的游戏,不要购外币、买古董或宝物等,谨防受骗。

（9）一般不搭乘货运车,实在需要搭乘货运机车时,不站立,不坐在车厢栏板上。

（10）车辆在高速公路上行驶时,乘车人不站立,不向车外抛弃物品,前排乘车人应系好安全带。

（11）高速公路上,车辆因故障不能离开车道或者发生交通事故时,乘车人必须迅速转移到右侧路边上。除执行任务的交通警察外,禁止任何人在高速公路上拦截车辆。

2.乘坐火车

火车因有其独有的优势,成为我们长途外出的主要交通工具。如火车载客量大,费用低廉;不受天气影响,发车时刻固定,开停时间准确,便于旅客掌握时间,合理安排日程;中途可换乘、停留(在车票有效期内),利用中转换乘的时机,在铁路沿线可游览风景名胜;夜间行车可节省时间又可节省住宿费,具有一定的灵活性。因此,每年的节假日出行或外出旅游,大学生们大多会选择火车。大学生们在乘火车时应注意以下问题:

（1）进入火车站上车时,应该走规定的检票口,走天桥或地下通道,不得穿行铁路。

（2）当列车进站时，旅客和送旅客的人都应退至站台安全白线以外。因为列车进站时速度较快，风力大，如果离得太近有可能被卷入站台下而发生危险。在列车还没停稳时，不要往前拥挤，更不要攀窗而入，应该先下后上，按顺序上车。

（3）进入车厢后，安置好行李物品，找到自己的位置，不要在车厢内穿行、打闹和长时间滞留在车厢连接处；中途站点停车后下车购物或休息，注意关闭车窗，准时上车。

（4）当列车开动时，送行者一定不要越过站台的白色安全线，更不可随车向前跑动，不可向车上的亲友握手或递东西。

（5）当列车运行时，不要把手、脚和头部伸到车窗外边，以防被信号机、隧道以及线路旁的树木刮伤。行李架上的物品要放牢，避免掉下来砸伤人。

（6）了解列车运行时间，注意进站播报信息，提前准备好自己的行李物品，车停稳后有序下车，不要从车窗跳车。

（7）列车停靠站时，上下车乘客多，找座位的人多，找行李、空地的多。此时，要特别注意防范违法犯罪者浑水摸鱼，要留神看好自己的行李物品。夏季乘坐空调火车时，注意预防感冒，因为火车在夜间行驶时车厢的温度不到20 ℃，应备好衣服。

（8）不要在列车上酗酒。在列车上偶尔会看见一些大学生喝得酩酊大醉、东倒西歪，不但影响当代大学生的形象，而且因为喝酒过量，头脑失控，使自己丧失了自我控制能力和防范意识，易与人发生冲突或使自己碰伤摔伤，甚至造成伤亡事故，同时也给窃贼们提供了可乘之机。

3.乘坐飞机

（1）登机前，随身携带的一切行李物品，必须接受机场安检部门的安全检查。

（2）登机后按所购机票的机舱类别、座位号就座，将随身物品放在头顶上方的行李柜；有的物品也可以放在座位下面，但注意不要把物品堆放在安全门前或出入通道上。在飞机上除上厕所等必要的活动外，一般不要随意走动。不要串舱，更不要接近驾驶舱。

（3）在飞机起飞、降落和飞行颠簸时要系好安全带。身体不适时，应及时与乘务员联系，可请乘务员帮助调整座椅上方的通风器和座椅靠背。飞机上备有常用的急救药品，乘务员会在必要时向你提供。

（4）熟记空中乘务员做的飞行安全示范。各种飞机机型都有紧急出口，乘客上飞机后应细心聆听乘务员讲解的飞行安全须知，熟悉紧急出口的位置及其他安全避险措施，以免遇到紧急情况时手足无措。

（5）机舱内配有救生设施，乘务员会将这些设施的使用方法向乘客介绍和示范，在发生紧急情况时，由机组人员组织乘客使用；未经机组人员的许可，任何人都不可随意动用。当面临紧急情况时，乘客应保持镇定，绝对听从机组人员的指挥。

（6）大件行李切勿随身携带上飞机。有些同学往往为了节省领行李的时间，喜欢随身携带大件行李上飞机，这实际上不利于安全。发生紧急事故时，座位上方储物柜会因承受不了过重的物品而裂开，导致大件行李掉落，从而危及乘客的安全。

（7）从飞机起飞到降落，全程关闭手机（或调为飞行模式）、手提电脑等电子设备，以免影响飞机电子导航系统从而引发事故。

(8)乘飞机时要尽量穿棉质的衣服,最好不要穿容易燃烧的化纤衣服。少喝酒及含酒精的饮料,酒精可使人的紧急应变能力下降,因此,坐飞机时自我约束非常重要。

4.乘坐轮船

(1)发生乘船事故的主要原因是超载和缺乏救护设施,因此不要搭乘吃水线明显低于水位或乘客拥挤的超载船只,不要乘坐缺乏救护设施、无证经营的小船。

(2)凭票乘船。上船后要听从管理人员的安排,并根据指示牌寻找自己的舱位。上船时不仅自己不夹带危险物品上船,还应主动配合站埠人员做好对危险物品的查堵工作。若发现有人将危险物品带上船只,应督促其交给管理人员以妥善处理。

(3)上、下船时,一定要等船靠稳,待工作人员安置好上下船的跳板后再上下船。不拥挤,不随意攀爬船杆,不跨越船档,以免发生意外落水事故。

(4)客船航行时,不要在船上嬉戏打闹;摄影时,不要紧靠船边,也不要站在甲板边缘向下看波浪,以防晕眩或失足落水。观景时切莫一窝蜂地拥向船的一侧,以防引起船体倾斜,发生意外。

(5)客舱内严禁卧床吸烟,严禁违章用火,勿过量饮酒。如发现有影响旅客和船舶安全的情况,应及时向船舶负责人报告。

(6)船行途中一旦发生意外事故,旅客应按工作人员的要求穿好船上配备的救生衣,不要慌张,更不要乱跑,以免影响客船的稳定性和抗风浪能力。

(7)若在航行途中遇到大雾、大风等恶劣天气临时停泊时,要静心等待,不要让船员冒险开航,以免发生事故。

5.乘坐轻轨(地铁)

(1)乘坐轻轨时首先要在轻轨站口或售票处查看线路图,弄清楚轻轨行进的方向,认清自己所在的位置和准备到达的地点。

(2)进入站台后,在安全线外候车,不要擅自跳下站台,进入轨道、隧道和其他有警示标志的区域,更不能在非紧急状态下动用紧急或安全装置。

(3)车门正在关闭时,不要强行上车,注意随身物品,不要接近正在关闭的车门,以防因关门受阻而发生意外。

(4)上车后抓牢扶手,不要挤靠车门,下车出站认清出口。

(三)驾驶交通工具时的安全事故的预防

1.驾驶非机动车

(1)骑自行车或电动车须走非机动车道;在没有划分机动车道与非机动车道的道路上,骑自行车或电动车靠道路右侧1/4的道路内行驶,不抢行,不争道;注意前后车的距离和行人,不要在拥挤的市区道路上高速穿行。

(2)自觉按交通指示灯或交通警察的指挥行进;停车等信号时,不要越过停车线;横过机动车道时,应下车推行;有人行横道或者行人过街设施的,应从人行横道或者行人过街设施通过;没有人行横道或者行人过街设施的,在确认安全后直行通过。

(3)转弯前应当减速慢行,伸手示意,不要突然猛拐,超越前车时要不妨碍被超越车辆的行驶;在通过有交通信号灯控制的交叉路口,转弯时应让直行的车辆、行人优先通过;遇到前方路口交通阻塞时,不进入路口;在没有交通信号灯或无右转信号灯的路口,行经人行横道,主动避让行人;通过铁路道口时,在火车到来前,自觉停在道口停止线或距道口最外侧铁路5米以外,待火车通过后再通行。

(4)骑车时不要双手离开车把或双脚离开踏板;不牵引、攀扶车辆或被其他车辆牵引;不要在路上追逐、搂扶并行或曲折行驶;不要在骑车时玩手机、戴耳机听音乐;不要带人,更不要醉酒骑车;不要打伞骑车,遇湿滑和危险路段及进出大门要下车推行。

(5)要在规定地点停放自行车或电动车,未设规定地点的,停放时应不妨碍其他车辆或行人通过。

(6)不要贪图便宜买黑车、脏车;平时注意保养,出门时检查车胎、车闸、电瓶;借用他人的自行车或电动车外出时,先检查车辆状况,熟悉该车特点;路途中遇到车闸失效时下车推行,不要影响其他车辆行驶。

2.驾驶机动车

驾驶机动车发生的交通事故,大多与司机不遵守交通法规和安全意识淡薄有关。掌握和熟悉交通法规,注意积累经验和虚心学习,遵章守法,礼貌谦让,是确保安全的前提。

(1)驾驶机动车时必须做到:依法取得机动车驾驶证;严格遵守机动车通行规定、载物规定、载客规定、行驶速度规定、停车规定等。

(2)严格按照驾驶证载明的准驾车型驾驶车辆,出门时检查是否带齐行驶证、养路费单、保险单等相关证件,不能无证驾车;同时检查车辆状况、轮胎、仪表是否正常,倒车镜、后视镜位置是否恰当,底盘是否有漏油的情况等;不驾驶有机械故障的"带病车"上路。

(3)上车后系好安全带,关好车门、车厢。骑摩托车者(搭乘者)戴好安全头盔,搭乘者在驾驶者正后方骑坐(两轮摩托),双脚放在踏板上。

(4)要遵守交通信号,听从交通警察指挥;在机动车道通行,没有划分机动车道的,应在道路中间通行;行驶时不超过限速标志牌标明的最高时速,与前车保持足以采取紧急制动的安全距离。

(5)行经人行横道时,减速行驶;遇行人正在横过道路时,停车让行;当通过没有交通信号灯的道路时,遇行人横过道路,应当避让。

(6)起步和停车前,环顾左右,注意其他车辆和行人,查明情况,确认安全;不在人行道、车行道和妨碍交通的地方停车;不在消防通道和消火栓旁停车。

(7)驾车时不要吸烟、手持及接拨电话,不与同乘者聊天,打闹,不穿拖鞋或高跟鞋;身体不适或服用催眠、解痉镇痛、抗过敏、抗感冒等药物后不要驾车;酒后驾车,更不要醉酒驾车。

(8)遇到交通堵塞或停车排队等候,车行缓慢时,依次跟车,不要强超、强行插队,不要借非机动车道、人行道行驶。

(9)通过环形路口,准备进入车道时,让已在路内的车辆先行;出路口时,提前驶入路口最右侧的车道,变道时注意观察周围车辆,确保安全;通过铁路道口时,要主动避让火车,坚决杜绝强行、闯行道口的行为。

(10)在高速公路入口和出口的匝道上减速慢行,不要在公路匝道与主路相接处停车休息或等候;如因疏忽或忘记出口,不要在高速公路上和匝道上倒车或逆行;不要疲劳驾车。

(11)到租车行租用汽车,应选择较正规、信誉较好的租车行,最好请有经验的人陪同,检查车辆状况。借用他人车辆,特别是自己不熟悉的车型,事先要详细了解各系统的功能和设置,慢速行驶,熟悉车况和操控系统的使用方法。

(12)雨雪天驾车要低速慢行,保持足够的安全距离,尽量使用低速挡,时速不要超过40千米;雪地驾车更要慢,轻踩刹车,轻转方向;如遇积水,注意观察积水的深度,确认安全后低速通过。

(13)驾驶摩托车或新手驾车在最右侧机动车道行驶,保持一定的跟车距离,不要占道行驶和骑线行驶,不要频繁转弯、变道、超车。掉头、靠路边停车时,提前30~100米开启转向灯,注意其他车安全。

二、校内交通安全预防

学校内部的交通不像社会上那样熙来攘往,但是却有其特殊的问题存在,主要是:

(1)路面窄,转弯多,容易出事故。

(2)流量不均衡,有的地段流量小,有的地段流量大。

(3)时间相对集中,开学、放假前夕,或遇大型集会、文体活动,是交通秩序最为复杂的时期。

(4)与校外交往多,且校内的交通路线并不全为校外的驾驶员所熟悉。

(5)交通安全设施往往被人为忽略,专职交管人员缺乏。

了解了上述这些特点,作为一名大学生应该注意以下几个问题:

(1)切莫错误地认为校内无事,要树立交通安全观念,时时提高警惕。

(2)熟悉校内路线地形,记住易出事故地段。

(3)走路留神,见到各种车辆提前避让,防止那些认为"校内可以不讲交通规则"的人意外肇事。

(4)骑车、驾车要慢速行驶,复杂地段要缓慢而行,必要时下车推行。

第三节 发生交通事故后的处置

一、行走时发生交通事故的处置方法

(1)在路途中意识到即将发生交通事故时,应立即做出反应,往路边的方向避让,不要往路中心避让,避免发生正面碰撞和防止被其他车辆再次碰撞。

（2）若与机动车发生事故，应立即拨打122报警，并记下肇事车辆的车牌号，等候交通警察来处理；车祸发生后注意检查受伤部位，并采取初步的救护措施，如止血、包扎或固定；不要立即起来，以免因骨折错位而加重伤势和发生危险；如果伤势严重，赶快拨打120或110求救。

（3）遇到肇事逃逸者，记下肇事车辆的车牌号；看不清车牌号时，注意车型、颜色、新旧程度，请求旁人帮助并及时报警。

（4）与非机动车发生事故时，双方冷静协商，及时检查伤情，不能协商解决的情况下，立即报警。如果伤者伤势较重，应求助他人并迅速将伤者送往附近医院检查救治或拨打120求助。

（5）居住区发生高空坠物伤害事故时，注意观察是否有物体继续下落，并迅速移至安全地，检查伤者受伤情况，采取初步的救护措施，同时报警求救，保护好现场，以便相关部门调查取证和有效解决事故。

（6）当发生坠入窨井的事故时，应观察井下情况，察看是否有积水和异味，并与落井者保持联系。如落井者无严重受伤，意识状况正常，可求助他人就地取材开展营救；如果情况不正常，不能擅自下井营救，以免发生中毒，应立即报警求助，请专业人员开展救援工作。

二、乘坐交通工具时发生交通事故的处置方法

（1）在乘坐车、船、轻轨（地铁）、飞机等交通工具发生事故时，保持冷静的头脑，对事态发展做出正确判断是提高生存能力的前提。日常生活中的积累与安全防范、危机意识的养成可帮助你在危难时刻安全逃生。

（2）在行车途中意识到车祸即将发生时，双臂夹胸、手抱头部并躺下，或抓紧车内拉手或座位铁脚，并双脚用力蹬，以免车祸发生时人翻滚或摔出车外。除非车辆即将冲出悬崖，否则不要从疾驶的车辆中跳出，车辆停止移动后，保持镇定，查明身边情况，从门窗爬出。

（3）如果汽车落入水中，它不会立即沉没，但水的压力会使车门很难打开，此时不要惊慌，看好逃生路径，深呼吸憋足气猛力推开车门或击碎车玻璃，设法在车辆沉没前逃离。

（4）路途中发生车辆起火，不要惊慌地叫嚷和乱窜，以免有毒气体进入体内和相互踩踏。用衣服蒙住口鼻，打开车窗跳出逃生。如果身上起火又无水源，用衣服拍打或就地打滚，以隔离空气迅速灭火。

（5）轻轨（或地铁）中发生火灾时，不要乱跑，在浓烟中因视线不清易发生相互踩踏，要注意观察火源，从相反的方向，寻找最近的出口逃离，用衣服、毛巾等捂住口鼻，低头弯腰前行，尽量减少有毒气体进入体内而造成窒息、昏厥的危险。

（6）乘船航行中发生意外事故，不要慌张，按船员的要求穿好救生衣，也不要乱跑，以免影响客船的平衡。听从船员指挥依次离船，如紧急情况下需弃船逃离时，系紧救生衣，迎风跳离，双臂交叉于胸前，按住救生衣，身体垂直入水。

（7）乘飞机飞行途中遇故障或紧急迫降时，应遵循乘务员的指挥，系紧安全带，双手抱

头,下颌贴紧胸部,或与邻座相互依靠抓紧,以防撞击。飞机停稳后,按乘务员的要求从紧急通道迅速逃离。

(8)逃离危险区域后,尽快拨打求救电话122、110、120或你所熟知的一切电话(海上救援电话12395),将事故信息发出,以求尽快得到救援。在没有电话或无信号的区域,通过呼救、点燃火堆、用衣物或其他东西标记,引起过往车辆、船只、行人的注意,通过他人传递救援信号。

三、驾驶交通工具时发生事故的处置

(1)当机动车与机动车、机动车与非机动车之间发生未造成人身伤亡的事故时,若当事人对事实及成因无争议,在记录交通事故时间、地点、对方当事人的姓名和联系方式、机动车牌号、驾驶证号、保险凭证号、碰撞部位并共同签名后,撤离现场,自行协商赔偿事宜。如果当事人对交通事故事实及成因有争议,则不能撤离现场,应迅速报警。如果是交通要道或高峰期,可拍下事故现场的图片,移至路边,在不妨碍通行的情况下等待交警出现。

(2)当机动车与机动车、机动车与非机动车之间发生造成人身伤亡事故后应立即停车,开启危险报警闪光灯(应急灯),并在来车方向50~100米处设置警示标志;造成人员伤亡的应当立即抢救受伤人员,并迅速拨打120急救电话和110报警电话,准确报出事故发生的地点及人员、车辆损伤情况。车祸发生后,如果出现漏油的情况或起火,应迅速撤离现场,以防爆炸造成伤亡。

(3)发生交通事故后,要保护好现场,因抢救受伤人员需变动现场时,应标明事故车辆和人员位置。解决交通事故赔偿问题要依据有关法律执行。

(4)在高速公路上发生事故后应立即停车,保护现场,迅速报警;有受伤人员的应先救人,并立即拨打120急救电话;开启危险报警闪光灯(应急灯),并在来车方向150米处设置警示标志;将车移至高速公路边的紧急停车带,以免妨碍交通。

(5)夜晚外出遇人或骑车者在你的车前突然倒下,别急着下车查看究竟,警惕抢劫和讹诈。

(6)路遇剐蹭,下车查看,保持平和心态,双方协商后将车移至路边,不要影响交通。

(7)路途中发生车辆故障,将车移至路边,开启警示灯,如在公路上,前后须设置警示标志,特别是在高速公路上,必须保证150米以上的安全距离。

(8)在泥泞的路上因打滑无法前进时,先倒车后前进,或从附近找石块、树枝等铺垫。

四、注意防火防爆

发生交通事故的机动车很容易起火,起火不仅威胁司乘人员的生命安全及毁损车辆,而且会影响交通秩序,所以交通事故现场要做好以下防火防爆措施:

(1)关掉车辆的引擎,消除其他可能引起火灾的隐患。

(2)事故现场禁止吸烟,以防引燃泄漏的燃油。

（3）载有危险品的车辆发生事故时，若危险性液体、气体发生泄漏，要及时将危险品的化学特性，如是否有毒、易燃易爆、腐蚀性及装载量、泄漏量等情况通知警方及消防人员，以便采取防范措施。

五、责任认定，协商赔偿

（一）责任的认定

报警后，公安机关交通管理部门应当根据交通事故现场勘验、检查、调查情况和有关的检验、鉴定结论，及时制作交通事故认定书，作为处理交通事故的证据。交通事故认定书应当载明交通事故的基本事实、成因和当事人的责任，并送达当事人。

发生交通事故后当事人逃逸的，逃逸的当事人承担全部责任。但是，有证据证明对方当事人也有过错的，可以减轻责任，当事人故意破坏、伪造现场、毁灭证据的，承担全部责任。

（二）事故的调解与赔偿

1.调解

对交通事故损害赔偿有争议时，各方当事人可以采用调解的解决方式。各方当事人一致请求公安机关、交通管理部门调解的，应当在收到交通事故认定书之日起 10 日内提出书面调解申请。

对交通事故致死的，调解从办理丧葬事宜结束之日起；对交通事故致伤的，调解从治疗终结或者定残之日起；对交通事故造成财产损失的，调解从确定损失之日起。

公安机关交通管理部门调解交通事故损害赔偿争议的期限为 10 日。调解达成协议的，公安机关交、通管理部门应当制作调解书送交各方当事人，调解书经各方当事人共同签字后生效；调解未达成协议的，公安机关、交通管理部门应当制作调解终结书送交各方当事人。

2.赔偿

机动车发生交通事故造成人身伤亡、财产损失的，由保险公司在机动车第三者责任强制保险责任限额范围内予以赔偿；不足的部分，按照下列规定承担赔偿责任：

第一，机动车之间发生交通事故的，由有过错的一方承担赔偿责任；双方都有过错的，按照各自过错的比例分担责任。

第二，机动车与非机动车驾驶人、行人之间发生交通事故，非机动车驾驶人、行人没有过错的，由机动车一方承担赔偿责任；有证据证明非机动车驾驶人、行人有过错的，根据过错程度适当减轻机动车一方的赔偿责任；机动车方没有过错的，承担不超过百分之十的赔偿责任。

第三，交通事故的损失是由非机动车驾驶人行人故意碰撞机动车造成的，机动车一方不承担赔偿责任，如通常所说的"碰瓷"行为。

赔偿的范围主要包括医疗费、交通费、误工费、营养费、护工费、残疾赔偿金、死亡赔偿金、丧葬费等。

【延伸阅读】 道路交通标志

1.警告标志

警告标志是警告车辆和行人注意危险地点的标志。其颜色为黄底、黑边、黑图案,形状为正等边三角形。

| 十字交叉路口 | T形交叉路口 | T形交叉路口 | T形交叉路口 |
| 向左急转弯 | 环形交叉路口 | 向左急转弯 | 向右急转弯 |

图4.1 警告标志

2.禁令标志

禁令标志是禁止或限制车辆、行人交通行为的标志。其颜色通常为白底、红圈、红斜杠和黑图案,其中"禁止驶入"为红底、白横杠;"禁止车辆停放标志"为蓝底、红圈、红斜杠,其形状通常为圆形,个别为八角形或顶点向下的等边三角形。

禁止通行	禁止驶入	禁止机动车通行	禁止载货汽车通行	禁止三轮机动车通行	禁止大型客车通行	禁止小型客车通行
禁止汽车拖、挂车通行	禁止拖拉机通行	禁止农用运输车通行	禁止两轮摩托车通行	禁止某两种车通行	禁止非机动车通行	禁止畜力车通行
禁止人力货运三轮车通行	禁止人力客运三轮车通行	禁止人力车通行	禁止骑自行车下坡	禁止骑自行车上坡	禁止行人通行	禁止向左转弯
禁止向右转弯	禁止直行	禁止向左、向右转弯	禁止直行和向左转弯	禁止直行和向右转弯	禁止掉头	禁止超车
解除禁止超车	禁止车辆临时或长时停放	禁止车辆长时停放	禁止鸣喇叭	限制宽度	限制高度	限制质量
限制轴重	限制速度	解除限制速度	停车检查	停车让行	减速让车	会车让行

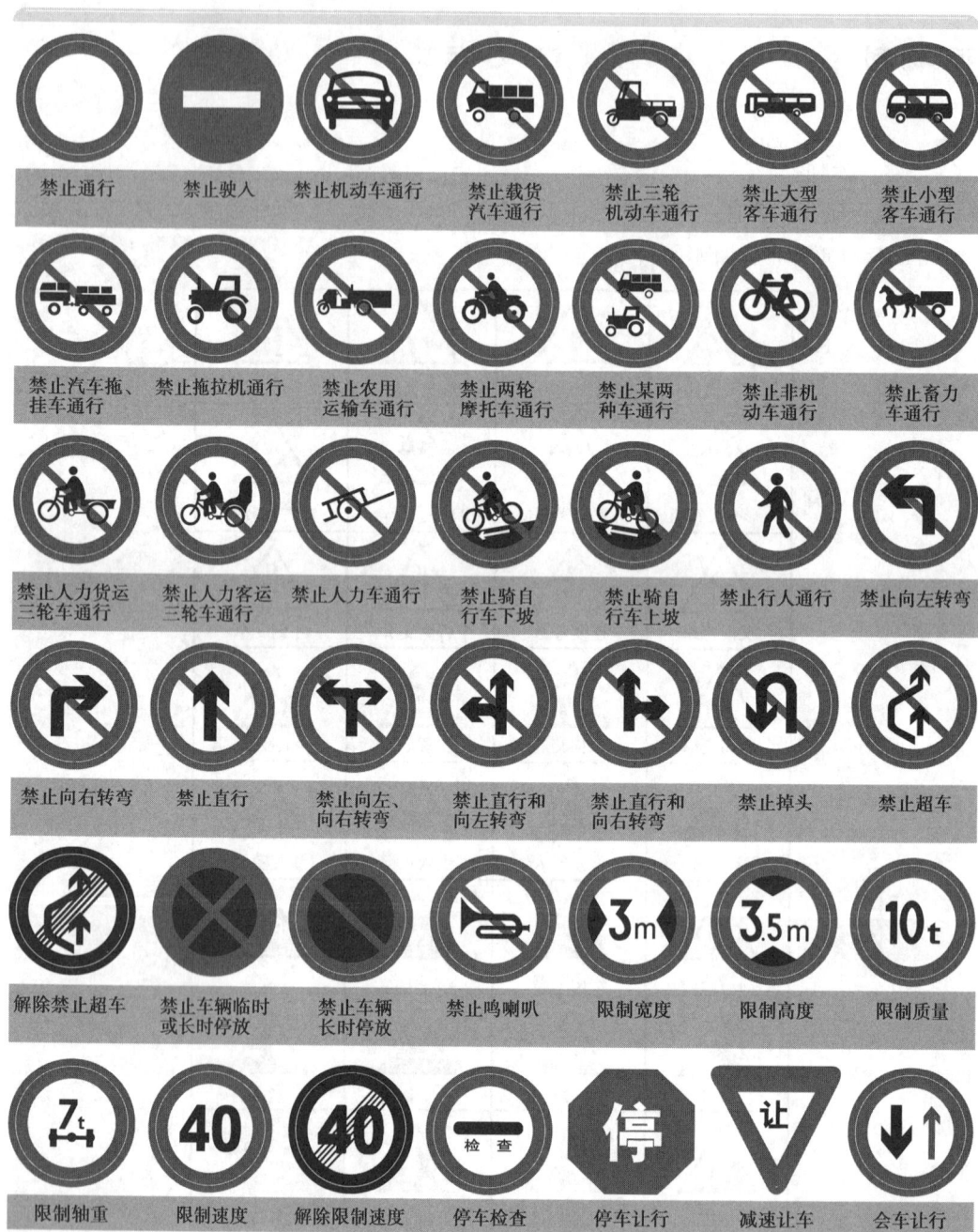

图 4.2　禁令标志

3.指示标志

指示标志是指示车辆、行人行进的标志。其颜色为蓝底白图案,形状为圆形、正方形或长方形。

直行　向左转弯　向右转弯　直行和向左转弯　直行和向右转弯　向左和向右转弯

靠右侧道路行驶　靠左侧道路行驶　立交直行和左转弯行驶　立交直行和右转弯行驶　环岛行驶　单行路(向左或向右)

单行路(直行)　步行　鸣喇叭　最低限速　干路先行　会车先行

图 4.3　指示标志

4.指路标志

指路标志是传递道路方向、地点和距离信息的标志。其形状除地点识别标志、里程碑、分合流标志外，为长方形或正方形。一般指路标志为蓝底白图案，高速公路为绿底白图案。

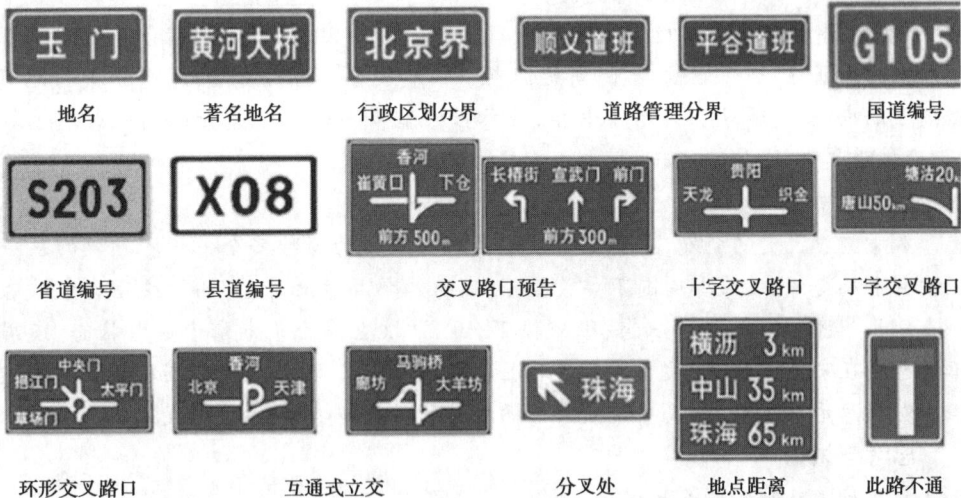

地名　著名地名　行政区划分界　道路管理分界　国道编号

省道编号　县道编号　交叉路口预告　十字交叉路口　丁字交叉路口

环形交叉路口　互通式立交　分叉处　地点距离　此路不通

图 4.4　指路标志

第五章 消防安全

大学校园是人员高度聚集的场所,教学仪器、科研设备、易燃品多,用电量大,学生宿舍密集,一旦发生火灾事故,往往会造成人员伤亡和重大财产损失。消防安全作为学校公共安全的重要组成部分,是构建平安校园、和谐校园的重要保障。"隐患险于明火,防患胜于救灾。"不久前,一项针对大学生进行的抽样调查为大学校园里的消防安全敲响了"警钟":52%的大学生曾在寝室违章使用电器,71%的大学生不知如何使用灭火器,43%的大学生对安全防范怀有侥幸心理。让大学生提高消防安全意识,掌握必要的消防安全技能,懂得火灾预防和学会火场逃生,可以从根本上减少或避免校园火灾事故的发生以及人员的伤亡。

第一节 校园火灾及其危害

【案例导入】

2015年4月21日凌晨3时13分许,闽南师范大学达理学生公寓5A号楼404宿舍起火。接到报案后,芗城大队桥南中队和金峰中队立即出动5辆消防车和18名消防官兵赶赴现场。经过20分钟的奋战,大火被成功扑灭,其间,消防官兵共疏散学生1000余人,火灾未造成人员受伤。

起火宿舍的陈同学回忆火灾时仍心有余悸。因为大四的缘故,宿舍平时就只有她和罗同学居住,为了驱蚊,临睡前她们点了一盘蚊香。当天凌晨,睡得迷糊的她突然被浓烟呛醒,发现蚊香引燃了书柜,便急忙叫醒罗同学并迅速开门到阳台取水扑救,不料明火遇风,越烧越旺,这才赶紧求救。

案例评析

本案例中火灾的引发,主要在于大学生缺少必要的消防安全意识。点燃的蚊香应放在金属支架上,蚊香周围不要放置可燃、易燃物品。此外,有的学生宿舍电蚊香一直处于"连轴转"的工作状态,很少拔下来。电蚊香因为长期处于通电状态,使用不当也存在安全隐患,电蚊香片加热后温度可达700℃,极易烤燃周围易燃物品或使恒温发热片元件燃毁失灵、导致插头与插座接触不良发热等,最终引发火灾。

思考与讨论

大学应具备哪些火灾知识?

火灾是指在时间或空间上失去控制的燃烧所造成的灾害。所谓燃烧则是可燃物与氧化剂作用而发生的放热反应,通常伴随有火焰、发光和发烟现象。燃烧必须同时具备可燃物、助燃物和着火源3个条件,缺一不可。有时在一定的范围内,虽然3个条件俱在,但由于它们没有互相结合、互相作用,燃烧的现象也不会出现,切断燃烧的任何一个条件,火都会熄灭。只有掌握引发火灾的火源及火灾产生的原因,才能采取正确的预防和处理措施,从而有效地防止火灾的发生和减少火灾的损失。

一、火灾的级别

(一)特别重大火灾

特别重大火灾是指造成 30 人以上死亡,或者 100 人以上重伤,或者 1 亿元以上直接财产损失的火灾。

(二)重大火灾

重大火灾是指造成 10 人以上 30 人以下死亡,或者 50 人以上 100 人以下重伤,或者 5 000 万元以上 1 亿元以下直接财产损失的火灾。

(三)较大火灾

较大火灾是指造成 3 人以上 10 人以下死亡,或者 10 人以上 50 人以下重伤,或者 1 000 万元以上 5 000 万元以下直接财产损失的火灾。

(四)一般火灾

一般火灾是指造成 3 人以下死亡,或者 10 人以下重伤,或者 1 000 万元以下直接财产损失的火灾。

二、火灾的发展规律

实践证明,多数火灾是从小到大、由弱到强逐步成为大火的。火灾的形成过程一般分为初起、成长、猛烈、衰变 4 个阶段,前 3 个阶段是造成火灾危害的关键。

(一)火灾初起阶段

一般固体可燃物质发生燃烧,火源面积不大,火焰不高,烟和气体的流速不快,辐射热不强,火势向周围发展的速度比较缓慢。这段时间的长短,随建筑物结构及空间大小的不同而不同。在这种情况下,只需少量的人力和简单的灭火工具就可以将火扑灭。

(二)火灾成长阶段

如果初起阶段的火未被发现或扑灭,随着燃烧时间的延长,燃烧强度增大,温度逐渐上升,燃烧区内逐步被烟气所充满,周围的可燃物迅速被加热,此时气体对流增强,燃烧速度加快,燃烧面积迅速扩大,会在一瞬间形成一团大的火焰。在这种情况下,必须有一定数量的人力和消防器材装备,才能及时有效地将火扑灭。

(三)火灾猛烈阶段

随着燃烧时间的延长,燃烧速度不断加快,燃烧面积迅速扩大,燃烧温度急剧上升,持续温度达 600~800 ℃,辐射热达到最强,气体对流达到最高速度,燃烧物质的放热量和燃烧产物达到最高数值,此时建筑材料和结构受到破坏,发生变形或倒塌。这段时间的长短和温度的高低,取决于建筑物的耐火等级。在这种情况下,需要组织较多的灭火力量和花费较长的时间才能控制火势,扑灭大火。

（四）火灾衰退阶段

猛烈燃烧过后，火势衰退，室内温度下降，烟雾消散，火灾渐渐平息。

三、高校常见的火灾类型

高校火灾从发生的原因上可分为生活火灾、电气火灾、自然火灾、人为纵火等类型。

（一）生活火灾

生活用火一般是指人们的炊事用火、取暖用火、照明用火、吸烟、烧荒，燃放烟花爆竹等，由生活用火造成的火灾称为生活火灾。随着社会的全面进步发展，炊事、取暖用火的能源选择日益广泛，有燃气、烧煤、烧油、烧柴、用电等多种形式。大学生生活用火造成火灾的现象屡见不鲜，原因也多种多样，主要有：在宿舍内违章乱设燃气、燃油、电器火源；火源位置接近可燃物；违反规定存放易燃易爆物品；使用大功率照明设备，用纸张、可燃布料做灯罩；乱扔烟头、躺在床上吸烟；在室内燃放烟花爆竹；玩火；等等。

（二）电气火灾

目前大学生拥有大量的电气设备，大到电视机、电脑、录音机，小到台灯、充电器、电吹风，还有违章购置的电热炉等。由于学生宿舍所设电源插座较少，少数学生违章乱拉电源线路，不合规范程序的安装操作致使电源短路、断路、接点接触电阻过大、负荷增大等引起电气火灾的隐患因素增多。个别大学生购置的电气设备如果是不合格产品，也是致灾因素。尤其是电热器的大量使用，引发火灾的危险性最大。

（三）自然火灾

自然火灾不常见，这类火灾基本有两种：一是雷电；一是物质的自燃。雷电是常见的自然现象，它是大气层运动产生高压静电再放电，放电电压有时达到几万伏，释放能量巨大。当作用于地球表面时，具有相当大的破坏性，它产生的电弧可成为引发火灾的直接火源。预防雷电火灾必须合理安装避雷设施。自燃是物质自行燃烧的现象。如黄磷、锌粉、铝粉等燃点低的一类物质在自然环境下就可燃烧；钾、钠等碱金属遇水剧烈燃烧；不干燥的柴草、煤泥、沾油的化纤、棉纱等大量堆积，经生物作用或氧化作用积聚大量热量，使物质达到自燃点而自行燃烧进而发生火灾。所以，对自燃物品一定要以科学的态度和手段加强日常管理。

（四）人为纵火

纵火都带有目的，一般多发生在夜深人静之时，有较大的危害性。有毁灭证据、逃避罪责或破坏经济建设等多种形式的刑事犯罪分子纵火，还有旨在烧毁他人财产或危害他人生命的私仇纵火等。这类纵火都是国家严厉打击的犯罪行为。另外，还有精神病人纵火，是由于病人对自己的行为无法控制而产生的，所以，精神病人的监护人一定要履行好自己的监护职责。

四、火灾的危害

火和其他物质同样具有两重性：火的利用，造就了今天人类社会的文明发展和幸福生活；火一旦失控，超出有效范围内的燃烧，带给人类的就是破坏，是灾难，是死亡。

火灾危害是除了战争、瘟疫、地震和水涝等自然灾害外危害最为严重的灾害,它造成的生命财产损失难以估计和无法挽回,它的破坏力非常大。例如,1987 年 5 月 6 日,因有人吸烟随意乱扔烟头造成我国大兴安岭森林发生火灾,过火面积 101 公顷,烧毁木材 85.3 万米^3,房屋 61.4 万米^2,5 万余人无家可归。更为惨痛的是,1994 年 12 月 8 日,新疆克拉玛依市教育局组织 15 所中小学校的学生、老师及家长共 796 人,在友谊宾馆进行文艺汇报演出,因舞台上方的照明灯烤燃幕布蔓延成火灾,当人们正在向场外疏散时,场内又突然断电。该馆的 8 个疏散门仅有 1 个开启,这起大火共烧死 325 人,烧伤 130 人,其中重伤 68 人,火灾直接经济损失约 100 多万元。原因是安全门封闭,疏散通道堵塞,火灾出现时人们互相拥挤,死难者就堆积在门口周围,现场令人惨不忍睹。古往今来,火灾危害无法估量,人们深知"水火无情"中"火"的危害性、严重性,"火"可以夺取财富,更可怕的是可以夺取人的宝贵生命。火灾致人死亡的主要原因是有毒气体(特别是一氧化碳)、缺氧、烧伤和吸入热气。

其危害主要表现在以下几个方面。

(一)危及人的生命

生命是美好的,它对于每个人来说只有一次,倘若为国捐躯,或能体现人生的价值,死得其所;倘若葬身火海,则只能是无谓的牺牲。据公安部门统计,2015 年全年共发生火灾 33.8 万起(全国),共造成 2 854 人伤亡,其中 1 742 人死亡,1 112 人受伤。2016 年,全国共接报火灾 31.2 万起,亡 1 582 人,伤 1 065 人。如果死者能死而复生,他们一定会加倍珍惜自己的生命,更加重视消防安全,也一定会对不重视消防工作的人们进行强烈的谴责。在火灾中受伤者,属不幸之大幸,捡了条命,然而伤残不也令其痛苦终身吗?

(二)造成财产损失

来自公安部消防局的数据显示,2015 年全年共发生火灾 33.8 万起(全国),直接造成经济损失 39.5 亿元。2016 年,全国共接报火灾 31.2 万起,直接财产损失 37.2 亿元。中华人民共和国成立以来,在我国 1 000 余所全日制高校中,从未发生过火灾的难以找到,有的学校整座教学楼,实验楼,食堂被烧毁,至于在大学生宿舍里所发生的小型火灾,每年可达数千起之多,造成同学们大量财物被毁。据统计资料表明,大学里的火灾比盗窃所造成的经济损失要高出十几倍。

(三)影响正常秩序

火灾不仅给人身和财产带来巨大损失,还在一定程度上影响正常的教学科研和生活秩序。

第二节 火灾的原因、预防与扑救

一、引发校园火灾事故的原因

从客观上讲,高校学生人数多、居住密度高,教学及实验存在一定的火灾危险性,有些房屋建筑耐火等级低,电气线路老化;主观上,部分师生消防安全意识淡薄,违反学校管理规定及缺乏基本的消防安全常识。纵观火灾事故的教训,无一不是"人为"的原因,其主要表现在：

（一）消防安全意识淡薄

少数大学生认为火灾离自己很远，可能不会在自己身边发生，从而心存侥幸。对学校举行的消防安全知识教育和培训不重视，认为是多此一举，没有必要；面对一些火灾案例和图片展时，只是觉得很凄惨，却没有从思想深处引起重视，因而在日常行为中表现得毫不在乎。有的认为只要学习好了就行，其他的可以无所顾忌；有的认为消防工作是领导和学校有关部门的事情，与自己关系不大。

（二）违反学校管理制度

1.违章使用大功率电器或使用大功率电器不当引起火灾

随着社会经济的发展，大学生的学习、生活条件明显改善，部分大学生开始违章使用大功率电器。尽管学校三令五申要注意用电安全，不得使用大功率电气设备，但是学生中使用电炉、热得快、电热壶、电熨斗等电器的现象仍然普遍存在。有的宿舍冬天用电暖气取暖，用热得快烧水。由于长时间通电，有时外出忘记关电源，或使用、放置不当，致使电器温度升高而点燃附近的可燃物，这类火灾在学生宿舍中较常见。

还应该注意的是，许多同学都买了小型充电宝，以方便随时给手机充电，但个别同学充电时，随意将充电宝放在宿舍的床铺或书本上，人却离开了，结果因充电时间过长，引起充电宝过热，造成短路，产生火花，引燃床上用品，从而引发火灾。

2.私自乱接乱拉电源线引起火灾

乱接乱拉临时电源线是学生集体宿舍中较为常见的不安全因素之一。所谓乱拉电线，就是不按照安全用电的有关规定，随便拖拉电线，任意增加用电设备，这样做是很危险的。这些电线有的架在床上，有的放在桌边，有些则埋在蚊帐里或被子下的床沿上。接电不规范、接头或线径不符合安全用电要求，极易造成短路、负载或电阻过大等而引起电线发热着火，这也是高校中较常见的火灾现象之一。

3.因乱丢烟头而引起火灾

全国每年因吸烟引起的火灾，占每年全国火灾总数的1%左右。虽然烟头的火源很小，但是"星星之火，可以燎原"。烟头的表面温度到300 ℃，中心温度可达800 ℃，碰到可燃物极易起火。一些人乱扔未熄灭的烟头，一些人喜欢躺在床上吸烟，一些人会把仍燃烧着的香烟放在一边而去干别的事情，这些都极易引起火灾。

4.肆意焚烧杂物

使用明火，最易发生火灾，因为明火实际上是正在发生的燃烧现象，一旦其失去控制马上便会转化为火灾。道理虽然简单明了，但有的同学却常常不以为意，随意在宿舍内焚烧废弃物，最终不仅自食苦果，还殃及他人。

5.擅自使用炉具

高校宿舍是同学们学习和休息的地方，但有的同学图方便，常在宿舍煮面条，还有的将火锅端到寝室里搞同学聚会。凡此种种，无一不给校园安全造成隐患，对同学们的生命和财产构成威胁。

6.违规点蜡烛、随意燃点蚊香引起火灾

停电或晚上统一熄灯的学生宿舍,会有个别同学图方便而点上蜡烛,但蜡烛作为一种可以移动的火源,稍不小心,就可能烧熔、流淌,或者倒下,遇可燃物容易引起火灾。正因为其具有火灾危险性而被许多高校禁止,但少数同学却置若罔闻,最终酿成悲剧。蚊香具有很强的阴燃能力,点燃后没有火焰,但能长时间持续燃烧,中心温度可高达700 ℃,超过了多数可燃物的燃点,一旦接触到可燃物就会引起燃烧,甚至扩大成火灾。

7.照明灯具太靠近可燃物而引起火灾

学生宿舍一般都安装有明亮的日光灯,基本上能满足学习和生活的需要,但仍有相当一部分学生喜欢安装床头灯。个别人对白炽灯泡(特别是较大功率的灯泡)表面温度很高的事实认识不足,用纸做灯罩,有的将灯泡靠近衣服或蚊帐,更有甚者用灯泡取暖,将灯泡放在被子里,这种因错误使用白炽灯而引起火灾的事故也时有发生。

8.学生在实验过程中因操作不慎而引起火灾

大学生,特别是理工、农林、医科类大学生,在实验室进行实验是必不可少的,如果操作不慎也极易发生火灾。因此,凡是有化学实验室的高校,要制定严格的化学药品管理制度和化学实验室用电、消防管理制度。化学实验室的管理人员要经过培训后持证上岗,实验人员要注意防火安全,一切操作都有严格按照安全操作规程来进行。

9.电气设备老化及超负荷运行引起火灾

一些高校的学生宿舍楼使用年限较长,楼内电线老化,加上原设计负载有限,而学校的发展使宿舍人数及电气设备增多,用电量明显增加,用电线路却没能及时更新改造。如果宿舍内有人违章使用电热器具,就会使宿舍的电线超负荷运行,继而发生跳闸停电、燃毁保险丝等情况,甚至造成火灾事故。

(三)消防基本知识贫乏

1.不了解电气基本知识

许多大学生对基本的电气知识不了解,往往由于无知而造成火灾,例如,用铜丝代替保险丝、照明灯距离蚊帐太近、充电器长时间充电等。

2.不懂得灭火基本常识

前面讲述了火灾的3个关键阶段,其中初期火灾是最易扑救的,但部分同学由于平时不注重对消防基本知识的学习,在发现火险火情后,不知如何处理,失去了最好的灭火时机,以致火势发展蔓延成灾。

二、火灾预防的主要措施

大学生是国家的未来和希望。保护国家、人民和公共财产的安全,保护他人和自身的安全,是当代大学生义务。了解、学习和掌握防火知识,协助学校做好防火工作,减少和杜绝火灾事故的发生,保障安全。如果火灾不断,人身和财产安全得不到保障,又怎能顺利完成大学期间的学习任务,继而担当起建设祖国的重任呢? 因此,学习、掌握一些防火、灭火的基本知识,对于维护学校和师生个人的安全,是十分必要的。

我们常说:"隐患险于明火,防范胜于救灾。"我国消防工作的总方针就是"预防为主,防消结合"。因此,只要我们在思想上高度重视,在行动上落到实处,就可以有效地预防火灾。

(一)增强消防安全意识

大学生消防知识的贫乏及消防安全意识的淡薄,往往会导致校园火灾的发生。纵观近十年来的校园火灾,绝大多数是因为学生违规使用电器以及随意使用明火导致的。2006年,某大学男生宿舍起火,就是由于学生离开宿舍时忘记关台灯导致电线短路引发的,所幸没有人员伤亡。而 2008 年上海某学院女生寝室失火便是血的教训,4 名女生为逃生从 6 层宿舍楼跳下,当场死亡。起火原因是违规在宿舍使用"热得快",由于电器发生故障,引燃周围可燃物所致。这样的教训是惨痛的!只有提高防火安全意识,才会时刻留意身边的火患;控制一切火源,才会把预防火灾放在首位;时刻保持高度警惕,才会主动学习消防知识,掌握防范措施,杜绝火灾事故的发生。

(二)遵守学校防火制度

为了保障同学们的安全,学校有关防火安全管理规定,如:不得私拉乱接电线,不得未经批准随意增加用电设备,禁止使用"电炉""热得快",禁止在教学楼、实验楼、宿舍楼、图书馆等公共场所吸烟,禁止在宿舍使用蜡烛等。绝大多数同学均能遵守,但也有极少数同学因为缺乏认识,常常违规而行,导致发生火灾。

触目惊心的案例告诉我们,安全无小事,生命最宝贵,警钟要长鸣。在我们生活的校园,每一个不安全行为不仅会伤害到自己,而且可能会危及他人的生命财产安全。"关注安全,关爱生命"应做到"不伤害自己,不伤害别人,不被别人伤害"。从身边点滴的安全小事做起,自觉做到:(1)不乱接电源线,防止由乱接电源线使电流过载导致的火灾。(2)严禁使用破损的插头、插座等接线板,不购买和使用质量低劣的电气产品,一定要选用有国家认证标志的合格电气产品。(3)不使用老化、接头处无绝缘胶布包扎的电线,不使用无插头的接线。(4)不私自安装床头灯、台灯,不要将台灯靠近枕头、被褥和蚊帐等易燃物,不用可燃物直接遮挡白炽灯泡。(5)不违章使用电炉、"热得快"、电热杯、电炒锅、电饭锅等电热器具。(6)做到人走灯灭,关闭电源,节约能源,消除隐患。

"隐患险于明火,防范胜于救灾,责任重于泰山。"实践证明,常见的电气设备引起的火灾,如果使用部门或使用者了解必要的消防常识,提高消防意识,火灾是完全可以避免的。

(三)加强消防法律法规学习

消防法律法规是指由国家制定的有关消防管理的一切规范性文件的总称。包括消防法律、消防行政法规、国务院部门消防规章、地方政府消防规章以及消防技术规范标准等。消防法的第五条规定:任何单位和个人都有维护消防安全、保护消防设施、预防火灾、报告火警的义务。同时,《中华人民共和国刑法》第一百一十四条及第一百一十五条,对放火及过失引起火灾的法律责任也进行了明确规定,其中故意纵火的最高刑罚是死刑。

三、火灾扑救的主要方法

(一)迅速拨打报警电话

救火必须分秒必争,发生了火灾,在扑救的同时,要立即拨打"119"火警电话。在拨打火警电话时要沉着冷静,讲清火灾的单位、地点及自己所用的电话号码,并尽可能讲清楚着火对象、类型和范围以便消防队"对症下药"。同时,派人在校门口和必经的交叉路口等候,为消防车迅速到达火场赢得时间,减少火灾损失,并迅速报告学校有关部门,以便及时组织人员扑救。

(二)及时扑救初起火灾

根据燃烧的基本条件,一切灭火措施都是为了破坏已经形成的燃烧条件,或终止燃烧的连锁反应而使火熄灭以及把火势控制在一定范围内,最大限度地减少火灾损失。火灾通常都有一个从小到大、逐步发展直至熄灭的过程。起初阶段燃烧面积不大、火焰不高、辐射不强,烟和气体流动缓慢,燃烧速度不快,这是扑救火灾的最佳阶段。及时、正确运用各种方法扑灭初起阶段的火灾,是减少火灾损失、杜绝火场致人死亡的最重要一环。灭火的主要方法有隔绝空气灭火法、冷却降温灭火法、可燃物隔离灭火法、化学抑制灭火法等。

1.窒息灭火法

窒息灭火法是指,使燃烧物隔绝空气,因缺氧而熄灭,从而达到灭火的目的。如点燃的蜡烛烧燃了课桌上的纸张、书本时,不能挥舞拍打,用一条湿润的毛巾覆盖在上面,火就能熄灭;食堂炒菜时,油锅内的油起火,盖上锅盖,就可使火熄灭;电器、煤气着火,可用毛毯、棉被覆盖灭火。使用二氧化碳灭火应用的也是这个道理,二氧化碳比空气重,本身不燃烧也不支持燃烧,可覆盖在可燃物上隔绝空气,使火熄灭。对于赤磷、硫黄、电石、镁粉等化学易燃物的燃烧,常用干粉、干沙、干土灭火。

2.冷却降温灭火法

冷却降温灭火法是指,用水、干冰等直接喷洒在燃烧物上,水、干冰汽化吸收热量降温,且形成水汽、二氧化碳以隔绝空气,从而达到灭火的目的。一般来说,水是很好的灭火剂,但对于某些物品的失火则不能用水扑救,只能使用专门的灭火器材和设备。如金属钠、钾、钙及碳化钙等遇水会发生反应,产生氢气和热量,引起剧烈燃烧或爆炸。若轻于水的油类等物质着火,用水扑救会扩大燃烧范围。高压电气设备未断电时,若用水扑救,可能引起导电。其他如纸制品仓库、精密仪器、高温生产装置失火,不宜用水扑救。储备有浓硫酸、浓硝酸等物品的仓库失火也不宜用水扑救。

3.可燃物隔离灭火法

可燃物隔离灭火法是指,把火源与周围可燃物分离开来,从而达到灭火的目的。如森林灭火,常常开辟隔离带,使火势不再蔓延而得以控制;把失火处附近的液化气罐和其他可燃物移开;或把不大不重的着火物移至空旷处等,都是有效的办法。

4.化学抑制灭火法

所有的物质的燃烧都是通过化学反应进行的,是通过燃烧链的形式不断发展下去的。同理,切断燃烧的化学链也可以达到灭火的目的。常见的化学抑制灭火法就是使用干粉灭火器灭火。

(三)常用灭火器的使用方法

灭火器是一种可由人力移动的轻便灭火器具,它能在其内部压力作用下,将所充装的灭火剂喷出,用来扑救火灾。灭火器的类型繁多,其适用范围也有所不同,只有正确选择灭火器的类型,才能有效地扑救不同种类的火灾,达到预期的效果。目前,在宾馆、饭店、影剧院、医院、学校等公众聚集场所使用的多数是磷酸铵盐干粉灭火器(俗称"ABC 干粉灭火器")和二氧化碳灭火器。下面就高校经常见到和接触到的手提式灭火器的分类、适用范围及使用方法做一下简要的介绍。

1.手提式干粉灭火器的适应范围和使用方法

ABC 干粉灭火器适用于易燃、可燃液体、气体及带电设备的初起火灾;ABC 干粉灭火器除可用于上述几类火灾外,还可扑救固体类物质的初起火灾,但都不能扑救金属燃烧火灾。

使用方法:

(1)右手握着压把,左手托着灭火器底部,轻轻取下灭火器。

(2)右手提着灭火器到现场。

(3)除掉铅封。

(4)拔掉保险销。

(5)左手握着喷管,右手提着压把。

(6)在距火源两米左右的地方,右手用力压下压把,左手拿着喷管左右摆动,喷射干粉使其覆盖整个燃烧区。

灭火时,可手提或肩扛灭火器快速奔赴火场,在距燃烧处 5 米左右,放下灭火器。如在室外,应选择在上风方向喷射,对准火焰根部扫射,如果被扑救的液体火灾呈流燃烧时,应对准火焰根部由近而远,并左右扫射,直至把火焰全部扑灭。如果可燃液体在容器内燃烧,使用者应对准火焰根部左右晃动扫射,使喷射出的干粉流覆盖整个容器开口表面;当火焰被赶出容器时,使用者仍应继续喷射,直至将火焰全部扑灭。在扑救容器内可燃液体火灾时,应注意不能将喷嘴直接对准液面喷射,防止喷流的冲击力使可燃液体溅出而扩大火势,造成灭火困难。

2.手提式二氧化碳灭火器适应范围和使用方法

二氧化碳灭火器主要适用于扑救各种易燃、可燃液体和可燃气体火灾,还可以扑救仪器仪表、图书档案、工艺器和低压电气设备等初起阶段的火灾。但不能扑救钾、钠、镁、铝金属物和金属氢化物等物质引起的火灾,因为这些物质的性质十分活泼,能与二氧化碳发生化学反应,加重火势。

使用方法:

(1)用右手握住压把。

(2)用右手提着灭火器到现场。

(3)除掉铅封。

(4)拔掉保险销。

(5)站在距火源两米左右的地方(尽量在上风处),左手拿着喇叭筒,右手用力压下压把。

(6)对着火源根部喷射,并不断往前推,直至把火焰扑灭。

3.泡沫灭火器的使用方法

泡沫灭火器主要适用于扑救各种油类火灾和木材、纤维、橡胶等固体可燃物火灾。

（1）右手握着压把，左手托着灭火器底部，轻轻取下灭火器。

（2）右手提着灭火器到现场。

（3）右手捂住喷嘴，左手执筒底边缘。

（4）把灭火器颠倒过来呈垂直状态，用力上下晃动几下，然后放开喷嘴。

（5）右手抓筒耳，左手抓筒底边缘，把喷嘴朝向燃烧区，站在离火源八米左右的地方喷射，并不断前进，围着火焰喷射，直至把火扑灭。

（6）灭火后，把灭火器卧放在地上，喷嘴朝下。

4.推车式干粉灭火器的使用方法

推车式干粉灭火器主要适用于扑救易燃液体、可燃气体和电气设备初起阶段的火灾。这种灭火器移动方便，操作简单，灭火效果好。

（1）把干粉车拉或推至现场。

（2）右手握着喷粉枪，左手顺势展开喷粉胶管直至平直，不能弯折或打圈。

（3）除掉铅封，拔出保险销。

（4）用手掌使劲按下供气阀门。

（5）左手把持喷粉枪管托，右手把持枪把，用手指扳动喷粉开关，对准火焰喷射，不断靠前并左右摆动喷粉枪，把干粉笼罩在燃烧区，直至把火扑灭为止。

（四）火灾扑救程中的注意事项

（1）一边报警，一边接应，一边组织人员扑救。

（2）沉重冷静，听从指挥，积极配合并遵守秩序。

（3）控制火势，救人在先，尽量减少火灾损失。

（4）相邻居室，切勿开门，防止浓烟、烈火侵入。

（5）呼吸慢浅，匍匐前行，呼吸近地新鲜空气。

（6）谨慎上楼，屏住呼吸，避免浓烟上升导致窒息。

（7）湿润毛巾，掩住口鼻，低头弯腰趴地慢行。

（8）关紧房门，探头呼叫，等待紧急求援。

第三节 火灾的逃生与自救

一旦火灾突然降临，被火围困的人员都会感到大难临头，于是互相拥挤、拼命争逃的现象就会发生，结果造成大量不必要的人员伤亡。在火灾中保全生命，除与消防人员设法营救有关，主要还是与受害人的自救和互救能力以及是否懂得逃生知识等因素有关。因此，每个大学生都应该懂得一定的灭火知识，掌握一定的逃生和互救技巧，在火灾发生时，只要我们冷静、机智地运用自救与逃生知识，就能够及时扑救小火，火大时能够选择有利的时机、路线和方法逃出危险区域，避免造成严重后果。

一、安全疏散

安全疏散是指发生火灾时，在火灾初期阶段，建筑内所有人员及时撤离建筑物并到达安全地点的过程，能否实现安全疏散，取决于许多因素，但从建筑物本身的构造来说，应坚

持以下基本原则:

(一)消防疏散通道要符合要求,数量要足够,位置要得当

任何时候都应设置多个位置得当的疏散通道、保障安全出口畅通,并设置符合国家规定的消防安全疏散指示标志和应急照明设施,保持防火门、防火卷帘,消防安全疏散指示标志、应急照明、机械排烟送风、火灾事故广播等设施处于正常状态。严禁占用消防疏散通道,不能在安全出口或者疏散通道上安装栅栏等影响疏散的障碍物,更不能将学生公寓楼安全出口上锁、遮挡或者将消防安全疏散指示标志遮挡、覆盖。

(二)火场人员疏通

在学校人员比较集中的场所,一定要考虑火灾发生后的疏散问题。关键是在火灾发生初期,采取有效措施组织疏散被困人员,实行自防自救以安全撤离,否则,新疆克拉玛依友谊宾馆的火灾悲剧就会重演。具体要做好以下几点:

1.制定疏散预案,合理布置疏散路线

平时,有关单位就应和消防主管部门进行研究,拟订抢救疏散计划,提出在火灾情况下稳定受困人员情绪的措施,对工作人员按不同区域提出任务和要求,规定疏散路线和疏散出口,画出疏散人员示意图并进行演练。发生火灾时,紧急疏散的路线应该是安全的,即火场人员从着火房间或部位,跑到公共走廊,再到达疏散楼梯间,最后到达室外或其他安全处的逃跑路径必须是安全的。不能产生"逆流",坚决杜绝跑到一半,发现行不通又折回的情况。这样,不仅延误逃跑时间,而且容易导致逃离人员的伤亡。

另外,疏散路线应选择离安全出口、疏散楼梯最近的路线,一般是沿疏散指示标志所指的方向疏散。如果是着火层,应考虑向地面疏散,因为疏散到地面是最安全的。但也要考虑到竖向通道万一被封堵,可以像楼顶疏散。设有避难间的高层建筑,可考虑向避难间、避难层疏散。

2.酌情通报火灾情况

在人员集中场所的火灾初期阶段,人们还不知道发生火灾,若被困人员多且疏散条件差,火势发展比较慢,管理人员就应首先通知出口附近的人员,让他们先疏散出去,然后视情况公开通报,告诉其他人员疏散。在火势猛烈并且疏散条件较好的情况下,可同时公开通报,让全体人员疏散。

3.分组实施引导,合理安排疏散顺序

由于人们急于离火场的心理作用,当起火后可能会因蜂拥阻滞通道口,甚至发生挤压踩踏,造成伤亡。此时,管理人员要按预案设法分组引导疏散,防止人员逃离火场时发生混乱现象。同时,设立火场警戒区,把疏散出来的人员带到安全区域,不允许无关人员进入危险地带。疏散顺序一般原则是先疏散着火层,然后是着火层以上楼层,最后是着火层以下楼层。火场逃生的原则:安全撤离,救助结合。

4.避免设置袋形走道

袋形走道的致命弱点是只有一个疏散路线(或出口)。发生火灾时,一旦这个出口被火封住,处在这部分的人员就会陷入"死胡同"而难以脱险。因此,高层建筑应尽量不设置袋形走道。

5.辅助安全疏散设置要可靠、方便使用

消防安全疏散设备不完善往往会影响疏散,因此,高层建筑应根据需要,除设置疏散楼梯外,还要增设相应的辅助安全疏散设施,如救生软梯、救生绳、救生袋、缓降器等。这些辅助安全疏散设施要构造简单、方便使用、安全可靠。

二、火场逃生原则和方法

(一)火灾逃生的基本原则

1.加强个人防护,减少烟气侵害

人员一旦被烟火围困,无论是逃生,还是去灭火,最基本的要求就是要做好自身防护。否则,由于火势猛、烟雾浓、温度高,将难以自保。因此,一旦觉察着火,当务之急应采取个人防护措施。例如,将毛巾、手帕、餐巾、沙发布、床单、衣服等用水浸湿(无水时用小便也可以),捂住口鼻,防止吸入高温烟气。将棉被、毛毯、地毯等用水浸湿,包裹好身体,就地滚出火焰区逃生。其次,要沿墙朝出口爬行,即使站起来感觉烟火不大,身体承受得了,也应极力避免,千万不要站立行走。

2.正确选择逃生捷径,减少被烟火围困时间

当大火降临时,人们容易在人群的簇拥下向着经常使用的楼梯奔去,即使那里已挤成一团,堵塞了出口,还是争相夺路不肯离去。因此,选择逃生路线至关重要:

(1)选择最短的直通室外的通道及出口、消防电梯等。

(2)尽量避免对面人流和交叉人流。

(3)选择烟气尚未充斥、有新鲜空气的防烟楼梯间,封闭楼梯间、通道、走道和出口。

(4)选择通向疏散楼梯间的通道出口。

(5)处在着火层的,应向下层逃生。

(6)处在着火层以上各层的,应向室外阳台、楼顶逃生。

(7)千万不要乘坐电梯。电梯井直通大楼各层,烟热、火很容易涌入。在热的作用下会造成电梯失控或变形;烟的毒性、火的熏烤可危及人的生命,所以发生火灾时千万不要乘坐电梯。在美国曾发生过消防员乘坐电梯去某层火场,因电梯失控,结果所有在场的消防队员全部丧生的事故。

(二)火场逃生的方法

1.熟悉环境,记住出口

平时留心各处的疏散通道、安全出口及楼梯方位等,当大火燃起、浓烟密布时,便可以摸清通道,尽快逃离现场。

2.保持通道出口畅通无阻

楼梯、通道、安全出口等是火灾发生时最重要的逃生之路,应保证畅通无阻,切不可堆放杂物或设闸上锁。

3.保持镇静,快速撤离

突遇火灾时,面对浓烟的烈火,首先要使自己保持镇静,快速判明危险地点和安全地点,决定逃生的办法,千万不要盲目地跟从人流以免相互拥挤,切勿乱冲乱撞。撤离时,要

注意朝明亮处或外面空旷的地方跑。当火势不大时,要尽量往楼层下面跑,若通道被烟火封阻,则应背向烟火方向离开,逃到天台、阳台处。

4.不入险地,不贪财物

生命是最重要的,不要因为害羞或顾及贵重物品,把宝贵的逃生时间浪费在穿衣或寻找、拿走贵重物品上。

5.简易防护不可缺少

平时应备好防烟面罩,逃生时可用。也可用毛巾、口罩蒙住口鼻,用水浇身,匍匐前进。因为烟气比空气轻而飘于上部,贴近地面逃离是避免烟气吸入的最佳方法。毛巾除烟法的使用方法是:

(1)折叠层数要因毛巾的质地而异,折叠8层为宜,由于黑烟大多是木质物品及油类的燃烧产物,比白烟颗粒大。因此,使用湿毛巾的除烟效果会更明显。

(2)使用时要同时捂住口鼻,使过滤烟的面积尽量增大。在被浓烟围困时,逃生者一刻也不能将毛巾从口鼻上拿开。否则,即使只吸一口高温烟气,也会使人感到不适,心慌意乱,丧失逃生信心,甚至死亡。

6.善用通道,莫入电梯

发生火灾时,要根据情况选择进入相对较为安全的楼梯通道。在高层建筑中,电梯供电系统在火灾发生时随时会断电,电梯也会因高温而变形。此外,电梯犹如贯通的烟囱直通各楼层,有毒的烟雾会直接威胁被困人员的生命。

7.缓降逃生,滑绳自救

可用身边的绳索、床单、窗帘、衣服自制简易救生绳,并用水打湿,从窗台或阳台沿绳缓滑到下面楼层。

8.大火袭来,固守待援

大火袭近时,假如用手摸到房门已感烫手,此时若开门火焰和浓烟会猛扑进来。这时可以关紧门窗,用湿毛巾、湿布堵塞门缝,或用水浸湿棉被蒙上门窗,防止烟火侵入,等待救援人员到来。

9.发出信号,寻求救援

在逃生无门的情况下,努力争取救援也不失为上策。被困者要尽量待在阳台、窗口等易于被人发现和能避免烟火近身的地方,及时发出求救信号,引起救援人员的注意。救援人员进入室内都是沿着墙壁摸索前进的,所以在将要失去知觉前,应努力滚到墙边,以便救援人员寻找、营救。

(三)火场逃生注意事项

1.人身上着火千万不能奔跑

发生火灾时,如果身上着了火,千万不能奔跑。因为奔跑时,会形成一股小风,大量新鲜空气冲到着火人的身上,就像是给炉子扇风一样,火会越烧越旺。着火的人乱跑,还会把火种带到其他场所,引起新的燃烧点。

身上着火,如果来不及脱衣,也可卧倒在地上打滚,把身上的火苗压熄。如果有其他人在场,可用湿麻袋、毯子等把着火人包裹起来,就能使火扑灭;或者向着火人身上浇水;或者帮助着火人将烧着的衣服撕下。但是,切不可用灭火器直接向着火人身上喷射。因为,多数灭火器内所装的药剂会使烧伤者的创口发生感染。

如果身上火势较大,来不及脱衣服,旁边又没有其他人协助灭火,则可以跳入附近池塘、小河等把身上的火熄灭。

2.楼房发生火灾被烟火围困时要科学避难

楼房发生火灾时,住在楼上的人的生命安全常受到严重威胁,尤其起火部位在底层,疏散有困难时更是如此,但是只要懂得一些自救常识,根据具体情况采取自救措施,就能化险为夷。

楼下发生火灾,住在楼上的人一定要沉着镇静,既不能听天由命,也不要惊慌失措,要想尽一切妥善办法逃生。有时,楼梯虽然已着火,但火势不大,这时可用湿棉被、毯子等披在身上,从火中冲过去。虽然人可能受点伤,但可避免生命危险。在这种情况下,要早下决心,越是犹豫不决,火势就会越烧越大,从而失去逃生的机会。

3.发生火灾时不能随便开启门窗

本来,房间内门窗紧闭,空气不流通,室内供氧不足,因此火势发展缓慢。一旦门被打开,新鲜空气大量涌入,火势迅速发展;同时,由于空气的对流作用,火焰就会向外窜出。所以,在发生火灾时,不能不顾具体情况就随便开启门窗。

(1)如果屋内只有烟雾,而未见火苗,一般是刚开始起火,这时可稍稍开门,进去查看,及早扑灭火源。

(2)如果屋内已出现火光,说明火势已经发展到一定阶段,就不能随便开门。首先,要准备好灭火器材,如灭火器、水桶、沙袋等,待门稍一开启后,立即进去灭火。

(3)如果火势已很凶猛,切不可轻易开门进入,即使携带灭火器、水桶等简易器材。因为依靠这些"轻武器"去对付大火已起不了多大作用。开启门窗时,人不可站在它的正面,以防止火焰突然窜出伤人。一般情况下,宜站立在门窗开启方向的侧面,有时候,为了抢救人员、疏散物资,需要打开门窗,但除非灭火需要,否则门窗开启后仍应及时关上。

4.忌方向错误或轻易跳楼

应从高处向低处逃生,逃生时应从高楼层向低楼层逃生,因为火势是向上燃烧的,火焰会自下而上地烧到楼顶。经过装修的楼层,火灾向上的蔓延速度一般比人向上逃生的速度还快,当人还没有跑到楼顶时,火势已发展到了人的前面,因此产生的火焰会始终围着逃生的人。如不得已可就近逃到楼顶,要站在楼顶的上风方向。即使在根本无法避难的情况下,也不要轻易做出跳楼的决定,此时可扒住阳台或窗台翻出窗外,以求绝处逢生。

5.熟睡时听到火警的正确做法

当熟睡时,听到报警信号,许多人都慌张地把门打开,试图一下子冲出去,这种做法很危险。正确的做法是:爬到卧室的门边,用手背试一试门是否热;准备好湿毛巾;自制救生绳索,但切勿跳楼;利用自然条件作为救生滑道。

三、学生宿舍火场的逃生

(1)爬到卧室的门边,用手背试一试门是否发热。如果门很热,那么打开后,烟气及火焰就会扑进房间,逃生者也会很快丧生。这时,应退到火势还未到达的房间,然后把门关好,做好逃生准备。关着的门能起暂时保护作用,一个标准的木门可给逃生者带来15分钟的安全期。这个时间足以让逃生者沿第二条路线逃生。如果门比较凉,说明火势还未蔓延到这里。可以沿平时的出口逃生,但要随手关门,这样可以控制火势的发展。

(2)穿过浓烟逃生时,要尽量使身体贴近地面,并用湿毛巾捂住口鼻。因为烟气、热气都是向上运动的,靠近地面的空气比较纯净,温度较低。湿毛巾可以除烟。用湿毛巾、湿布条、湿布块捂严口鼻,可防止高温烟气的侵袭。高温烟气会使人中毒、窒息而亡。

(3)阳台的巧妙利用。当听到火灾警报时,正准备向外,但是这时房间的门或通向出口的走廊、楼梯已被火或烟封住了,利用这两条路线向外跑已不可能,那该怎么办呢? 许多人在恐慌之中从窗口跳下,结果非死即伤,若是从高层跳下,十有八九会被摔死。这时有一条路线可供疏散,方法是利用阳台转移到相邻房间或楼层,从而逃离起火层。

(4)选择疏散楼梯。在学校的高层建筑中,发出火灾警报后,走廊里都有会亮起指示疏散的装置。要镇静下来仔细观察,选择正确的疏散出口。建筑物内的楼梯按其防火安全性,可分为敞开楼梯、封闭楼梯和防烟楼梯。有的建筑物为了保证人员的疏散还设置了室外疏散楼梯。利用楼梯进行疏散时要注意:下楼梯时要抓住扶手,否则人们奔跑起来会将你撞倒。利用室外疏散楼梯,更应注意安全。

(5)非跳楼不可时应注意的事项。据统计,从3层以上往下跳楼,死亡概率极大,因此,非到万不得已的情况下,最好不要跳楼。但是,若被大势遇到走投无路时,也只有一跳了,但要设法减少伤亡,务必注意以下几点:

①要抱一些棉被、沙发垫等松软物品,以减缓冲击力。

②选择向楼下的石棉瓦、花圃草地、水池河滨或枝叶茂盛的树上跳,这样可以减轻受伤的程度。

③徒手跳时,要抱紧头部,身体弯曲,卷成一团,这样可以减小头部着地的可能性。

总之,跳楼总是危险的。所以,在火灾时一定要镇静,尽量选择正确的疏散路线,不到万不得已,千万别跳楼!

四、实验教学中的防火安全

实验室是现代大学的心脏,不同于一般场所,它是科学技术研究创新的平台和基地,实验教学是培养学生独立解决问题必不可少的教学方法。据近年高校实验室事故统计,因火灾、爆炸和灼伤等在学生伤害事故中占44.7%,所以说同学们进入实验室后要掌握好防火安全与人身保护注意事项,避免发生意外事故。同学们要牢记在任何一个实验室工作,一定要清楚电源总开关、燃气总开关和水源总开关的位置,一旦发现异常情况,能够及时关闭总开关,消除隐患。同时,还要了解消防喷淋设施、急救箱和紧急疏散出口的位置,特别情况下能做好自我救护。

(一)实验室管理安全注意事项

实验室应有专人负责安全管理,建立健全安全管理制度,要对进入实验室的学生进行安全基本知识教育,实验室内不宜过多存放各种易燃、易爆、剧毒和腐蚀性的试剂,对有毒、易燃、易爆药品不得任意放置,确需使用危险化学品时,要严格按手续领取、登记造册、分类存放、防止丢失,对各种实验设备和仪器,应经常检查、调试,防止仪表失灵发生事故,所有电气设备,按电力技术规范的要求使用,设备类型与使用环境应一致,并经常检查,发现问题应及时解决。实验结束后应将剩余的药品、试剂收好,工作台面、地面擦拭干净,防止残留液、残渣引起事故。切断电源、燃气管道,关闭门窗并上锁。

(二)实验教学仪器的防火注意事项

一般实验教学电子仪器都有保险丝保护设备,如果保险丝失灵,或者更换保险丝时用大于规定值的保险丝,或用铜丝、铝线替代,结果一旦遇到仪器控制元件失灵,电热设备仍继续加热,当达到周围物品的燃点时就会失火。还有操作人员一时疏忽,用熔点仪做完实验后,没有将仪器关闭就离开实验室,仪器因长时间通电导致过热而造成实验室内的所有物品全部烧毁。有些热光源仪器、电加热仪器使用完后需要通风凉置一会儿,不能直接用罩布盖上,否则也会引起火灾。有些同学在使用电吹风时,打到热风挡,用完不关闭,而将其放在实验台上,这时电吹风里的电阻丝再加热,就容易将实验台烤煳、烤焦,所以电吹风用完后要立即关闭。有的同学用烘箱烘烤玻璃仪器时,将木制试管架、塑料盆盘放入烘箱中,还在烘箱里铺上纸,不清楚烘箱的底部都是电阻丝在加热,易燃物绝不能放入烘箱中。在使用电烙铁、电热器时要格外小心,不能在通电的情况下随意乱放,防止引燃周围的可燃物品。凡是电烘箱类的电气设备,安放的场所都必须有防火隔热层(如水泥板或耐火材料板),绝不能用可燃物垫在下面。在使用教学仪器时不能把火柴、打火机、酒精灯和喷灯放在附近,严禁在实验室里吸烟。

(三)易燃易爆物品的防火注意事项

有些教学实验离不开燃气、酒精、汽油和燃料等易燃易爆物品,所以,开展实验前一定要详细了解所使用易燃易爆物品的性能、特点。如氢气、氧气等气体,乙醚、二甲苯、丙酮、三硝基苯磺酸、松节油、苦味酸等液体,油脂、松香、硫黄、无机磷等固体,这些易燃易爆物品在一定条件下均能引起燃烧和爆炸,必须妥善安置,正确使用。在实验室进行有危险性的实验操作时,应根据化学药品特性、剂量使用,且要在专职教师指导下进行实验以防事故发生。需要特别强调的是,如果个人疏忽大意,极有可能造成无可挽回的后果。例如,用燃气烧水后,擅自离开,直至水被烧干,容易造成电源线路短路形成火灾,或者沸水溢出扑灭燃气,而燃气继续流出就会造成险情。不能将乙醚等易挥发品放入普通冰箱,由于挥发气体不断逸出,而普通冰箱启动时有时会出现电火花,因而容易引起火灾。如果随手把剩余的乙醚倒入乙醇瓶中,又错把乙醚当作乙醇倒入酒精灯中,若不及时发现,一点火势必引起爆炸,100 克的乙醚蒸气可使 1 000 米^3 的空气爆炸。在做加热和蒸馏有易燃试剂的实验时,绝不能用明火加热,要用水浴并在通风橱中进行。处理易燃、易爆化学品时,不要把废弃的易燃液体倾注入水槽内,否则会引起下水道爆炸。废弃的易燃易爆物应装入金属罐内,并加盖密封,不要把燃烧的或发光的火柴投入废料容器内、有易燃性气体的仪器中,实验完毕后,以水注满或通入惰性气体将其清除。浸过易燃液体的物质不应任意放置在废物桶内,应该在露天下将其烧毁,易燃、易爆化学品贮藏室里应配备自动灭火装置。

(四)实验用高压气瓶的安全注意事项

实验室经常使用的气体有数十种,这些气体的性质各不相同。有的容易燃烧,如氢气、乙炔;有的自己不会燃烧,但能助燃,如氧气等;有的有毒,如氯气(光气)等;有的较安全,既不会燃烧也不会助燃,又无毒性,如氮气。各种气体不可相混,相混就易出事故。如氢气混进了氧气,即使不接触明火,也会燃烧、爆炸。又如氮气,虽然是一种安全气体,可是如混进了其他气体,则非但起不到保护作用,反而会惹出祸端。再如装有液化丁烷的钢瓶内不能灌装液化甲烷,这是因为液化丁烷和液化甲烷的沸点相差很大(常温下,甲烷的沸点为 $-162\ ℃$,丁烷的沸点为 $0.5\ ℃$),而两者又同属烃类化合物,能完全混溶,当低沸点的液化甲烷溶入液化丁烷时,变成沸点以上的过热状态,从而产生激烈的沸腾即爆沸现象,冲击钢瓶进而发生爆炸。对高压气体,钢瓶应专瓶专用,分类保管,直立固定,严禁将氯与氨,氢和氧,乙炔和氧混放在一个房间里,氢等可燃性的气体钢瓶与明火距离应保持在 10 米以上。另外,购买回气瓶时,必须对气瓶进行检查。如果发现气瓶的颜色、字样和所装气体不符,有漏气现象,应拒绝接收,气瓶漆色后不得任意涂改,除可加写气瓶所属单位的名称外,不得增添其他图案和标志。气瓶在使用时,不可将瓶内气体用完,以防止其他气体乘虚而入,一般应留有不少于 0.05 MPa 的余压。所以,当用到这一压力时,应立即停止用气,并关紧阀门,不使余气漏掉。

第六章　网络安全

　　21世纪网络发展非常迅速。如今,网络已经成为大学生日常生活、学习的重要组成部分。由于网络的开放性和传播的便捷,为大学生提供了丰富的信息资源和广阔的学习空间,成为大学生学习知识、开阔视野、休闲娱乐、人际交往、展示自我的重要平台。但是,不容忽视的是,网络是一把"双刃剑",它也给大学生带来了一系列的负面影响,如部分大学生沉迷于玩游戏、网聊、网恋,甚至搞恶作剧等,使其学习、生活受到干扰,并且会诱发违法犯罪行为。因此,要了解和掌握网络信息安全知识,提高安全意识,切实维护好国家和自身权益。

【案例导入】

　　安徽网瘾少年服毒自杀:16岁的安徽少年胡某在离家出走,连续上网11天后选择了服毒自杀,由于服用的农药剂量过大,经过6天6夜的抢救,医院最终也未能挽救住胡某的生命。在抢救的过程中,胡某向父母讲述了自己11天的出走经历。原来,为了好好打网络游戏而不被父母找到,胡某并没有像往常一样前往县城里的网吧,而是去了一个乡镇里的网吧。在控制不住的网瘾与内心愧疚矛盾之下,这名少年最后选择以结束自己的生命这样极端的方式来求得解脱。

　　思考与讨论

　　青少年怎样正确使用网络?

第一节　网络不良信息预防

　　在互联网发展的早期,网上的不良信息还是以"知识型"信息为主,但是随着互联网的不断发展,上网成为人们生活、工作、娱乐中不可缺少的一部分,不良信息也随之发生了很大的变化。特别是近几年,不良信息开始从单纯的"知识型"信息开始向"牟利型"转变,而且手段多样、形式复杂,其中不乏很多违反法律、违反道德的不良信息。

一、计算机病毒

(一)计算机病毒的危害

　　计算机病毒(Computer Virus)是编制者在计算机程序中插入的破坏计算机功能或者数据,能影响计算机使用,能自我复制的一组计算机指令或者程序代码。

　　计算机病毒具有传播性、隐蔽性、感染性、潜伏性、可激发性、表现性和破坏性。计算机病毒的生命周期:开发期→传染期→潜伏期→发作期→发现期→消化期→消亡期。

计算机病毒是一个程序,一段可执行码。就像生物病毒一样,具有自我繁殖、互相传染以及激活再生等生物病毒特征。计算机病毒有独特的复制能力,它们能够快速蔓延,又常常难以根除。它们能把自身附着在各种类型的文件上,当文件被复制或从一个用户传送到另一个用户时,它们就随同文件一起蔓延开来。恶性病毒会破坏计算机软件甚至硬件,导致计算机信息系统和网络系统瘫痪,给用户带来各种损失。

表 6.1　2016 年病毒 TOP10

1	PUA.Generic	不被需要的灰色软件,例如:软件下载/推广器、具备流量劫持功能的无用软件等
2	LNK:Worm.LnkBased	通常是由蠕虫释放的恶意快捷方式文件
3	Trojan.Crypto	采用了混淆、膨胀等技术对抗安全软件检测的恶意软件,例如:Zbot,Urausy 等
4	Virus.Ramnit	感染型病毒
5	Trojan.Generic	窃取隐私信息、盗取账号、密码,远程控制
6	Rootkit.Htmllnject	释放驱动、通过 HTTPS 劫持流量牟取利益
7	Ransom.Locky	勒索软件 Locky 家族,会加密 200 种以上的数据文件,支付赎金后才能解密
8	Backdoor.Overie	后门程序,感染后计算机会被黑客完全控制,成为"肉鸡"
9	Adware.BrowseFox	恶意广告软件,会劫持浏览器,大量消耗计算机资源
10	Trojan.OddCode/JS	经过混淆、加密的 JS 下载器,如勒索病毒下载器

(二)计算机病毒预防

网络安全保护措施以及相应的控制技术种类繁多而且相互交叉,在不同场合,为了达成不同目的,这些技术能够发挥出色的功效。同时,用户要养成良好的网络使用习惯,不给病毒的传染创造条件。

(1)不要执行任何陌生的程序,不要随意从网上下载程序文件。

(2)使用杀毒软件并定期杀毒。目前,国内多家互联网企业提供免费杀毒软件下载服务,如金山杀毒、360 杀毒等,用户计算机一定要下载杀毒软件以提供保障。杀毒软件在发现病毒后会立即提醒用户电脑已感染病毒,建议立即查杀,执行操作后会删掉病毒软件,避免遭受损失。另外,杀毒软件还能提供网络实时监控功能,这一功能可以在黑客从远端执行用户机器上的文件时,提供报警或让执行失败,从而避免用户损失。

(3)发生异常情况,挂断网络。通常电脑运行速度很慢,并且有些程序自动运行、文件自行打开时,很大可能性是电脑遭受到病毒侵害了。当病毒侵入电脑,会抢占带宽,使正常访问变得缓慢,此时,应该立即中断正在访问的程序,断开网络,然后立即进行电脑杀毒,保证清除病毒后再使用。

二、垃圾邮件

(一)垃圾邮件的危害

垃圾邮件指的是未经主动请求的大量的电子邮件,即收件人事先没有提出要求或者同意接收的广告、电子刊物、各种形式的宣传品等宣传性的电子邮件,同时收件人无法拒收,发件人身份、地址、标题等信息隐藏,通常含有虚假的信息源、发件人、路由等信息,甚至含有病毒、恶意代码、色情、反动等不良信息或有害信息的邮件。这类邮件对用户的利用价值较低且用户频繁收到,使用户无法忍受。垃圾邮件的危害主要体现在对人们的工作、生活以及娱乐和精神方面的危害和资源浪费。

(二)垃圾邮件的预防

1.选择良好的邮箱服务商

垃圾邮件的监测主要是靠互联网使用者的信用和服务提供商对垃圾邮件进行过滤,大型邮件服务商有实力提供垃圾邮件过滤系统。

2.设置复杂的邮箱地址

许多人习惯用自己的姓名、出生年月等作为邮箱地址,这样很容易被垃圾邮件发送者侵扰。所以,在申请邮箱时,一定要设置一个稍微复杂的用户名,推荐使用字母和数字结合,长度适中,这样可以减少垃圾邮件的侵害。

3.避免泄露邮件地址

最好不要在公告场合公开自己的邮箱地址,尤其是互联网。经常看到用户在百度知道上公开自己的邮箱地址索要资源。这样就无形之中为广告商提供了牟利之道,若一定需要公开自己的邮箱地址,可以专门注册一个垃圾邮箱,作为垃圾邮件的"仓库"。

4.谨慎打开链接和附件

如果来源可靠的地址给你发送了一个电子邮件,可以安全地打开链接或者下载附件。但是一些陌生邮件中附带的附件和链接就需要谨慎打开了。这些附件及链接可能包含病毒、广告等垃圾内容,损害用户利益和财产安全,必须制止。

三、黄、赌、邪教等不良信息

(一)黄、赌、邪教等不良信息的危害

黄、赌、邪教等不良信息会对人的身体造成损害,给人的精神带来困扰,使人的思想产生混乱,让人的心理扭曲。大学生长时间接触这类不良信息,会严重危害自身的身心健康,产生恶劣的影响,导致财物的损失,甚至触犯国家法律。

1.伤害人的身体,毒害人的心灵,危害人的健康

网络色情类信息主要影响大学生的性观念,损害他们的身心健康甚至使其走向性犯罪。网络在时间上的瞬时性和空间上的任意性,使得色情类信息无法得到有效监管,导致这类信息无障碍快速传播。暴力类信息宣传暴力、血腥、恐怖等内容,它们以非法游戏为载体,视觉刺激大学生,引诱大学生,歪曲健康的价值观,甚至导致部分人在现实中模仿虚拟世界肆意伤害他人,触犯法律。

2.使人不思进取,放弃美好追求,影响个人进步和发展

网络赌博是指用互联网在电脑和手机上赌博,是一种隐藏性很强、操作很简单的赌博。很多大学生抱着休闲娱乐的心态加入其中,刚开始小赢几把后,听信网络赌博人员的吹捧继续参与,后面慢慢开始输,越输越玩,越玩越输。很多人输得债务缠身了,家人、朋友还不知道,这种赌徒一般都过着双面人生,表面开心而内心痛苦。如果大学生沉迷其中,会严重影响学业,颓废度日。

3.使人无视法律的威严,损害他人和社会,从而走上违法和犯罪的道路

网络接收的不良政治类信息几乎都是邪教组织或者其他非法组织发布歪理邪说,煽动大学生退团退党,游说其加入组织,从事颠覆党和政府的行为。他们煽动民族歧视和仇恨、宣扬邪教和封建迷信。

(二)黄、赌、邪教等不良信息的预防

1.增加自我控制能力,提高网络不良信息识别能力

要认识网络世界的虚拟性,不确定性和可能的危害性,保持警惕心理,正确看待网络的作用,网络是服务现实社会的,不是逃避现实社会的避风港。利用网络学习健康积极内容,不浏览不良信息。

2.浏览内容健康的网页

大学生要搜索浏览内容健康的网页,不搜索浏览含有淫秽色情、邪教、封建迷信和暴力等内容的网页。如果无意点击到黄、赌、邪教类网站链接时,首先迅速关闭网页,将 IE 地址删掉,避免这些网站下次自动弹出;然后立即向网络管理员报告,从技术上对这些内容加以限制;在自己的浏览器和搜索引擎中增加过滤识别功能,帮助使用者忽略含有色情等不健康内容的站点;还可以向网络警察举报,从法律层面对该类信息进行打击。

3.增强学校家庭防范

学校要加强世界观、人生观、价值观及法制教育,提高学生的觉悟,培养学生的情操,使学生能够自觉抵制腐朽思想、扭曲文化观念的侵蚀,自觉抵制不健康思潮的精神污染;要对学生讲清网络技术的虚拟性、复杂性,讲清网络不良信息的危害性,让学生对网络知识有一个全面而深刻的认识;要以适当的性教育、道德教育来对学生进行心理疏导、情感沟通,并教给学生正确的自我保护办法,使他们能自觉控制和调节自己的欲望,提高个人修养;要办好家长学校,专门讲解网上不良信息的严重影响,增强家长的防范意识。学校要和家庭联合管理学生的课余生活,对有条件上网的家庭,通过家访或其他方式进行联系,联合家长一起做好家长的心理健康教育,严格控制学生到不规范、不健康的"网吧"上网,严格限制学生访问不良网站,正确引导学生浏览有利于学习、生活的健康向上的优秀网站。

第二节　网络安全预防

随着互联网的快速发展,网上购物、网上炒股、网上银行、网上社交等网络活动日渐兴起,网络已经成为日常生活的重要组成部分,它使地球成了信息网络村。它不但可以让你随时跟朋友互动,还可以实现资源的共享,从而使我们节省了成本还提高了效率,互联网还是一个穿越时空的穿梭器,它不受时间和空间的限制,就可以实现聊天、看电影、看新闻等

活动。互联网还是一个有个性的平台,任何的奇怪创意都可以在互联网上得到很好的发展和生存。同时,互联网也是一个公平的平台,就是说我们在互联网上发布和接收信息是平等的,根本不受各种的限制,如地段、身份等,从而就使我们获得了公平的待遇。在我们享受互联网带来的如此多便捷的同时,它也给我们的生活带来了困扰以及安全隐患。

一、个人信息安全

我们这里所说的个人信息,特指存储于个人计算机或者网络,与个人利益相关的信息。一般来说,大学生在网络上经常使用和产生的个人信息,通常可以分为这么几类。第一,个人基本资料,如姓名、性别、年龄、籍贯、职业、学历、身份证号等。第二,个人联系方式,如手机号码、固定电话号码、电子邮箱、通信地址,以及微信、QQ 等即时通信号码。第三,个人财物账号,如网银账号、支付宝账号、财付通账号、股票账号等与经济利益相关的账号。第四,个人网上浏览痕迹,如网页浏览历史、网上交易记录、各种社交软件聊天记录等。

(一)个人信息泄露的危害

个人信息泄露,轻者对生活带来困扰,如长期收到骚扰推销电话;重者带来生命财产安全危害。

1.个人电脑 IP 地址的泄露

每台计算机接入网络都拥有唯一 IP 地址,如果泄露,很可能使本机受到黑客的攻击,黑客会千方百计寻找系统漏洞,伺机植入木马或者病毒软件,将计算机监控,计算机中的文件资料和网络活动记录就没有秘密,随时会有曝光的可能性。另外,可能被直接植入病毒,导致计算机瘫痪,不能正常工作,甚至丢失所有资料。

2.生日、年龄等个人信息的泄露成为破解密码的线索

大学生在使用网络时很多网络或者银行需要密码,很多用户在设置时简单组合个人生日、年龄或者电话号码,网络攻击者知道这些信息后,会大大加快密码破解进程。

3.职业身份、社会关系等个人信息的泄露很可能受到网络欺诈

网络不法分子一旦知道这些私密信息,就会联系你周边的亲人朋友,完整叙述你的信息,然后通过虚构事故等实施欺诈。

(二)个人信息泄露的防御

个人信息是能完整叙述个人生活工作情况,信息具有高度保密性,不能随意泄露,以避免带来不可估量的损失。那么,我们应该怎样才能避免信息的泄露呢?

1.健全法律,严厉打击不法行为

从法律层面对个人信息进行保护,个人信息如同个人私有财产一样受到国家法律保护,神圣不可侵犯。一旦发现犯罪分子恶意收集或利用信息正在实施不法行为,法律应该严惩不贷。

2.拥有公民信息的单位部门要严格保密,不容外泄

信息安全主管部门要切实加强对政府机关、公共事业单位和社会团体等组织的信息安全监督,督促其做好信息系统等级保护和风险评估,切实加强对员工的信息安全管理,约束管理人员遵守职业道德,不趁职务之便泄露信息牟利。

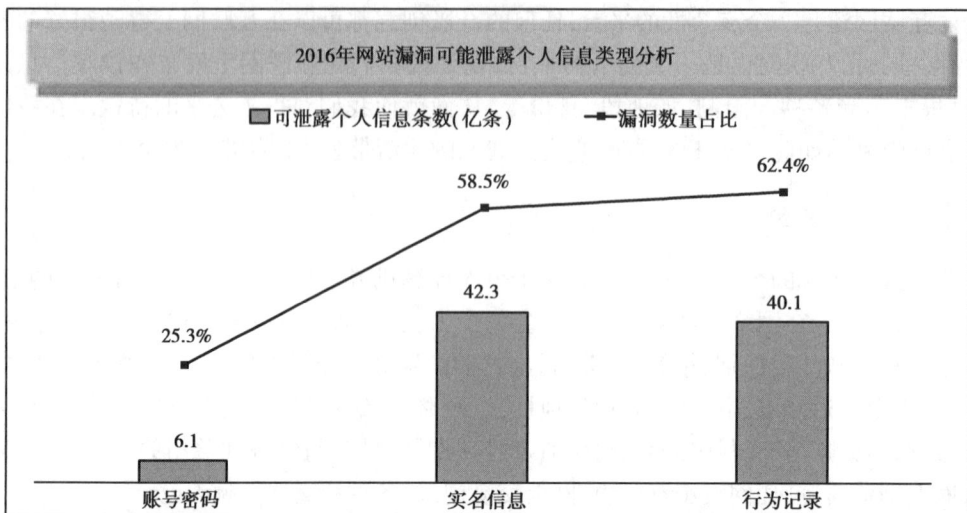

图 6.1 个人信息泄露类型分析

3.个人具有防范意识,不主动泄露信息

作为个人,养成良好的上网习惯,做到不该上的网站不上、可以不提供的信息坚决不提供,从各方面堵住个人信息外泄的缺口。

二、网络社交安全

当代大学生对常用的微信、QQ、陌陌、探探等网络聊天软件非常熟悉,几乎人人都有相关社交软件的账号。近年来,时有大学生在网络社交时发生安全事件,受害程度轻重皆有。

(一)网络社交的安全问题

网络社交由于网络的虚拟性,连接区域的范围之广,无法受到有效的监督,不时有安全事件发生。

1.网络诈骗

不法分子经常盗窃社交账号,然后以被盗账号主人名义向通讯录中亲朋好友发送诈骗信息。另外,也有网友经过交流沟通,通过聊天获取好感,然后约出来见面,通过消费诈骗,等等。

2.网络敲诈

网络敲诈主要是通过获取个人私密信息(私密照片、私密材料等),要求用财物或者身体作交换。更有甚者,通过网恋骗其信任,然后线下见面,限制人身自由实施敲诈。

3.侵犯身体

侵犯身体主要针对女大学生。一般是在聊天软件上虚构自己是"高富帅""大老板"等,然后将大学生陷入恋爱骗局,最后线下见面,以各种手段哄骗、恐吓使其失身,并且还有限制人身自由、轮奸、拐卖等恶劣事件发生。

(二)网络社交安全风险的防范

1.谨慎辨认对方身份

遇到借钱、汇款等涉及钱财问题时,一定要通过电话或者其他能够辨认身份的方式联系对方,或在聊天时设计问题以辨别对方身份。如确认是诈骗,立即通知其他好友谨防受骗。

2.保护个人信息

加强上网设备的安全技术防范,不轻易在网上泄露自己的个人信息,不轻易在任何网站输入自己的各种账号、密码,不随意上传自己的私密信息、私密照片。

3.不随意与网友见面

大学生应多参与学校组织的各种活动,拓宽社交圈子,谨慎对待网恋、陌生人交友等,即使需要线下交流,也要有人陪同,并且选择安全的公共场所见面。

三、网络金融安全

随着我国经济的飞速发展,网络金融也有了突飞猛进的发展,然而网络金融的安全问题却越来越严峻了。影响网络金融安全的因素主要包括:人们在网络消费中安全意识不够强烈、网络安全保证有缺陷、网络病毒的入侵、网络金融安全的防范技术比较差等。所以,我们要提高认识,优化防范的技术,加强对内部的控制及监管,强化对网络金融犯罪的打击,从而保证网络金融的安全。

(一)网络金融的安全问题

1.病毒感染,盗取密码,转移资金

犯罪分子通过网络寻找漏洞,然后植入病毒,盗取相关账号密码,然后远程操纵用户计算机转账。

2.网络购物、拍卖诈骗

诈骗者制作虚假购物网站或者利用"走私货""大甩卖"等名义促销商品,采用低价诱惑或者利用好奇心诱其上当受骗。同时,以手续费等借口让消费者避开第三方独立支付平台直接转账,一旦付款,立即销声匿迹。另外,自行组织竞拍网站,编造抵押信息,以低价竞拍高价值商品,竞拍者付款后,往往收不到或者收到与竞拍商品相异的物品。

3.发布虚假信息实施诈骗

犯罪分子利用社交软件向用户发送诱人的"官方中奖"信息,提示大学生进入事先设计好的假冒网站进行确认,诱使大学生信任,然后以"交税""运费""保证金"等理由实施诈骗。

4.网络招聘诈骗

犯罪分子通过网络发布公告或者在论坛、各种聊天群发布招聘信息,诱使大学生加入群或者直接联络本人,虚假介绍工作,以中介费、信息费或者担保金等名义收取费用。

(二)网络金融安全风险的防范

1.保持良好的上网习惯,保护好个人信息

电脑必须安装杀毒软件和防火墙,并且要做到经常体检杀毒,应用软件定期升级、更新以及打补丁,尽量降低木马等病毒对计算机的感染侵害,不在公共电脑上进行与资金相关的购物、转账等操作。

2.保持良好的心态,不贪图小利

大学生要保持一个清醒的头脑,对于网上明显价格偏低的商品要特别留心,这些商品很有可能是诱饵或者是以次充好,千万要提高警惕,防止上当受骗。不要相信不劳而获或者一夜暴富等天上掉馅饼的好事,摈弃贪婪心理。同时在网上购物时,一定要仔细查看网址并进行甄别,对于要输入银行卡账号、密码的网站更是慎之又慎,严加防范。

3.不轻信各种中奖消息

一些来历不明的,通过微信、QQ、短信、电子邮件、微博等发来的中奖提示,不管内容多么逼真诱人,请千万要有防备,不要按照中奖提示一步步进入圈套,否则将陷入骗局之中。

4.正确的求职观,不陷入圈套

大学生毕业求职要对自己有充分的认识,自己能力大概能够胜任何种工作,不要盲目相信所谓高薪招聘。同时,尽量参加正规单位组织的双选会,对于求职面试时,要时刻警惕对方收取费用,如确实需要支付,要对方拿出收费依据,并且开具收费凭证。

第三节　网络成瘾预防

目前社会上,对于网瘾的概念和认识以及对网瘾的干预和处理方面存在很多的误区,且概念并不统一。准确地讲,应该把网瘾称之为网络的过度使用,或者网络的滥用,也有人把它称为网络的病理性使用。就像吃饭、购物、游戏一样,有时候会产生过度使用,如病理性的赌博、冲动性的购物或者病理性的购物,这些都跟网络成瘾有类似的地方。

造成网络成瘾的原因,一般分为外因和内因。外因即社会环境和家庭教育,社会环境包括网吧的出现,网络游戏的流行等。家庭教育包括家庭环境和教育方式,家长忙于工作没时间管理孩子导致他们对网络产生依赖等。但是,这些外因只是被动因素,是形成网瘾的诱因。真正的原因是内因,包括网瘾患者的满足感缺失、独特的生理人格。例如,大部分网瘾患者学业失败,从而导致心理空虚,缺乏自信,为满足自己的内心,通常会选择逃避,最容易在虚拟的网络世界中重新找到失去的自我和可以满足的成就感,这就是典型的满足感缺失。

对于网络成瘾的判断要谨慎,很多人青春期的时候,有一种很强的逆反心理,有回避大人监视的意识,对新鲜事物又充满了好奇,网络是最好的躲避环境,所以容易沉浸在网络当中,在虚拟的情况下跟人交往、游戏来躲避父母的监视。所以,父母要重视网络对孩子的影响,包括好处和问题,采取积极、主动的防御措施,给他们提供很好的机会,帮他们建立正确的生活信念和目标,这样才能够很好地控制欲望,从而合理地使用网络,真正地解决网络成瘾的问题。

一、网络成瘾的症状

目前,我国的网络成瘾可分为网络游戏成瘾、网络关系成瘾、网络色情成瘾、网络信息成瘾、网络交易成瘾5类。其中,网络游戏成瘾和网络关系成瘾高达80%。

网络游戏成瘾,通常指沉溺于以角色扮演的形式,体验刺激、惊险的过程。

网络关系成瘾,通常指沉溺于通过网络聊天来结识朋友。

网络色情成瘾,通常指沉迷于成人话题的聊天室和网络色情网站,或沉迷于网上虚拟性爱等。

网络交易成瘾,通常指有一种难以抵抗的冲动,着迷于在线赌博、网上贸易或者拍卖、购物等而不能自拔。

网络信息成瘾,指强迫性地浏览网页以查找和搜集信息,无法自控地搜索更多信息。

网络成瘾症状严重影响大学生的身心健康,给大学生的学习带来不良影响,改变了其日常生活娱乐方式,影响其正确的价值观和世界观的形成。

网络成瘾综合征测试

1.你是否经常上网?(　　　)

2.你上网的时候是否经常玩游戏和聊天?(　　　)

3.你上网时表现得思维敏捷、口若悬河,一旦离开网络便情绪低落,怅然若失吗?(　　　)

4.你是否特别喜欢讨论关于网络的问题?(　　　)

5.你是否因为上网与父母发生争吵?(　　　)

6.你上网的时候是不是很烦家人的打扰?(　　　)

7.你是否全神贯注于网络活动,下线后仍继续想上网的情景?(　　　)

8.你是否向家长或师长撒谎以隐瞒自己涉入网络的程度?(　　　)

9.你是否觉得需要花更多的时间在网络上才能得到满足?(　　　)

10.你只要长时间不上网操作就手痒难耐,有时刚离网就有又想上网的冲动,有时早晨一起床就有想上网这种欲望吗?(　　　)

如果你前6个问题都回答了"是",后4个问题中有任何3个以上回答"是",那么基本上就表明你已经有网络成瘾综合征的趋向了。那可要下定决心立即戒除网瘾。

二、网络成瘾的危害

有没有网瘾,不在于上网时间长短,而在于你用它来干什么。换言之,如果网络控制你了,你就有网瘾,如果你控制网络了,就不是网瘾。真正的网瘾,不应仅从使用时间的量上来衡量,更应考虑上网的"质",如上什么网,做什么事。若沉迷于网络游戏和社交网络不能自拔,已经失去了自我控制,那才是需要干预的网瘾问题。

(1)造成青少年视力下降、生物钟紊乱、神经衰弱等生理危害。不能维持正常的睡眠周期,停止上网时出现失眠、头痛、注意力不集中、消化不良、恶心厌食、体重下降。

(2)会出现品行障碍,诱发青少年逃学,不与人交往,脾气暴躁,产生攻击性等反常行为。一些人甚至会滑向犯罪的深渊。

(3)过去,引发大学生心理问题的原因中,主要是学业压力、人际关系、感情问题等,沉迷网络是近年来出现的新现象,并且迅速上升为主因之一。一些学生终日沉迷于网络聊天、网络游戏,不但耽误学业,考试挂红灯,留级甚至退学。

(4)导致青少年出现情绪障碍和社会适应困难。在心理方面,会出现注意力不能集中和持久,记忆力减退,对其他活动缺乏兴趣,为人冷漠,缺乏时间感,情绪低落。

(5)网瘾综合征患者由于上网时间过长,大脑神经中枢持续处于高度兴奋状态,会引起肾上腺素水平异常增高,交感神经过度兴奋,血压升高,自主神经功能紊乱。此外,还会诱发心血管疾病、胃肠神经官能症、紧张性头痛等病症。

(6)一些青少年网民过分迷恋与网上的"人—机"式交往,会忽视真实存在的人际关系,产生现实人际交往萎缩和角色错位的现象。爆炸般的网络信息的挤压揉搓,会加重青少年网民的心理负担和压力,引发"信息污染综合征"等心理障碍。网络世界的虚拟性也会使青少年网民产生一种"特别自由"的感觉和"为所欲为"的冲动,做一些平时不能做也明显不道德的行为。长时间的上网会使一些青少年沉溺其中不能自拔,产生对网络的过分依赖心理,成为"电子海洛因"的吸食者,染上上网成瘾症等心理疾病。

(7)网络欺骗、赌博、人身攻击、反动言论、犯罪行为以及各种网络垃圾等都可能使青少年受到伤害。

(8)人的心理状况是在环境与人的相互影响中形成的。由于人脑细胞使用能力特别强,人对自己所在环境很快会形成一种心理状态,孩子长时间和电脑在一起,他的思维将与电脑的符号式机械思维趋同,常人的逻辑思维能力受到抑制和削弱,弱化了人与人沟通相处的能力和现实生活的反应能力和应对能力,不利于独立生活能力的培养。

(9)很多上网成瘾的青少年与他人甚至是父母的沟通较差,情绪不稳定,易怒、多变,没有自控能力、自己做的承诺不能兑现。

【典型案例】

1.2007 年 9 月 24 日 15 时许,王小丽在新华南路一网吧进入一个网站时,被告知中了 10 万元大奖。随后,这个网站告诉她,要领这笔大奖,需要先支付 650 元的手续费。此时,王小丽已经被喜悦冲昏了头脑,她不假思索便将 650 元打入对方指定的账户。当王小丽再次询问领奖事宜时,对方再次让其打入手续费,王小丽这才发觉上当。

2.2 月 23 日晚上,在青岛农业大学读大三的小刘在网上看好一款 29 元的手提包,和客服做过一番沟通后就决定购买并完成支付。可是当晚 9 时许,小刘突然接到陌生来电,小刘说:"他声称是卖包店的客服,一直仔细询问我是否购买了手提包,还准确说出了购买的时间和型号,我就信以为真了。"所谓的"客服"表示,小刘的支付宝账号被冻结了,所以钱并没有到店里的账户,建议小刘要么取消订单,要么解冻支付宝账号。

小刘毫不犹豫地要求先解冻,"他先是问我要了 QQ 号,然后发过来一个网址,看起来非常正规,上面标有账号解冻的提示,我就按要求输入了绑定银行卡的账号、密码。"小刘说，"我当时只想着能把包买回来，并没有顾及太多。"

凌晨 0 时许，小刘突然收到短信提醒，银行卡里被取走 3 800 元。"那可是我今年所有的生活费，丢了可怎么办？"慌忙之下，小刘立即拨打了校园保卫处电话和报警电话。2 月 25 日，经过城阳警方和青岛农业大学保卫处的共同努力，小刘的钱又回到了自己手上。

3.阜阳一大学生兼职网络刷单被骗 1 万多。俗话说，天上不会掉馅饼。这不，阜阳师院的大学生小珊（化名），原本想兼职挣点钱，却没料到遇到疑似网络刷单诈骗，17 960 元血本无归。

小珊是阜阳师院在校大学生，平时课不多，便想找个兼职，学一些社会经验。近日，小珊在 QQ 群里看到有人发刷单兼职消息，便添加客服 QQ 咨询。

联系后，对方发来一条链接，称完成任务数后，商家给予"返款本金+佣金"。之后，在"服务人员"的指导下，她向一个公司账户打款，接连刷了好几次单，一共支付了 17 960 元。可她却发现对方一直不返现，而自己随后也被拉黑了。这时，她才意识到自己被骗了。

小珊立即向该网站以及有关管理方投诉，但为时已晚。之后，她报了案，目前该案正在进一步调查中。

对此，市公安局宣传部有关负责人表示，警方在对电信诈骗案件进行梳理的过程中发现，网络刷单诈骗案件发案数持续上升，损失金额较大，且受害人多为在校大学生。"建议教育部门加强对本辖区内各学校青年学生的预警提示，提高防范意识。"

案例思考

1.如果你是案例 1 中的王小丽，遇到中奖消息时怎样防止自己被骗？

2.案例 2 中的小刘和案例 3 中的小珊在网络行为中犯了哪些错误？

三、网络成瘾的预防

首先，大学生自身要养成良好的上网习惯，上网前要计划，明确上网的目的和上网的时间，避免无节制地上网，如果不是为了工作、学习，而主要为了娱乐，则更需要计划上网。漫无目的地"冲浪"、沉迷于网络聊天或网络游戏，时间在不知不觉中流逝，尤其把它当成一种缓解精神压力时更应该节制。

其次，大学生要培养其他的兴趣爱好，丰富业余生活。业余时间多参加体育、文化娱乐或交际活动，不仅充实了生活，而且能提高自己处理现实问题的能力，从而减少依赖虚拟的网络世界的机会。

再次，家长、学校和社会要共同参与。家长和老师要提高对网络的认识，既不能放任孩子上网"开阔视野"，直到成瘾才引起重视，也不能因担心网络危害而过分控制孩子上网，这会迫使他们走到社会上非法的网吧而事与愿违。这是预防网络成瘾极为重要的一个环节。家长和老师要通过正确引导和合理监督，不仅直接控制大学生在家、在学校上网的时间，而且要提高他们合理使用互联网的能力。学校开展学生上网教育，加强校园上网场所和上网时间的监控,丰富校园生活,无疑会减少网络成瘾的发生。

【延伸阅读】 一、全国青少年网络文明公约

> 要善于网上学习,不浏览不良信息。
> 要诚实友好交流,不辱骂欺诈他人。
> 要增强自护意识,不随意约会网友。
> 要维护网络安全,不破坏网络秩序。
> 要有益身心健康,不沉溺虚拟时空。

二、全国人民代表大会常务委员会关于加强网络信息保护的决定

全国人民代表大会常务委员会关于加强网络信息保护的决定

(2012 年 12 月 28 日第十一届全国人民代表大会常务委员会第三十次会议通过)

为了保护网络信息安全,保障公民、法人和其他组织的合法权益,维护国家安全和社会公共利益,特作如下决定:

(一)国家保护能够识别公民个人身份和涉及公民个人隐私的电子信息。

任何组织和个人不得窃取或者以其他非法方式获取公民个人电子信息,不得出售或者非法向他人提供公民个人电子信息。

(二)网络服务提供者和其他企业事业单位在业务活动中收集、使用公民个人电子信息,应当遵循合法、正当、必要的原则,明示收集、使用信息的目的、方式和范围,并经被收集者同意,不得违反法律、法规的规定和双方的约定收集、使用信息。

网络服务提供者和其他企业事业单位收集、使用公民个人电子信息,应当公开其收集、使用规则。

(三)网络服务提供者和其他企业事业单位及其工作人员对在业务活动中收集的公民个人电子信息必须严格保密,不得泄露、篡改、毁损,不得出售或者非法向他人提供。

(四)网络服务提供者和其他企业事业单位应当采取技术措施和其他必要措施,确保信息安全,防止在业务活动中收集的公民个人电子信息泄露、毁损、丢失。在发生或者可能发生信息泄露、毁损、丢失的情况时,应当立即采取补救措施。

(五)网络服务提供者应当加强对其用户发布的信息的管理,发现法律、法规禁止发布或者传输的信息的,应当立即停止传输该信息,采取消除等处置措施,保存有关记录,并向有关主管部门报告。

(六)网络服务提供者为用户办理网站接入服务,办理固定电话、移动电话等入网手续,或者为用户提供信息发布服务,应当在与用户签订协议或者确认提供服务时,要求用户提供真实身份信息。

(七)任何组织和个人未经电子信息接收者同意或者请求,或者电子信息接收者明

确表示拒绝的,不得向其固定电话、移动电话或者个人电子邮箱发送商业性电子信息。

(八)公民发现泄露个人身份、散布个人隐私等侵害其合法权益的网络信息,或者受到商业性电子信息侵扰的,有权要求网络服务提供者删除有关信息或者采取其他必要措施予以制止。

(九)任何组织和个人对窃取或者以其他非法方式获取、出售或者非法向他人提供公民个人电子信息的违法犯罪行为以及其他网络信息违法犯罪行为,有权向有关主管部门举报、控告;接到举报、控告的部门应当依法及时处理。被侵权人可以依法提起诉讼。

(十)有关主管部门应当在各自职权范围内依法履行职责,采取技术措施和其他必要措施,防范、制止和查处窃取或者以其他非法方式获取、出售或者非法向他人提供公民个人电子信息的违法犯罪行为以及其他网络信息违法犯罪行为。有关主管部门依法履行职责时,网络服务提供者应当予以配合,提供技术支持。

国家机关及其工作人员对在履行职责中知悉的公民个人电子信息应当予以保密,不得泄露、篡改、毁损,不得出售或者非法向他人提供。

(十一)对有违反本决定行为的,依法给予警告、罚款、没收违法所得、吊销许可证或者取消备案、关闭网站、禁止有关责任人员从事网络服务业务等处罚,记入社会信用档案并予以公布;构成违反治安管理行为的,依法给予治安管理处罚。构成犯罪的,依法追究刑事责任。侵害他人民事权益的,依法承担民事责任。

(十二)本决定自公布之日起施行。

三、2015 年全球十大计算机病毒排行榜

No.1"CIH 病毒"

爆发年限:1998 年 6 月

损失估计:全球约 5 亿美元

CIH 病毒是一位名叫陈盈豪的台湾大学生所编写的,从中国台湾传入大陆地区的。CIH 的载体是一个名为"ICQ 中文 Ch_at 模块"的工具,并以热门盗版光盘游戏如"古墓奇兵"或 Windows95/98 为媒介,经互联网各网站互相转载,使其迅速传播。

CIH 病毒属文件型病毒,其别名有 Win95.CIH,Spacefiller,Win32.CIH,PE_CIH,它主要感染 Windows95/98 下的可执行文件(PE 格式,Portable Executable Format),目前的版本不感染 DOS 以及 WIN 3.X(NE 格式,Windows and OS/2 Windows 3.1 execution File Format)下的可执行文件,并且在 Win NT 中无效。其发展过程经历了 v1.0,v1.1,v1.2,v1.3,v1.4 总共 5 个版本。

No.2"梅利莎(Melissa)"

爆发年限:1999 年 3 月

损失估计:全球约 3 亿~6 亿美元

梅利莎是通过微软的 Outlook 电子邮件软件,向用户通信簿名单中的 50 位联系人发送邮件来传播自身。该邮件包含以下这句话:"这就是你请求的文档,不要给别人看",此外夹带一个 Word 文档附件。而单击这个文件,就会使病毒感染主机并且重复自我复制。

1999 年 3 月 26 日,星期五,W97M/梅利莎登上了全球各地报纸的头版。估计数字显示,这个 Word 宏脚本病毒感染了全球 15%~20% 的商用 PC。病毒传播速度之快令英特尔公司(Intel),微软公司(Microsoft,下称微软)以及其他许多使用 Outlook 软件的公司措手不及,为防止损害扩大,他们被迫关闭整个电子邮件系统。

No.3"爱虫(Iloveyou)"

爆发年限:2000 年

损失估计:全球超过 100 亿美元

爱虫是通过 Outlook 电子邮件系统传播,邮件主题为"I Love You",包含附件"Love-Letter-for-you.txt.vbs"。打开病毒附件后,该病毒会自动向通信簿中的所有电子邮件地址发送病毒邮件副本,阻塞邮件服务器,同时还感染扩展名为.VBS,.HTA,.JPG,.MP3 等 12 种数据文件。

新"爱虫"(Vbs.Newlove)病毒同爱虫(Vbs.loveletter)病毒一样,通过 Outlook 传播,打开病毒邮件附件您会观察到计算机的硬盘灯狂闪,系统速度显著变慢,计算机中出现大量的扩展名为 vbs 的文件。所有快捷方式被改变为与系统目录下 wscript.exe 建立关联,进一步消耗系统资源,造成系统崩溃。

No.4"红色代码(CodeRed)"

爆发年限:2001 年 7 月

损失估计:全球约 26 亿美元

红色代码是一种计算机蠕虫病毒,能够通过网络服务器和互联网进行传播。2001 年 7 月 13 日,红色代码从网络服务器上传播开来。它是专门针对运行微软互联网信息服务软件的网络服务器来进行攻击。极具讽刺意味的是,在此之前的六月中旬,微软曾经发布了一个补丁,来修补这个漏洞。

被它感染后,遭受攻击的主机所控制的网络站点上会显示这样的信息:"你好!欢迎光临!"随后病毒便会主动寻找其他易受攻击的主机进行感染。这个行为持续大约 20 天,之后它便对某些特定 IP 地址发起拒绝服务(DoS)攻击。不到一周感染了近 40 万台服务器,100 万台计算机受到感染。

No.5"冲击波(Blaster)"

爆发年限:2003 年夏季

损失估计:数百亿美元

冲击波于 2003 年 8 月 12 日被瑞星全球反病毒监测网率先截获。病毒运行时会不停地利用 IP 扫描技术寻找网络上系统为 Win2K 或 XP 的计算机,找到后利用 DCOM RPC 缓冲区漏洞攻击该系统,一旦成功,病毒体将会被传送到对方计算机中进行感染,使系统操作异常,不停重启,甚至导致系统崩溃。另外,该病毒还会对微软的一个升级网站进行拒绝服务攻击,导致该网站堵塞,使用户无法通过该网站升级系统。在 8 月 16 日以后,该病毒还会使被攻击的系统丧失更新该漏洞补丁的能力。

No.6 "巨无霸(Sobig)"

爆发年限:2003 年 8 月

损失估计:50 亿~100 亿美元

巨无霸是通过局域网传播,查找局域网上的所有计算机,并试图将自身写入网上各计算机的启动目录中以进行自启动。该病毒一旦运行,在计算机联网的状态下,就会自动每隔两小时到某一指定网址下载病毒,同时它会查找电脑硬盘上所有邮件地址,向这些地址发送标题如:"Re:Movies""Re:Sample"等字样的病毒邮件进行邮件传播,该病毒还会每隔两小时到指定网址下载病毒,并将用户的隐私发到指定的邮箱。

由于邮件内容的一部分是来自于被感染电脑中的资料,因此有可能泄漏用户的机密文件,特别是对利用局域网办公的企事业单位,最好使用网络版杀毒软件以防止重要资料被窃取!

No.7 "MyDoom"

爆发年限:2004 年 1 月

损失估计:百亿美元

MyDoom 是一例比"巨无霸病毒"更厉害的病毒体,在 2004 年 1 月 26 日爆发,在高峰时期,导致网络加载时间减慢 50%以上。它会自动生成病毒文件,修改注册表,通过电子邮件进行传播,并且它还会尝试从多个 URL 下载并执行一个后门程序,如下载成功会将其保存在 Windows 文件夹中,名称为 winvpn32.exe。该后门程序允许恶意用户远程访问被感染的计算机。

病毒使用自身的 SMTP 引擎向外发送带毒电子邮件,进行传播。病毒会从注册表的相关键值下和多种扩展名的文件中搜集邮件地址,病毒还会按照一些制定的规则自己声称邮件地址,并向这些地址发送带毒电子邮件。病毒同时会略去还有特定字符的邮件地址。

No.8 "震荡波(Sasser)"

爆发年限:2004 年 4 月

损失估计:5 亿~10 亿美元

震荡波于 2004 年 4 月 30 日爆发,短短的时间内就给全球造成了数千万美元的损失,也让所有人记住了 2004 年的 4 月,该病毒为 I-Worm/Sasser.a 的第三方改造版本。与该病毒以前的版本相同,也是通过微软的最新 LSASS 漏洞进行传播,我们及时提醒广大用户及时下载微软的补丁程序来预防该病毒的侵害。如果在纯 DOS 环境下执行病毒文件,会显示出谴责美国大兵的英文语句。

　　震荡波感染的系统包括 Windows 2000,Windows Server 2003 和 Windows XP,病毒运行后会巧妙地将自身复制为%WinDir%napatch.exe,随机在网络上搜索机器,向远程计算机的 445 端口发送包含后门程序的非法数据,远程计算机如果存在 MS04-011 漏洞,将会自动运行后门程序,打开后门端口 9996。

　　No.9"熊猫烧香(Nimaya)"

　　爆发年限:2006 年

　　损失估计:上亿美元

　　熊猫烧香准确地说是在 2006 年年底开始大规模爆发,以 Worm.WhBoy.h 为例,由 Delphi 工具编写,能够终止大量的反病毒软件和防火墙软件进程,病毒会删除扩展名为 gho 的文件,使用户无法使用 ghost 软件恢复操作系统。"熊猫烧香"感染系统的 *.exe,*.com,*.pif,*.src,*.html,*.asp 文件,导致用户一打开这些网页文件,IE 自动连接到指定病毒网址中下载病毒。在硬盘各分区下生成文件 autorun.inf 和 setup.exe 病毒还可通过 U 盘和移动硬盘等进行传播,并且利用 Windows 系统的自动播放功能来运行。

　　"熊猫烧香"还可以修改注册表启动项,被感染的文件图标变成"熊猫烧香"的图案。病毒还可以通过共享文件夹、系统弱口令等多种方式进行传播。

　　No.10"网游大盗"

　　爆发年限:2007 年

　　损失估计:上千万美元

　　网游大盗是一例专门盗取网络游戏账号和密码的病毒,其变种 wm 是典型品种。英文名为 Trojan/PSW.GamePass.jws 的"网游大盗"变种 jws 是"网游大盗"木马家族最新变种之一,采用 Visual C++编写,并经过加壳处理。"网游大盗"变种 jws 运行后,会将自我复制到 Windows 目录下,自我注册为"Windows_Down"系统服务,实现开机自启。

　　该病毒会盗取包括"魔兽世界""完美世界""征途"等多款网游玩家的账户和密码,并且会下载其他病毒到本地运行。玩家计算机一旦中毒,就可能导致游戏账号、装备等丢失。在 2007 年轰动一时,网游玩家提心吊胆。

第七章 公共卫生与安全

公共卫生是一个相当宽泛的概念,在不同的社会或同一社会的不同时期,公共卫生的含义都会有所不同。发达国家的学者提出,公共卫生是为保护和提高人群健康水平,预防疾病、伤害和失能,社会做出的有组织的反应。所谓公共卫生就是以预防医学的理论、观点和技能为基础,对预防疾病、促进人群健康所采取的社会性实践,也称公共卫生措施。公共卫生措施包括基础性公共卫生措施和应急性公共卫生措施。2003 年,中国政府作出的定义是:公共卫生就是组织社会共同努力,改善环境和卫生条件,预防控制传染病和其他疾病流行,培养良好的卫生习惯和文明生活方式,提供医疗卫生服务,达到预防疾病,促进人民身体健康的目的。

第一节 常见传染病

【案例导入】

> 小王,一位女大学生。大二时参加了学校组织的献血,回来后一直担心采血时所使用的针头不干净,怕自己被传染艾滋病。担心了两个星期后,开始对血产生恐惧,不仅见到血会紧张,就是想到血或者看见"血"这个字也会紧张。不敢去医院,回避所有可能会见到血的场合。如果哪个同学脸上长了青春痘,挤破了出了血,她就会对这个同学产生恐惧,不敢和他说话,不敢接触他接触过的东西,尽量离他远点。慢慢地,小王所恐惧和回避的东西越来越多,她不敢到学校的公共浴室洗澡,不敢使用公共厕所的马桶,对蚊子非常恐惧,因为它咬过别人,会携带别人的血……这严重影响了她的生活和学习。
>
> **思考与讨论**
> 艾滋病等传染病的传染途径有哪些? 应怎样预防?

传染病(Infectious Diseases)是由各种病原体引起的能在人与人、动物与动物或人与动物之间相互传播的一类疾病。中国目前的法定报告传染病分为甲、乙、丙 3 类,共 39 种。此外,还包括国家卫生健康委员会决定列入乙类、丙类传染病管理的其他传染病和按照甲类管理开展应急监测报告的其他传染病。

传染病的基本特征:

(1)有病原体:每种传染病都有其特定的病原体,病原体可以是微生物或寄生虫。

(2)有传染性:这是传染病与其他感染性疾病的主要区别。

(3)有流行病学特征:传染病必须具备 3 个基本条件(传染源、传播途径、易感人群),在流行过程中受自然因素和社会因素的影响,表现出相应的特征(流行性、地方性、季节性)。

(4)有感染后免疫力:免疫功能正常的人经感染某种病原体后均会产生特异性免疫。

一、常见传染病

根据传染病的主要传播途径,可分为以下几类:

(1)肠道传染病。霍乱(二号病)、痢疾、伤寒、甲肝、戊肝、脊髓灰质炎(小儿麻痹症)、感染性腹泻等。

(2)呼吸道传染病。传染性非典型肺炎、肺结核、流行性感冒、麻疹、流脑、流行性腮腺炎、百日咳、白喉、猩红热、风疹等。

(3)血源性传染病。乙肝、丙肝、丁肝、艾滋病等。

(4)虫媒传播及自然疫源性传染病。鼠疫、狂犬病、钩体、乙脑、疟疾、登革热、黑热病等。

(5)其他。炭疽、布鲁氏菌病、急性出血性眼结膜炎(红眼病)等。

二、传染病的预防

(一)肠道传染病的预防

肠道传染病是一组经消化道传播的疾病。常见的主要有伤寒、副伤寒、细菌性痢疾、霍乱、甲型肺炎、细菌性食物中毒等。肠道传染病病人的病原体从病人和病原携带者的粪便、呕吐物中排出,会污染周围环境,再通过水、食物、手、苍蝇、蟑螂等媒介经口腔进入胃肠道,在人体内繁殖、产生毒素引起发病,并继续排出病原体再传染给其他健康人。

1.传播途径

(1)经水传播。由于肠道传染病人和病原携带者的粪便、呕吐物排入水中或洗涤病人的衣裤、器具、手等造成了水源污染,可引起霍乱、伤寒、细菌性痢疾的流行、暴发。

(2)经食物传播。在食品的加工、储存、制作、运输及销售等过程中被肠道传染病的病原体污染,可造成局部的流行和暴发。

(3)接触传播。通过握手、使用或接触过病人的衣物、文具、门具、门把手、人民币等造成病原体传播。

(4)昆虫传播。有些肠道传染病的病原体可在人体内存活一段时间,通过到处活动的苍蝇、蟑螂等昆虫进行传播。

2.预防措施

预防肠道传染病的关键是把好"病从口入"这一关,要注意饮食和饮水卫生,养成良好的卫生习惯,做好预防工作。

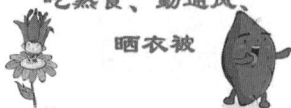

图 7.1 十五字防病口诀

(1)积极开展爱国卫生运动,加强对粪便、垃圾和污水的卫生管理,发动群众灭蝇、灭蟑螂。

(2)注意饮食卫生。不吃腐烂变质食物,生吃蔬菜、瓜果一定要洗净,剩饭、剩菜要煮后再吃,食具要经常消毒。饮食服务行业、食品加工销售单位和集体食堂,要认真执行食品卫生法。

（3）搞好饮水卫生。不喝生水,喝开水。保护好水源,严防污染。饮水用具要定期消毒,保证饮水卫生。

（4）讲究个人卫生。养成饭前、便后洗手的习惯。常剪指甲、勤换衣服。食堂、饮食业工作人员更要讲究个人卫生,定期体检,发现有传染病应及时调离工作岗位。

（二）呼吸道传染病的预防

1.传染性非典型肺炎

主要表现:起病急,以发热为首发症状,体温一般超过 38 ℃,可伴有畏寒、关节酸痛、肌肉酸痛、乏力、腹泻,一般无鼻塞、流涕,可有咳嗽,多为干咳,少痰,可有胸闷,严重者出现呼吸加速或呼吸困难。

传播途径:主要通过与患者近距离接触而传播,也可经接触患者的痰、气管分泌物、粪便或被其污染的物品传播。

预防方法:生活、工作场所保持通风;注意个人卫生,勤洗手(用肥皂、洗手液、流水洗);不与患者或疑似患者接触。

2.肺结核

主要表现:有较密切的结核病接触史,起病可急可缓,多为低热、盗汗、乏力、食欲缺乏、消瘦、女性月经失调等;呼吸道症状有咳嗽、咳痰、咯血、胸痛、不同程度胸闷或呼吸困难。

传染途径:有呼吸道、消化道、皮肤和子宫,但主要是通过呼吸道传染。

预防方法:控制传染源,及时发现并治疗;切断传播途径,注意开窗通风,注意消毒;保护易感人群,接种卡介苗,注意锻炼身体,提高自身抵抗力。

图 7.2　结核菌传播方式

3.流行性感冒

主要表现:起病急,畏寒发热,头痛,全身乏力、酸痛,体质较弱的患者如老人、儿童可出现肺炎,剧烈咳嗽,呼吸急促。

传播途径:主要经飞沫传播。

预防方法:搞好环境卫生,保持室内通风,尽量避免到人多拥挤的公共场所,不与患者接触;养成良好的个人卫生习惯,勤洗手;加强锻炼,在每天洗脸时用冷水刺激鼻部,可以提高抵抗力,增加对寒冷的适应能力。接种流感疫苗。

4.麻疹

主要表现:发热,全身不适,食欲减退,咳嗽,打喷嚏,流涕,眼结膜充血,畏光,流泪,口腔黏膜出斑,皮肤出疹等。

传播途径:主要通过飞沫直接传播。

预防方法:接种麻疹疫苗;搞好环境卫生,保持室内通风,尽量避免到人多拥挤的公共场所,不与患者接触。

（三）血源性传染病的预防

1.病毒性肝炎

种类:甲肝、乙肝、丙肝、丁肝、戊肝等。

主要表现:(1)急性肝炎:起病急,畏寒、发热、全身乏力、厌油、恶心、呕吐、皮肤巩膜黄染;(2)慢性肝炎:疲乏、厌食、恶心、呕吐、腹胀、腹泻、肝区不适等。

传播途径:(1)甲肝、戊肝:主要通过肠道传播,即进食被病毒污染的食品或水而感染生病;(2)乙肝、丙肝、丁肝:主要经血液传播,可通过输血、不安全注射、血透等途径传播,也可经由母亲传给新生儿。

预防方法:(1)接种甲肝、乙肝疫苗可有效预防甲肝、乙肝。(2)养成良好卫生习惯,饭前便后洗手,不吃生、冷、变质食物,生食、熟食要分开存放,剩饭菜要热透(尤其是热天),不随便到不卫生的摊点、饮食店就餐,防止病从口入。(3)使用一次性注射器,不与他人共用针头(包括针灸);尽量避免输血和使用血液制品;患乙肝或携带乙肝病毒的妇女分娩时应加强对婴儿的防护,避免传染给孩子,新生儿生下24 h内注射乙肝高效价免疫球蛋白;不接触病人的血液及被血液污染的物品;不与病人共用食具、洗刷用具、剃须刀等。

2.艾滋病

主要表现:HIV 感染后,最开始的数年至十余年可无任何临床表现。一旦发展为艾滋病,患者就可以出现各种临床表现。一般初期的症状如同普通感冒、流感样,可有全身疲劳无力、食欲减退、发热等,随着病情的加重,症状日见增多,如皮肤、黏膜出现白色念珠菌感染,出现单纯疱疹、带状疱疹、紫斑、血疱、淤血斑等;以后渐渐侵犯内脏器官,出现原因不明的持续性发热,可长达 3~4 个月,还可出现咳嗽、气促、呼吸困难、持续性腹泻、便血、肝脾肿大、并发恶性肿瘤等。临床症状复杂多变,但每个患者并非上述所有症状全都出现。侵犯肺部时常出现呼吸困难、胸痛、咳嗽等,侵犯胃肠可引起持续性腹泻、腹痛、消瘦无力等,还可侵犯神经系统和心血管系统。

传播途径:(1)同 HIV 感染者发生无保护的性行为(性接触传播)。(2)接受了被 HIV污染的血液(血液传播)。(3)被感染的母体传染给未出生的婴儿(母婴传播)。

预防方法:(1)洁身自爱,不卖淫、嫖娼,避免婚前、婚外性行为。(2)严禁吸毒,不与他人共用注射器。(3)不要擅自输血和使用血制品,要在医生的指导下使用。(4)不要借用或共用牙刷、剃须刀、刮脸刀等个人用品。(5)使用安全套是性生活中非常有效的预防性病和艾滋病的措施之一。(6)要避免直接与艾滋病患者的血液、精液、乳汁和尿液接触,切断其传播途径。

(四)虫媒传播及自然疫源性传染病的预防

1.狂犬病

主要表现:早期表现为被狗或其他动物咬、抓伤后愈合的伤口及其周围有痒、痛、麻及蚁走等异样感觉,继而患者出现恐水、怕风、怕光、怕声等症状,绝大部分患者最后因呼吸衰竭而死亡。

传播途径:主要因被带狂犬病病毒的狗、猫或其他动物咬、抓伤而感染生病。

预防方法:避免被狗咬、抓伤,被狗咬、抓伤后要立即用 20%肥皂水冲洗伤口半小时以上,并在 24 小时内到疾病预防控制中心(卫生防疫站)的动物咬伤门诊进一步处理伤口和接种狂犬病疫苗,切不可掉以轻心,狂犬病可防不可治。

2.乙脑

主要表现:高热、头痛、呕吐、意识障碍、抽搐,部分患者会留有严重的后遗症。

传播途径:主要通过蚊虫叮咬传播。

预防方法:灭蚊、防蚊是预防控制乙脑的重要措施,接种乙脑疫苗是目前最有效的预防方法,乙脑疫苗的接种对象为 6 个月~6 岁儿童。

第二节 安全食品

【案例导入】

2014 年 11 月,某高校医院接诊 5 名学生,症状为恶心、呕吐、胃疼、头晕等。据就诊学生描述,他们均是食用了学校西门某名为"烤肉米饭"饭店的上门外卖后,出现上述症状的。校医院接诊医生第一时间上报学校,并联系 120 救护车,将学生送往就近的三甲医院。随后,该校先后有 24 名出现相同症状的学生被送往该医院留院治疗。

案例评析

本案例中的大学生由于食用不卫生的食物,导致中毒事件的发生,一方面反映出校园食品安全管理存在漏洞,食品卫生检查监督力度不够。随着高校后勤社会化的全面推进,学生选择就餐的方式比较灵活,不局限在学校内的食堂就餐,校外食品卫生缺乏监管,导致食品卫生监督管理失控概率增加,是引发高校食品中毒事件的重要原因。另一方面反映出大学生对食品安全重视程度不够。案例中中毒的大学生对食物的卫生知识缺乏必要的认识,选择就餐时,重点考虑食品的物美价廉,而忽略了食品的卫生安全,结果导致食物中毒事件的发生。

思考与讨论

如何正确辨别和选用安全食品?

安全食品的概念可以有广义和狭义之分,广义的安全食品是指长期正常食用不会对身体产生阶段性或持续性危害的食品,而狭义的安全食品则是指按照一定的规程生产,符合营养、卫生等各方面标准的食品。

一、安全食品分类

(一)放心菜

这是老百姓针对有毒蔬菜而产生的"口头语",也成为多年来蔬菜生产的一个新概念,是蔬菜中剧毒农药在蔬菜上的残留量没有超过规定的标准,吃后不会引起中毒事故发生的蔬菜,它适合现阶段农业生产,尤其是农户小规模蔬菜生产现状的生产技术,是对蔬菜生产的最低要求。目前主要是使用上海生产的"CL-1 残留农药测定仪",速测这些剧毒农药在蔬菜上的残留量确定被测定的蔬菜是否可以进入市场供应居民食用。但严格说来这还称不上是真正的安全食品。

图7.3 无公害农产品标志

(二)无公害农产品

无公害农产品是指生产地的环境、生产过程和产品质量符合一定标准和规范要求,并经过认证合格,获得认证证书,允许使用无公害农产品标志的没有经过加工或者经过初加工的食用农副产品。按照国家规定,无公害农副产品是中国普通农副产品的质量水平。无公害农副产品的质量指标主要包括两个方面,就是产品中重金属含量和农药(兽药)残留量要符合规定的标准。

根据以上要求,无公害农副产品的生产基地选择非常重要。应该选择空气清新,水质纯净,土壤未受污染,具有良好农业生态环境的地方,应尽量避开繁华的城镇、工业区和交通要道。生产基地的土壤、水、空气中有毒有害物质,如有机氯、有机磷、氟化物、硝酸盐、重金属和微生物都有一定标准。另外,在生产过程中要有一个生产技术的规程,如限制剧毒农药的使用等。

(三)绿色食品

"绿色食品"是真正的安全食品,就是指无农药残留、无污染、无公害、无激素的安全、优质、营养类食品。比无公害农副产品要求更严,食品安全程度更高,并且是按照特定的生产方式生产,经过专门的认证机构认定、许可使用绿色食品商标标志的安全食品。要认定是否是"绿色食品",要看这个食品是否有农业部证书、产地认定证书、产品认定证书、监测报告等(2003年后只有农业部才有权力进行产品认证)。例如在选购"绿色蔬菜"时,要看标签,如果标签标的是"LB-32-98010137061",说明是1998年通过认证的,而"绿色蔬菜"认证有效期为三年,那么这个标签的有效期已过,是不允许再以"绿色蔬菜"具名出售的。

"绿色食品"是遵循可持续发展原则,从保护和改善农业生态环境入手,在种植、养殖、加工过程中执行规定的技术标准和操作规程,限制或禁止使用化学合成物(如化肥、农药等)及其他有毒有害的生产材料,实施从"农田到餐桌"全过程质量控制,以保护生态环境,保障食品更安全,提高产品质量。绿色食品又分为A级和AA级两大类。

A级:生产基地的环境质量符合NY/T 391的要求,生产过程严格按照绿色食品的生产准则、限量使用限定的化学肥料和化学农药,产品质量符合A级绿色食品的标准。如农业部颁发的A级绿色食品行业标准NY/T 268—95和NY/T 292—95,绿色食品标志设计标准G87718—94等。

AA级:生产地环境与A级同,生产过程中不使用化学合成的肥料、农药、兽药,以及政府禁止使用的激素、食品添加剂、饲料添加剂和其他有害环境和人体健康的物质。其产品符合AA级绿色食品标准。

(四)有机食品

"有机食品"是安全食品中最高档、最安全、价格最高的安全食品。"有机食品"是根据有机农业原则和有机产

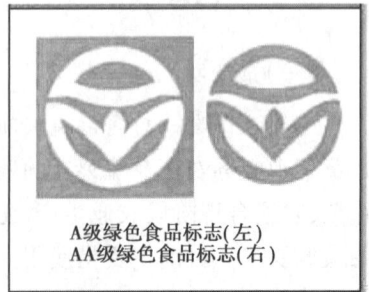

A级绿色食品标志(左)
AA级绿色食品标志(右)

图7.4 绿色食品标志

品的生产、加工标准生产出来的，经过有机农产品颁证机构颁发证书的一切农产品。有机农业是一种完全不用人工合成的肥料、农药、生长调节剂和饲料添加剂的生产体系。也就是说有机农业原则是在农业能量的封闭循环状态下生产，全部过程都利用农业资源，而不是利用农业以外的能源影响和改变农业的能量循环。当然也禁止使用基因工程产品，而且在土地转型方面有严格规定，一般需要 2~3 年的转换期。有机食品在数量上亦进行严格控制，要求定地块、定产量进行生产，目前国内生产有机食品的企业非常少，产品主要销往国外。目前，在我国现有条件下，主张先发展 A 级绿色食品，以后逐步向 AA 级过渡，再与国际上推行的有机食品接轨。

有机食品是从英文 Organic Food 直译过来的，是指来自有机农业生产体系，根据国际有机农业生产要求和相应的标准生产加工的，并通过独立的有机食品认证机构认证的农副产品，包括粮食、蔬菜、水果、奶制品、禽畜产品、蜂蜜、水产品、调料等。有机食品需要符合以下条件：原料必须来自已建立的有机农业生产体系，或采用有机方式采集的野生天然产品；产品在整个生产过程中严格遵循有机食品的加工、包装、储藏、运输标准；生产者在有机食品生产和流通过程中，有完善的质量控制和跟踪审查体系，有完整的生产和销售档案记录；必须通过独立的有机食品认证机构认证。因此，有机食品是一类真正源于自然、富营养、高品质的环保型安全食品。

图 7.5 有机食品标志

【延伸阅读】 <u>有机食品与其他食品的区别</u>

> 第一，有机食品在生产加工过程中绝对禁止使用农药、化肥、激素等人工合成物质，并且不允许使用基因工程技术；其他食品则有限允许使用这些物质，并且不禁止使用基因工程技术。
> 第二，有机食品在土地生产转型方面有严格规定。考虑到某些物质在环境中会残留相当一段时间，土地从生产其他食品到生产有机食品需要两到三年的转换期，而生产绿色食品和无公害食品则没有转换期的要求。
> 第三，有机食品在数量上进行严格控制，要求定地块、定产量，生产其他食品没有如此严格的要求。

二、安全食品的选择

（一）食品选购外观查验

凭借人体自身的感觉器官，如眼、耳、鼻、口（包括舌头）及手，对食品的外观质量进行查验，也就是通过眼睛看、鼻子嗅、耳朵听、用口品尝和用手触摸等方式，对食品的色、香、味和外观形态进行综合性的鉴别和评价。看食品的包装是否完整，厂名、厂址和商标等标识是否齐全,是否清楚标明生产日期、保质期,还要特别认清食品安全认证标志,即 QS 标志。

任何食品需特别关注 5 个要件:厂名、厂址、生产日期、保质期、QS 标志。

(二)几种常用食品的识别方法

1.方便面的识别方法

色泽:呈该品种特有的颜色,无焦、生现象,正反两面可略有深浅差别。

气味:气味正常,无霉味、哈味及其他异味。

形状:外形整齐,花纹均匀,不得有异物、焦渣。

烹调性:面条复水后,应无明显断条、并条,口感不生、不粘牙。

2.火腿肠(高温蒸煮肠)

外观:肠体均匀饱满,无损伤,表面干净,密封良好,结扎牢固,肠衣的结扎部位无内容物。

色泽:具有产品固有的色泽。

质地:组织紧密,有弹性,切片良好,无软骨及其他杂物,无气孔。

风味:咸淡适中,鲜香可口,具固有风味,无异味。

图 7.6 食品安全
认证标志

3.熟肉制品

主要包括:肉干、肉松、肉灌肠、烧烤肉等。

感官要求:无异味,无酸败味,无异物;熟肉干制品无焦斑和霉斑。

4.乳制品

乳制品感官鉴别要点:感官鉴别乳制品应当观察其色泽是否正常,质地是否均匀细腻,滋味是否纯正,同时有针对性地观察诸如酸乳有无乳清分离,奶粉有无结块,奶酪切面有无水珠和霉斑等情况。

5.酸牛乳

感官要求:酸牛乳的感官特性,纯酸牛乳色泽呈均匀一致的乳白色或微黄色,具有酸牛乳固有的滋味和气味,组织细腻、均匀,允许有少量乳清析出;调味酸牛乳、果料酸牛乳,色泽呈均匀一致的乳白色,或调味乳、果料应有的色泽,具有调味酸牛乳或果料酸牛乳应有的滋味和气味,组织细腻、均匀、允许有少量乳清析出,果料酸牛乳有果块或果粒。

6.冷冻饮品

感官要求:冷冻饮品应具有与品名相符的色泽和香味,无任何不良气味、滋味及肉眼可见杂质。

7.茶饮料

感官要求:茶饮料应具有该产品应有的色泽、香味和气味,无异味、异臭及肉眼可见的杂质。无浑浊、无沉淀(不包括添加果汁、乳的乳制品的茶饮料)。

8.瓶(桶)装饮用纯净水、瓶(桶)装饮用水、饮用天然矿泉水

感官要求:除色度、浑浊度有不同要求外,不得有异味,不得检出肉眼可见物。天然矿

泉水,具有本矿泉水的特征性口味,不得有异臭、异味;允许有极少量的天然矿物盐沉淀,但不得含其他异物。

9.果、蔬汁饮料

感官要求:果、蔬汁饮料应具所含原料水果、蔬菜应具有的色泽、香气和滋味,无异味,无肉眼可见的外来杂质。

10.糕点、面包

感官要求:应具有糕点、面包各自的正常色泽、气味、滋味及组织状态,不得有酸败、发霉等异味,食品内外不得有霉变、生虫及其他外来污染物。

11.饼干

感官要求:饼干应具有该品种特有的正常色泽、气味、滋味及组织状态,不得有酸败、发霉等异味,食品内外不得有霉变、生虫及其他肉眼可见杂质。

12.果冻

感官要求:应具有该产品原料相应的纯净色泽;应具有该产品应有滋味气味,无异味;性状应呈胶冻状,质软,无杂质。

13.油炸小食品

感官要求:油炸小食品应当具有本产品的正常色泽,无焦、生现象;气味正常,无霉味及其他异味。

14.散装食品

散装食品,一般于当地小作坊生产,工艺简单,生产程序及配方、配料都不规范,生产成本低。有的散装食品既无厂名、厂址、生产日期、保质期,更无 QS 标志,但十个便宜九个爱,它仍具有一定的市场。散装食品虽然是工商及有关行政执法部门监管的重点,但屡堵不绝,希望大学生不要买、不要吃。要解决这个问题需要全社会广大消费者提高认识,共同配合。

三、食品安全十大注意事项

(1)食物一旦煮好就应尽快吃掉。食用在常温下已存放45小时的煮过的食物会有危险。

(2)食物必须彻底煮熟才能食用,特别是家禽、肉类和牛奶。所谓彻底煮熟是指使食物的所有部位的温度至少达到70 ℃。

(3)应选择已加工处理过的食品。例如,选择已加工消毒的牛奶而不是生牛奶。

(4)食物煮好后常常难以一次全部吃完。如果需要把食物存放45小时,应在高温(接近或高于60 ℃)或低温(接近或低于10 ℃)的条件下保存。

(5)经冰箱存放过的熟食必须重新加热至70 ℃才能食用。

(6)不要让未煮过的食品与煮熟的食品互相接触。

(7)保持厨房清洁。烹饪用具、刀叉餐具等都应用干净的布揩干净。这块揩布的使用不应超过1天,下次使用前应把布在沸水中煮一下。如有条件,不用揩布,用活水先冲用具,再晾干。

（8）处理食品前先洗手。

（9）不要让昆虫、兔、鼠和其他动物接触食品。动物通常都带有致病菌。

（10）饮用水和准备食用时所需的水应清洁干净。

四、食物中毒及预防

（一）食物中毒分类

按病原物质分类可分为：

1.细菌性食物中毒

细菌性食物中毒是指人们摄入含有细菌或细菌毒素的食品而引起的食物中毒。引起食物中毒的原因有很多，其中最主要、最常见的原因就是食物被细菌污染。我国近五年食物中毒统计资料表明，细菌性食物中毒占食物中毒总数的50%左右，而动物性食品是引起细菌性食物中毒的主要食品，其中肉类及熟肉制品居首位，其次有变质禽肉、病死畜肉以及鱼、奶、剩饭等。

食物被细菌污染主要有以下几个原因：

（1）禽畜在宰杀前就是病禽、病畜。

（2）刀具、砧板及用具不洁，生熟交叉感染。

（3）卫生状况差，蚊蝇滋生。

（4）食品从业人员带菌污染食物。

并不是人吃了细菌污染的食物就会马上发生食物中毒，只有细菌污染了食物并在食物上大量繁殖达到可致病的数量或繁殖产生致病的毒素，人吃了这种食物才会发生食物中毒。因此，发生食物中毒的另一个主要原因就是贮存方式不当或在较高温度下存放较长时间。食品中的水分及营养条件可使致病菌大量繁殖，如果食前彻底加热，杀死病原菌的话，就不会发生食物中毒。

细菌性食物中毒的发生与不同区域人群的饮食习惯有密切关系。美国多食肉、蛋和糕点，葡萄球菌食物中毒最多；日本喜食生鱼片，副溶血性弧菌食物中毒最多；我国食用畜禽肉、禽蛋类较多，多年来一直以沙门氏菌食物中毒居首位。引起细菌性食物中毒的始作俑者有沙门菌、葡萄球菌、大肠杆菌、肉毒杆菌、肝炎病毒等。这些细菌、病毒可直接生长在食物当中，也可经过食品操作人员的手或容器，污染其他食物。当人们食用这些被污染过的食物时，有害菌所产生的毒素就可引起中毒。每到夏天，各种微生物生长繁殖旺盛，食品中的细菌数量较多，加速了其腐败变质，加之人们贪凉，常食用未经充分加热的食物，所以夏季是细菌性食物中毒的高发季节。

2.真菌毒素中毒

真菌在谷物或其他食品中生长繁殖产生有毒的代谢产物，人和动物食入这种毒性物质发生的中毒，称为真菌性食物中毒。发生中毒主要通过被真菌污染的食品，用一般的烹调方法加热处理不能破坏食品中的真菌毒素。真菌生长繁殖及产生毒素需要一定的温度和湿度，因此中毒往往有比较明显的季节性和地区性。

3.动物性食物中毒

食入动物性食品引起的食物中毒即为动物性食物中毒。动物性中毒食品主要有两种：

(1)将天然含有有毒成分的动物或动物的某一部分当作食品,误食引起中毒反应;(2)在一定条件下产生了大量有毒成分的可食的动物性食品,如食用鲐鱼等也可引起中毒。近年,我国发生的动物性食物中毒主要是河豚中毒,其次是鱼胆中毒。

4.植物性食物中毒

植物性食物中毒主要有3种:(1)将天然含有有毒成分的植物或其加工制品当作食品,如桐油、大麻油等引起的食物中毒。(2)在食品的加工过程中,将未能破坏或除去有毒成分的植物当作食品食用,如木薯、苦杏仁等。(3)在一定条件下,不当食用大量有毒成分的植物性食品,食用鲜黄花菜、发芽马铃薯、未腌制好的咸菜或未烧熟的扁豆等造成中毒。一般因误食有毒植物或有毒的植物种子,或烹调加工方法不当,没有把植物中的有毒物质去掉而引起。最常见的植物性食物中毒为菜豆中毒、毒蘑菇中毒、木薯中毒;可引起死亡的有毒蘑菇、马铃薯、曼陀罗、银杏、苦杏仁、桐油等。植物性中毒多数没有特效疗法,对一些能引起死亡的严重中毒,尽早排出毒物对中毒者的预后非常重要。

5.化学性食物中毒

化学性食物中毒主要包括:(1)误食被有毒害的化学物质污染的食品。(2)因添加非食品级的或伪造的或禁止使用的食品添加剂、营养强化剂的食品,以及超量使用食品添加剂而导致的食物中毒。(3)因贮藏等原因,造成营养素发生化学变化的食品,如油脂酸败造成中毒。食入化学性中毒食品引起的食物中毒即为化学性食物中毒。化学性食物中毒发病特点是:发病与进食时间、食用量有关。一般进食后不久发病,常有群体性,病人有相同的临床表现。剩余食品、呕吐物、血和尿等样品中可测出有关化学毒物。在处理化学性食物中毒时应突出一个"快"字! 及时处理不但对挽救病人生命十分重要,同时对控制事态发展,特别是群体中毒和一时尚未明确化学毒物时更为重要。

(二)食物中毒的预防

同其他中毒表现不一样,食物中毒者最常见的症状是剧烈呕吐、腹泻,同时伴有中上腹部疼痛。食物中毒者常会因上吐下泻而出现脱水症状,如口干、眼窝下陷、皮肤弹性消失、肢体冰凉、脉搏细弱、血压降低,甚至休克等。出现上述症状,应怀疑是否食物中毒,并及时到医院就诊,同时报告当地食品药品监管部门。

1.食物中毒的自救

(1)想吐的话,就吐出,出现脱水症状时要到医院就医。用塑料袋留好呕吐物或大便,带着去医院检查,有助于诊断。

(2)不要轻易地服用止泻药,以免贻误病情。让体内毒素排出之后再向医生咨询。

(3)催吐:进餐后如出现呕吐、腹泻等食物中毒症状时,可用筷子或手指刺激咽部帮助催吐,排出毒物,也可取食盐20克,加开水200毫升溶化,冷却后一次喝下,如果不吐,可多喝几次,还可将鲜生姜100克捣碎取汁,用200毫升温水冲服。如果吃下去的是变质的荤食品,则可服用十滴水来促使迅速呕吐。但因食物中毒导致昏迷的时候,不宜进行人为催吐,否则容易引起窒息。

(4)导泻:如果进餐的时间较长,已超过3小时,而且精神较好,则可服用些泻药,促使有毒食物和毒素尽快排出体外。可用大黄30克煎服,老年患者可选用元明粉20克,用开水冲服,即可缓泻。对老年体质较好者,也可采用番泻叶 15 克煎服,或用开水冲服,也能达到导泻的目的。

(5)解毒:如果是吃了变质的鱼、虾、蟹等引起食物中毒,可取食醋 100 毫升,加水 200 毫升,稀释后一次性服下。此外,还可采用紫苏 30 克、生甘草 10 克一次煎服。若是误食了变质的饮料或防腐剂,最好是用鲜牛奶或其他含蛋白的饮料灌服。

(6)卧床休息,饮食要清淡,先食用容易消化的流质或半流质食物,如牛奶、豆浆、米汤、藕粉、糖水煮鸡蛋、蒸鸡蛋羹、馄饨、米粥、面条,避免有刺激性的食物,如咖啡、浓茶等含有咖啡因的食物以及各种辛辣调味品,如葱、姜、蒜、辣椒、胡椒粉、咖喱、芥末等,多饮盐糖水。吐泻腹痛剧烈者暂禁食。

(7)出现抽搐、痉挛症状时,马上将病人移至周围没有危险物品的地方,并取来筷子,用手帕缠好塞入病人口中,以防止咬破舌头。

(8)如症状无缓解的迹象,甚至出现失水明显,四肢寒冷,腹痛腹泻加重,极度衰竭,面色苍白,大汗,意识模糊,说胡话或抽搐,以至休克,应立即送医院救治,否则会有生命危险。

当出现呕吐时,特别是有呕吐、腹泻、舌苔和肢体麻木、运动障碍等食物中毒的典型症状时,要注意:①为防止呕吐物堵塞气道而引起窒息,应让侧卧,便于吐出;②呕吐时,不要喝水或吃食物,但在呕吐停止后应尽早补充水分,以避免脱水;③留取呕吐物和大便样本,给医生检查;④如果腹痛剧烈,可采取仰睡的姿势,并将双膝弯曲,这样有助于腹肌紧张,缓解腹痛,要将腹部盖上以保暖;当出现脸色发青、冒冷汗、脉搏虚弱时,要马上送医院,谨防休克症状。

一般来说,进食短时间内即出现症状,往往是重症中毒。

2.食物中毒的预防

预防食物中毒的八大措施:

(1)不要采摘、捡拾、购买、加工和食用来历不明的食物、死因不明的畜禽或水产品,以及不认识的野生菌类、野菜和野果。

(2)购买和食用定型包装食品时,请查看有无生产日期、保质期和生产单位,不要食用超过保质期的食品,建议不要购买散装的白酒和植物油;要做好自备水的防护,保证水质卫生安全,不要饮用未经煮沸的生活饮用水。

(3)妥善保管有毒有害物品,包括农药、杀虫剂、杀鼠剂和消毒剂等,不要存放在食品加工经营场所,避免被误食、误用。

(4)加工、贮存食物时要做到生、熟分开。

(5)隔夜食品在食用前必须加热煮透后方可食用;养成良好的个人卫生习惯,在烹调食物和进餐前要注意洗手,接触生鱼、生肉和生禽后必须再次洗手。

(6)做到“六不吃”:不吃生冷食物,不吃不洁瓜果,不吃腐败变质食物,不吃未经高温处理的饭菜,不喝生水,不吃零食。

(7)家庭自办宴席时,主办者应了解厨师的健康状况,并临时隔离加工场地,避免闲杂人员进入。

(8)进餐后如出现呕吐、腹痛、腹泻等食物中毒症状时,要立即组织自行救治,可用筷子或手指压迫咽部帮助催吐排出毒物。同时,应及时向当地食品药品监管部门报告,并保留所有剩余的食物、有关工具和设备,以便查明中毒原因。

第三节 大学生良好的卫生习惯

播种行为,收获习惯;播种习惯,收获性格;播种性格,收获命运。这几句话大家几乎都耳熟能详,由此可见,习惯对于一个人多么重要。

卫生习惯的范围很广,包括环境卫生习惯、个人卫生习惯、饮食卫生习惯、体育卫生习惯、心理卫生习惯、预防疾病的习惯等。大学生卫生习惯的好与坏,是关系到大学生个性品质发展的重要因素,大学生养成了良好的卫生习惯,既保持了环境的整洁,又增强了他们对疾病的免疫力,促进个人的生长发育,增强体质,使个人的精神面貌得到改善,促进个人其他良好行为习惯和人格的形成。

一、个人卫生习惯

良好的个人卫生习惯不仅体现了大学生应有的面貌,更是避免疾病、维护健康的重要方式。良好的个人卫生习惯需从以下5个方面做起:

(1)注意日常仪容的整洁。

(2)注意对毛发和皮肤的细心呵护。

(3)注意对眼、耳、口、鼻的保健。

(4)保持口腔和牙齿的卫生,早晚刷牙,定期检查。

(5)勤洗澡,勤换衣服,不饮生水,饭前便后要洗手,生吃瓜果、蔬菜要洗净。

二、环境卫生习惯

宿舍是大学生生活与学习的重要场所。一个干净整洁、陈物有序、空气清新的宿舍,不仅为大学生提供舒适温馨的居住环境,更能成为陶冶情操、栖息心灵的宝贵港湾;不仅是个人良好卫生习惯和文明生活方式的体现,更反映出大学生的精神面貌和品德修养。宿舍卫生状况的优劣,直接体现大学生的素质。为培养良好的环境卫生习惯,需要从以下几个方面做起:

(1)遵守公寓住宿和卫生管理规定,提高卫生意识,建设优美环境。

(2)重视宿舍环境卫生,每日或定期进行清扫,保持宿舍内地面、墙壁、桌椅、床铺整洁,门窗玻璃明亮,卫生间清洁无异味,室内空气清新。

(3)培养良好的个人卫生习惯,勤洗勤换衣被,注重仪表整洁。

(4)提高公德意识,自觉维护宿舍及公共区域卫生,严禁向窗外和楼道内吐痰扔物、乱倒污水;及时将宿舍垃圾清运至规定存放点,尊重公寓管理人员及保洁人员的劳动。

(5)强化宿舍安全意识,杜绝违禁使用高功率电器,严禁存放危险物品,严禁在宿舍内炒菜做饭,出门前认真检查门窗和水电,做到防患于未然。

三、饮食卫生习惯

(一)合理饮食

(1)不暴饮暴食。吃饭八分饱,二分留空余。

(2)定时定量。早吃好,午吃饱,晚吃少。

(3)专心吃。不玩手机,不看电视。

(4)不要偏食。荤素搭配,营养平衡。

(5)不吃垃圾食品。

(二)平衡膳食

饮食营养是影响人们健康生活的重要因素之一。营养不足和营养不平衡是导致多种疾病的重要原因,如糖尿病、高血压、冠心病、高血脂、痛风症等,无不与膳食平衡失调有关。人体所需的营养素达五十多种,可分为七大类,即蛋白质、脂肪、碳水化合物、矿物质(包括微量元素和常量元素)、维生素、膳食纤维和水。其中蛋白质、脂肪和碳水化合物在代谢过程中可以产生热量,因而又统称为"三大产热营养素"。这七大类营养素既有各自特殊的作用,完成各自承担的任务,又构成一个合理科学的基本营养体系,在营养的全过程中协调合作,共同完成调节人体生命和生理活动的神圣使命。平衡膳食就是各类食物按照合理比例及模式构成,相互补益,提供全面、均衡、适度的营养素。

图 7.7　中国居民平衡膳食宝塔

平衡膳食是指选择多种食物,经过适当搭配做出的膳食,这种膳食能满足人们对能量及各种营养素的需求,这种餐饮方式所提供的热能和各种营养素,不仅要全面,而且营养供给与人体的需要之间必须取得平衡,既不过剩也不欠缺,同时,各种营养素之间能够保持合适的比例,相互配合而不失调,并能顾及不同年龄、性别、生理状态的需要及特殊条件下的情况,达到营养平衡。我国营养学会根据国情,制定了膳食指南,其原则包括:"食物要多样,饥饱要适当,油脂要适量,粗细要限量,食盐要限量,甜食要少吃,饮酒要节制,三餐要合理。"这些原则如能长期遵守,就一定能达到合理营养的要求。

第八章 校园活动与安全

　　大学生活与中学生活有很大区别,大学校园是学生步入社会的第一驿站。在大学,无论是学习还是生活,大家都有很多自由选择,那么,大学校园安全则是健康成长的重要保障。学生刚脱离繁杂枯燥的高中生涯,挣脱父母的耳提面命,天高任鸟飞。此时,大学校园和社会的一切都是那么地新鲜,但由于经验不足、麻痹大意常会引发一些安全事故,导致人身和财产的损失时有发生。因此,为加强学生在学校的安全意识,本章节着重从实训实验安全、体育运动安全、实践活动安全、勤工俭学和实习安全、就业安全等方面介绍大学生在校园遇到的各种安全问题及预防和应对措施。

【案例导入】

　　2010年暑假,她没有选择回家,而是和同学们一起来到贫穷的云贵高原支教,本来一个月的支教期,她却再也没有走出来,21岁的生命,永远长眠在大山深处的布依族苗族山寨——她叫赵小亭,江苏省如皋市人,武汉大学大二学生。7月21日,她在贵州支教期间,在崎岖的山路上行走时,不幸被一块巨石砸中头部,当场遇难。而两个月前的21日,她刚刚度过20周岁生日。

　　巨石落下

　　支教女大学生不幸遇难

　　记者登录武汉大学校园BBS"珞珈山水"发现,论坛内被一种浓浓的悲伤气氛笼罩着——来自江苏的武汉大学大二学生赵小亭永远离开了这个世界。同学和素不相识的网友纷纷缅怀这位漂亮而又乐于奉献的女孩,祈祷她在另一个世界能活得幸福快乐。

　　记者多方了解到,赵小亭是如皋市人,家中的独生女,2008年从如皋中学毕业,并考上武汉大学电气工程学院电气工程与自动化专业。2010年7月上旬放暑假后,刚刚度过20岁生日的赵小亭,和去年一样,并没有选择回家和久别的父母重逢,而是第二次报名参加了武汉大学的暑期社会实践活动。7月12日,她和学院的18名同学来到贵州省黔南布依族苗族自治州贵定县马场河乡中心小学开展暑期义务支教,时间为一个月。

　　这已经是武汉大学电气工程学院第四年来到贵定县支教了。每年,大学生们带来的音乐、舞蹈、体育、朗诵等课程,都深受当地孩子们的喜爱。

　　贵定县马场河乡中心小学位于距离县城几十公里之遥的大山中,人烟稀少,举目四望都是茫茫大山,这所学校是一所留守农民工子女学校。此次支教,活泼开朗的赵小亭担任学校安全课和合唱课老师，一旦站上讲台，"开心果"赵小亭就变成了一位严肃认真的老师。下课铃一响，她又恢复了笑嘻嘻的面容，和学生们一起玩耍，山里的孩子们都特别喜欢这位笑吟吟的"赵老师"。

然而，21日下午，一场灾难却永远夺走了他们的"赵老师"。近期贵定县遭遇了连续多日的降雨，山体滑坡等自然灾害频发，山上不时落下石块。与赵小亭一起支教的同学沈讯介绍，7月21日下午5时许，19名队员与往常一样，分头进行实践活动，但当赵小亭走在一段崎岖的山路上时，突然，一块巨石从高高的山上滚落，不幸砸中了躲闪不及的赵小亭，身材娇小的赵小亭顿时倒在地上，当场遇难。

仅仅10天

贵州大山中留下她青春的足迹

从7月12日奔赴贵州山区，到21日遇难，赵小亭只在这个陌生的地方待了10天，但这里的苗族、布依族群众却记住了这位清秀内敛、不怕吃苦的江苏女孩。

她支教的马场河乡中心小学条件十分艰苦。教室，白天是支教大学生为学生上课的课堂，晚上将课桌拼凑起来则成了他们的宿舍。学校没有自来水，吃饭要走十多分钟到农家，洗澡要去学校里唯一的水管接山上流下来的溪水，并且还经常遇到断水的情况。但面对如此艰苦的环境，这位从没在贫穷大山里生活过的女孩，不仅没叫苦，还站出来为同来的同学加油打气："我们既然来了，就要好好教好孩子们，让他们看到走出大山的希望。虽然这里艰苦一点，但是乐观地来看，这里有城市里看不到的秀美风景，呼吸不到的新鲜空气。大家加油！"一番朴实而真切的话语感动了前来的很多队员。

赵小亭在支教时发现，这里的留守农民工子女，不仅存在着学习上的困难，更面临着生活上的困惑和心理上的障碍。于是，除课堂授课外，支教队员们还与一部分典型的农民工子女和留守儿童构建双向互动的"结对子"关系，开展长期无间断的，涵盖学习、生活、心理辅导等全方位深层次的支教活动。

给孩子们上课前，她总要认真备课，在她遇难后，其他同学整理她的笔记本时发现，她在每页纸上都工整地记录了每堂课的教学内容，每次上课前还要在寝室里面演练几遍，获得大家的一致通过后才去课堂上正式教学。很快，山里的孩子都喜欢上了这位课上严肃认真、课下平易近人的老师，到了晚上学校关门的时间，很多学生都还迟迟不肯离开，要和赵老师多待一会。

除了支教，她还不忘村里的那些"空巢"老人，她利用课余时间带领队员们去了村里的老人院，帮助那些老人们打扫卫生，陪他们聊天，为他们表演文艺节目，鼓励老人们热爱晚年生活，给老人们带去了久违的欢笑。临别时，好几位老人都掉下了不舍的眼泪。

其实，这已不是赵小亭第一次放弃暑假去边远地区支教了。2009年，上大学后的第一个暑假，她又去了湖南邵阳支教，闲暇时，她又去村民家中帮助修理家用电器。临别，那里的孩子同样是依依不舍。

永留遗憾

家乡同学原计划给她补过生日

赵小亭不幸遇难的噩耗从遥远的贵州山区传到武汉大学、传到家乡如皋，伴随着悲伤和怀念，人们都在深切追思这位人生短暂但却给人留下美好回忆的女孩。

翻开她的履历，在她短短的 20 年的人生中，却写着长长的荣誉：中共预备党员、中国青年注册志愿者、学院社团活动积极分子，她还当过学生会体育干部、女生干部和班级副班长。

她生前的大学同学对赵小亭最深的印象就是，无论是炎热的酷暑还是数九寒天，她那略显单薄的身影总是最早出现在教室中。上课总是坐在教室前排，专心听讲。遇到难题喜欢向同学虚心请教。她学习成绩一直不错，各科成绩都基本达到 85 分以上，并顺利通过英语四、六级和计算机二级考试。在同学们眼中，赵小亭就像一台"永动机"，除了学习，她的课余时间总是积极参与学校、学院各项活动。在学校，有些男生干的活，她同样会做。一次寝室的水管坏了，她竟像个男生一样，爬上爬下，将水管修好了。

在赵小亭的母校如皋中学，听说她遇难的消息，从校长到老师，无不扼腕叹息。在如皋中学，她生活了 3 年。大大的眼睛，圆圆的脸蛋，一张可爱的笑脸，她的任课老师依然记得这位性格活泼、乐于助人的女孩。她的任课老师告诉记者，赵小亭与同学相处得非常好，学习成绩出类拔萃，不仅自己学习好，还乐于帮助同学。她的集体荣誉感也非常强，高中阶段，大多数人都忽视了体育锻炼，但是每次学校运动会上，都能看到赵小亭拼搏的身影，为班级争得荣誉。

就在这个暑假前，她的高中同学就和她约定，回家后给她补过生日，但这个约定，却成了同学们心中永远的遗憾。

思考与讨论

大学生社会实践时，要预防哪些安全事故的发生？

第一节　实训实验安全

图8.1　清华大学化学系
一间实验室发生爆炸

　　高职高专学生和本科及以上学生在校内实践操作方面具有一定的区别，后者主要是实验室进行科研试验，而高职高专学生主要是具体操作，比如烹饪技巧、数控车床技术、建筑实训等。这些操作室内存有多种机械设备、化学制剂以及食药品，甚至有一些易燃易爆的危险品。一旦发生安全事故，对师生的人身安全和公共财产就会造成严重危害。所以，学生进入这些场所必须严格遵守各项设备操作规程，加强自身防范意识，避免安全事故的发生。

　　实训实验室常见安全有以下几种：

一、用电安全

实训实验过程中,无论是照明还是设备的使用都需要用电,整个过程都有可能发生触电事故,因而要注意正确操作,避免发生触电安全事故。主要应做到以下几个方面:

(1)实验室所在的建筑,根据建筑的高度及其周边环境情况,应当安装避雷装置的必须安装符合要求的避雷装置。实验室所在的建筑(或实验室内部)必须安装符合使用要求的地线。要特别注意避雷装置和地线不能混同使用。

(2)实验室所用管、线等装置和各种元器件都应从有国家认定生产和制造资质的厂家或销售单位采购。施工工程应有合法的施工合同、工程质量和保修年限等,双方的权利和责任要清楚、明确,竣工后由实训中心组织有关部门进行工程质量验收。用电工程的改、扩建也应照此办理。

(3)实验室根据工作需要进行改、扩建时,新的用电系统建成后,废弃不用的旧线路、旧装置都需要立即拆除。室内搭建各种临时用电线路,应经院电管部门同意并由专门施工队伍搭建。

(4)实验室用电容量的确定要兼顾事业发展的增容需要,留有一定余量。实验室用电应严禁超负荷运行。

(5)实验室内的用电线路和配电盘、板、箱、柜等装置及线路系统中的各种开关、插座、插头等均应经常保持完好可用状态。实验室内不应有裸露的电线头,电源开关箱内,不准堆放物品。熔断装置所用的熔丝必须与线路允许的容量相匹配,严禁用其他导线替代。室内照明器具都要经常保持稳固可用状态。

(6)可能散布易燃易爆气体或粉体的建筑内,所用电器线路和用电装置均应按相关规定使用防爆电气线路和装置。

(7)实验室应有严格的用电管理制度并认真落实,对进实验室工作或学习的学生、教师、实验员及其他人员,应经常进行安全用电教育,把安全用电制度落到实处。

二、仪器设备使用安全

实训室拥有大量大小各异的仪器设备,要正确使用设备,避免因操作不当发生的安全事故,主要应注意以下几点:

(1)在使用仪器前应仔细阅读相关仪器的使用说明书(可找相关的资料管理人员借阅)。了解仪器的使用条件,如仪器的电源电压、额定输出功率等参数;了解仪器的调节方法和参数范围;了解仪器的连接方法。

(2)在使用过程中一定严格按照操作规程使用,随时请教实训室管理人员,如遇问题,及时关闭阀门,避免造成伤害。

(3)在实训实验完成后或需离开时,应及时关断仪器设备的电源,以免造成仪器设备损坏。如确需仪器设备在无人状态下运行时,应征得设备管理人员同意,并在运行设备的周围放置明显的标识,如"设备运行中,勿动"等字样。

三、生物安全

生物安全主要是指用以防止实验室使用或者研究的自然生物、人工培育生物无意暴露或意外释放的防护原则、技术以及实践。在操作过程中，要注意以下几点：

（1）各生物实验室应结合本实验室特点，有针对性地制定安全管理制度并严格落实。

（2）在进入实验室之前，各生物实验室对进入实验室工作的人员要进行实验室安全培训。

（3）各生物实验室应制定紧急情况的应急方案。

四、辐射安全

辐射是指以电磁波或高速粒子形式向周围空间或物质发射并在其中传播的能量的统称。这种辐射是人的感官觉察不到的，必须采用特殊仪器才能测定出来。因此，在实训实验中接触具有放射性的物品时必须十分小心，并努力做到以下几点：

（1）进入放射性实验室，应佩带个人剂量计，在非密封放置放射源工作场所内操作放射性物质，必须戴口罩、穿实验服、戴工作帽。

（2）若有比较严重的疾病或创伤，不能进入放射性实验室。

（3）不能将与实验无关的私人物品（如衣服、书包及食品等）携带入放射性实验室，实验室内不能饮水、进食、吸烟。

（4）离开放射性实验室前应进行全身放射性物质污垢检测，合格后方能离开。

第二节　体育运动安全

运动是保持身体健康的重要因素。早在 2 400 年以前，医学之父希波克拉底就讲过："阳光、空气、水和运动，这是生命和健康的源泉"。也就是说生命和健康，离不开阳光、空气、水分和运动。长期坚持适量的运动，可以使人青春永驻、精神焕发。运动安全则是指在日常体育运动和体育锻炼中可能会遇到的危及人身安全的问题。因此，在运动前一定要了解相关注意事项，熟悉各项运动的准备要素，掌握运动中的安全注意事项以及事故处置措施。

一、体育运动伤害发生的因素

（一）认识不足

对运动伤害预防的重要性认识不足，未能积极有效地采取预防措施，或措施采用不当，极易导致运动伤害的发生。

（二）准备活动不足

（1）不做准备活动就进行激烈的体育运动，极易造成肌肉损伤、肌腱扭伤、韧带拉伤等运动伤害。

（2）准备活动敷衍了事，运动系统和神经系统的功能尚未达到适宜水平就进行运动，易对器官功能造成伤害。

（3）准备活动内容不得当或活动过量，也会致使准备活动无效，甚至会导致身体功能有所下降。

(三)心理状态不良

在体育运动中由于急躁、恐惧、害羞、麻痹、缺乏经验或不自量力,也容易导致伤害事故的发生。

(四)气候不宜

过高的气温和潮湿的天气,会导致大量出汗失水;在冰雪寒冷的冬季易发生冻伤或其他伤害事故。

(五)体质和身体素质不佳

身体素质低、体质弱,体育基础差,一时不能适应体育运动的需要,容易发生伤害事故。

(六)行为不规范

违反体育运动规律、纪律、规定和要求,也是造成身体伤害事故的原因。

二、体育运动应该注意的安全事项

(一)运动前准备好

1.检查自己的身体情况

参加体育活动,首先要了解自己的身体状况,要学会自我监督,随时注意身体功能状况变化,若有不良症状要及时向教师反映情况,采取必要的保健措施。切忌有心脏病或其他不适合参与体育活动的疾病而隐瞒病情,勉强参加活动。

2.检查场地和器材

要认真检查运动场地和运动器材,消除安全隐患。要注意场地中的不安全因素,如场地是否平整,要清除石头、土块,检查沙坑的松散度、是否有石子等;检查体育设施是否牢固,器材是否完好等。不冒险,确保自身安全。

3.做好运动准备

要穿运动服装、运动鞋,不要佩戴各种金属的或玻璃的装饰物,不要携带尖利物品等。做好热身准备活动。

【延伸阅读】 为什么要做热身准备活动?

就是要克服内脏器官在生理上的惰性,以减低运动伤害发生的机会。

如果突然进行剧烈运动,就会出现心慌、胸闷、肢体无力、呼吸困难、动作失调等现象。

运动前不重视做准备活动或准备活动做得不充分、不正确、不科学,是引起运动损伤的重要原因。准备活动不充分,肌肉、内脏、神经系统机能不兴奋,肌肉供血量不足,在这样的身体状态下进行活动,动作僵硬、不协调,极易造成运动损伤,甚至导致伤害事故。

（二）运动时要讲科学

1.要掌握动作要领

在体育运动中，了解和掌握动作要领及方法，不仅能够在运动过程中发挥好技术动作，达到体育锻炼的目的，而且还能消除心理上的恐惧，增强自信心，避免不必要的伤害。

2.要正确使用器材

要了解熟悉掌握器材的性能、功能及使用方法。要严格遵守相关操作规程，在一些体育器械（如铅球、实心球等）的使用中，要注意选择适当场地，确保自身安全，同时还要注意不要伤及他人安全。

3.运动负荷要适当

参加体育活动要根据身体素质条件，选择最有利于增强体质的运动负荷。可循序渐进，由易到难，从小到大。负荷过小，对身体作用不大；负荷过大，会损害身体；只有适宜的运动负荷，才能有效地增强体质，提高健康水平。

（三）运动后要恢复

1.认真做恢复整理活动

做恢复整理活动的目的就是使人体更好地从紧张运动状态过渡到安静状态，使心脏逐渐恢复平静，放松身心。如果突然停止运动，就会造成暂时性的贫血，导致心慌、晕倒等一系列不良现象，对身心健康造成损害。

2.自我检查运动反应

如果感到十分疲劳，四肢酸沉，出现心慌、头晕，说明运动负荷过大，需要好好调整与休息。

运动后经过合理的休息感到全身舒服，精神愉快，体力充沛，食欲增加，睡眠良好，说明运动负荷安排比较合理。

3.适当补充能量

参加体育运动要消耗大量的能量，所以在运动后（运动前也应适当补充能量）要科学饮食，保证身体的需要，确保取得最佳的锻炼效果。在运动完半小时到一小时后进餐，但是避免喝含有咖啡因的饮料，最好5~10分钟后饮适量淡盐水。

三、常见运动损伤及处理方法

（一）擦伤

擦伤是运动中最常发生的一种损伤，多发生于对抗性项目活动及摔倒等意外情况下，表现为皮肤被擦破出血或有组织液渗出，有一定的创口。

处理方法：用生理盐水洗净创口，若有砂石等杂物，应用消毒工具清理干净。对于面积小的伤口，可用75%的酒精棉球清洁消毒伤口周围皮肤；若伤口较深，应局部擦红药水，严重者应到医院处理并注射"破伤风"针。

（二）扭伤

在运动中，由于场地不平以及跳起落地时身体失去平衡等原因，常发生关节等部位的扭伤,其中以踝关节过度内翻扭伤最为常见,表现为关节肿胀、行走疼痛等。

处理方法:冷敷扭伤部位,用绷带加压包扎。24 小时后,可根据伤情用外伤药外敷、按摩并及早进行踝关节功能的恢复性锻炼。

(三)肌肉拉伤

由于学生准备活动不充分,或在剧烈的运动中由于外力作用,关节发生了超范围的活动,造成了肌肉或韧带的拉伤。表现为受伤局部红、热、肿,受伤部位有刺痛感。

处理方法:早期采用冰袋或冷水进行冷敷;中期(24 小时后)可用盐水热敷、按摩、外贴活血膏等;晚期以功能锻炼为主。

(四)脑震荡

头部受外力打击或碰撞到坚硬物体,使脑神经细胞、纤维等脑组织受到过度震动而导致的损伤。可分为轻度、中度和重度脑震荡。

处理方法:对轻度脑震荡的病人,安静卧床休息两天后,即可恢复。对于中、重度的脑震荡,要保持伤员绝对安静,仰卧在平坦的地方,头部冷敷,注意身体的保暖,并及时送医院治疗。

(五)脱臼

由于直接或间接的暴力作用,使关节面脱离了正常的解剖位置而造成的肢体关节部位的损伤。

处理方法:动作要轻巧,不可乱伸乱扭,可以先冷敷,扎上绷带,保持关节固定不动后,立即送医院请医生矫正治疗。

(六)骨折

因外力作用而使骨的完整性受破坏而造成的损伤。可分为开放性骨折和闭合性骨折。
处理方法:首先应安抚受伤者,防止休克,注意身体保暖,立即送医院治疗。

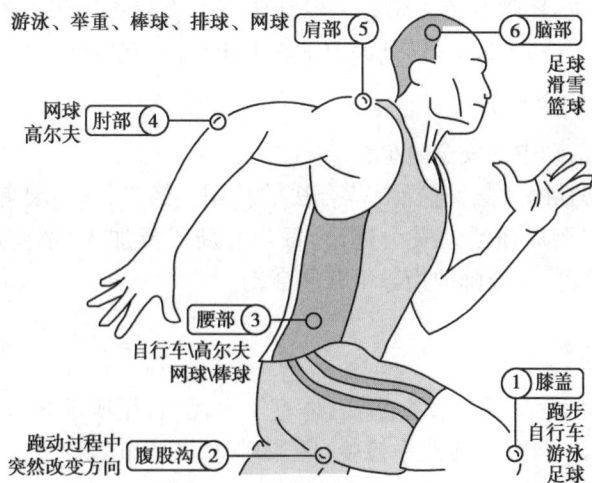

图 8.2　各类运动损伤部位

第三节　实践活动安全

大学生社会实践是在校大学生利用课余时间,步入社会进行社会接触,提高个人能力,触发创作灵感,完成课题研究,发挥自己的聪明才智以求和社会有更大的接触,对社会作出贡献的活动。将在大学学习到的理论知识用于社会实践活动是每个大学生必须要上的一门课程。大学生通过社会实践可以更好地拓宽自己的视野,为将来就业、创业打下良好的基础,以成为建设和谐社会的有用之才。但是由于大学生安全防范意识和自我保护意识的缺乏,在社会实践的过程中会遇到各种各样的问题,因此掌握必备的安全常识是顺利完成社会实践活动的重要保障。大学生社会实践主要分为校内社团活动和校外社会实践。

一、社团活动安全

大学生社团是高校大学生依照共同的兴趣、爱好自发组成的群众性校园业余组织,是帮助成员实现自我、完善自我的有效途径。大学生社团通过利用自身优势,开展灵活多样的活动形式,既丰富了学生的业余文化生活,又增强了学生的综合素质。但是,随着社会发展和教育改革的深入,社团在发展的过程中暴露出的很多问题成为目前高校安全工作的重要组成部分。

(一)社团活动安全问题

目前各高校社团组织众多,能够基本囊括在校生的兴趣爱好归属,为丰富校园文化氛围、促进校园活力贡献不少力量。但同时,也出现了不少问题:第一,组建民族小团体。这样,使得某一少数民族学生的"民族"情结明显,在举办活动中会出现偏激民族举动,甚至对其他民族学生产生敌对情绪,甚至有校外或者境外不法分子资助、唆使民族社团进行非法活动。第二,过于注重社团活动。社团是业余组织,社团活动也应该是业余活动,不能牺牲学业来完成活动。第三,社团竞争。团委下设社团联合会检查社团工作,社团之间不可避免有竞争关系,从而在活动场地上、活动内容上会发生社团间的冲突,带来安全隐患。

(二)社团活动的安全预防

怎样预防在业余活动中的安全隐患?

第一,新生要了解社团背景,选择规范合法的社团。第二,学生要遵守社团规定,建立和谐社团。第三,社团要加强活动安全建设,每当有新成员加入,都要进行安全教育。第四,社团要紧密联系老师,在老师的指导下开展活动。

二、社会实践安全

社会实践活动是大学生深入社会生活,体察了解民情,用所学知识为社会做贡献的有效方式。在实践中增长才干,在实践中检验自己的业务水平和不断提高综合素质。

(一)社会实践的安全问题

目前,大量学生参加科技、文化、卫生"三下乡"活动,自我组织参加敬老爱老活动,边远山区支教活动,等等。活动众多,在实际过程中会发生很多问题。在偏远地区支教或者外出调研时,可能会发生财产被骗、被盗、被抢,甚至会遭遇犯罪分子。同时在陌生的环境,会产生心理恐惧,水土不服、饮食等会导致身体的不适。此外,边远地区的条件限制,恶劣天气以及与当地文化的冲突易导致纠纷。

(二)社会实践的安全预防

大学生假期社会实践活动安全问题的发生,与学校的安全教育、社会治安等很多因素有关,但是大学生自身安全防范意识和自我保护能力的缺乏也是很重要的因素。在实践过程中,要注意:第一,做好实践前准备工作,学生应在老师和家长的指导下做好组织安排工作,收集好活动地点的相关资料,提前与对方联系,准备物资和日常生活用品药品,要做好思想准备。第二,要入乡随俗,不同地区的民情风俗不同,在社会实践过程中一定要充分理解并尊重当地的风俗,不能随意嘲笑和讥讽当地文化,与对方和谐相处。第三,增强自我安全防范意识,保持一定的警惕心理,不要轻易相信他人,保管好个人财物,成员之间多联系,互帮互助,自觉遵守实践期间的各种规则制度。

第四节 勤工俭学和实习安全

一、勤工俭学安全

勤工俭学是一边读书,一边工作,是大学生参加一些与专业学习相结合的科技和文化服务以及培养劳动观念和智力及精神的活动。在此活动过程中,培养了大学生吃苦耐劳的精神,学习待人处事的经验,能让学生在毕业前累积一定的社会经验和工作经历,为即将到来的就业打下基础。

(一)勤工俭学安全问题

目前,主要的勤工俭学方式有校内后勤服务工作、家庭教师、商业促销等方面。校内后勤服务由于是学校提供,安全系数高,因此我们主要讨论校外勤工俭学。校外勤工俭学活动为大学生提供了多元化的选择空间,不仅能提供比较丰厚的报酬,而且由于近距离接触社会,很锻炼学生的社会适应能力。但同时,也出现了各种问题。比较显著的就是"黑中介",这些机构利用学生单纯的心理,向其提供虚假信息,编造一些待遇丰厚的岗位,收取学生所谓的介绍费,然后逃之夭夭。另外,有些不法分子设置家教骗局,特别是针对女大学生,引诱女学生上当,然后进行性侵害,性质恶劣,伤害极大。

(二)勤工俭学安全预防

大学生勤工俭学期间发生的安全问题涉及学生、学校以及社会,作为主体的学生,一定要树立安全意识,面对问题要冷静处理,避免让自己遭受各方面的损害。首先,正确对待勤工俭学。学生以学习为天职,勤工俭学有则工作,没有也不要强求,太激进会落入不法之徒的骗局。其次,增强安全意识和自我保护意识。要建立起自我防备的心理体系,提高自身心理防线,加强自我保护意识,特别是保护自己的生命财产安全和个人信息不外露,警惕风险,防止安全事故的发生。

二、实习安全

实习,顾名思义,在实践中学习。大学生在经过一段时间的学习之后,或者说当学习告一段落的时候,需要了解自己的所学需要或应当如何应用在实践中。因为任何知识都源于实践,归于实践,所以要付诸实践来检验所学。实习一般包括大学里的精工实习和公司里的员工实习。

(一)实习安全预防

参加假期实习或者顶岗实习是在校学生将所学知识运用到实践中去的良好机会,越来越多的学生已经意识其重要性,进而寻找各种机会到处寻找实习单位。在此过程中,学生应提高安全意识,严格遵守国家的相关规定和实习单位的规定,严防安全事故的发生,保证实习期间的各项安全工作。

1.熟悉工作,提高安全意识

在实习过程中,同学们可能从事许多不同的行业,各个行业都可能存在安全隐患。工作开始前,同学们一定要完成充分的准备工作,了解工作场所、操作设备、主要同事人群等详细情况,增强自己的安全意识,保证自己的生命财产安全和实习工作的顺利完成。

2.警惕虚假实习中介

目前市场的就业压力大增,各用人企业在毕业招聘时也非常看重社会实践和实习经历,越来越多的大学生已经意识到实习的重要性,急切想加入其中以锻炼自己的能力。很多不法分子正是利用大学生的这一心理,专门从事大学生实习或者就业招聘的虚假中介服务,打出包找实习单位的幌子,收取高额中介费后,找各种理由拖延,拒不履行承诺,不及时为大学生介绍单位,更有甚者,直接在收取费用后销声匿迹,致使很多学生上当受骗。

3.注意实习合同的签订

在校大学生由于不能提供长时间全职劳动,不能称为真正劳动者,但是,在实习单位又从事着劳动者的工作。在这个过程中,很有可能会和用人单位发生劳资等纠纷。所以签订必要的协议以保障双方合法权益是非常必要的。大学生涉世未深,在与用人单位签订协议时,一定要仔细阅读合同或协议的所有条款,不要被一些模棱两可的文字所迷惑。在实习期间,如果发生劳资纠纷或者其他争议,首先与用人单位协商解决,如果有欺诈等相关行为,应立即到劳动部门投诉或者到公安部门报警。

4.预防工伤

大学生实习是需要到工作的具体岗位中去履行岗位职责,在此时,大学生是一个完全劳动者。在所有劳动中,都存在本身岗位带来的安全隐患。大学生在进实习单位之前,一定要提前熟悉工作环境,掌握工作基本技能,上岗后能及时进入状态,不会因不熟悉情况而迷茫、焦躁,在具体工作过程中不至于手忙脚乱,特别是需要操作机械设备时,要掌握设备性能和正确的使用方法,避免给自己带来伤害。

(二)实习安全应对

近年来,在就业压力大、就业难的背景下,大学生实习期间权益被侵害的问题越来越多,制定和健全相关法律法规势在必行,大学生自身也应当学法用法,用正当手段保障自身合法权益不受侵害,为自己的成长成才营造良好环境。

1.增强法律意识

大学生实习前一定要阅读与劳动相关的法律法规,必读《劳动合同法》《普通高等学校毕业生就业工作暂行规定》《企业劳动争议处理条例》等。同时,学习学校有关实习的规定文件,特别要注意实习单位内部的规章制度,了解自己的权利与义务。大学生实习毕竟是增添自己的工作经历,了解自己所学理论知识与工作实践的关系,所以一定要将安全放在首要位置。对实习单位及实习岗位要有详细了解,避免高危工作。在工作中,一旦发生纠纷或者其他争议,一定要运用法律法规保障自己的合法权益。

2.正确甄别信息

"高薪诚聘"小广告是广告诈骗中的典型代表,主要是以收取押金为名进行诈骗,同学们在找实习单位时千万不要被高薪诱惑而轻信广告宣传,以免上当受骗。要从正规渠道(学校组织的实习招聘会、大型招聘网站的实习招聘等)寻找实习信息,然后对信息内容进行分析。同时,如果条件许可,应该通过各种手段方法具体了解用人单位及招聘岗位的详细情况。

3.正确选择实习单位

正规的实习单位在招聘实习生时,都会提供单位有效营业执照和单位介绍等相关资料,大学生一定要仔细阅读。实习单位招聘的实习生一定要在许可经营范围之内,大学生要根据自己的专业和特长选择合适的单位实习,同时,尽量不要选择规模太小的企业或者个体户作为实习单位。

第五节　就业安全

大学生就业是指大学生修完学校安排的课程且考核合格,达到学校要求的毕业条件,具备劳动能力且有就业需求,参加社会劳动,通过劳动获得报酬或经营收入的经济活动。大学生就业安全就是指大学生在就业过程中遇到的各种安全问题。目前,由于就业形势的严峻,很多大学生在就业时处于恐慌和急躁状态,对抛橄榄枝的中介或者对象企业没有经过详细的了解,这些给广大毕业生就业带来了安全隐患。对此,大学生应该提高自我防范意识,了解就业常见陷阱,避免上当受骗。

一、就业过程中的安全问题

(一)黑中介

目前,大学生就业招聘方式主要有校园双选会、政府组织的大型招聘会、企业自行组织的招聘以及中介组织的推荐。大学生要特别注意防范黑中介组织,这些黑中介披着公司的外壳,内部职工各司其职,给人正规、可靠的假象。当应聘者与他们签订协议、缴纳各种介绍费后,满心期待与心仪用人单位接洽时,却遭遇各种推诿搪塞、纠缠扯皮,到最后连对方人员都无法联系上,竹篮打水一场空。有些中介甚至限制求职者自由,进行敲诈勒索,侵害大学生人身及财产安全。

(二)虚假招聘信息

不法分子利用学生单纯善良及某些学生好高骛远的心理,在接触大学生时,承诺工作待遇好、工作轻松、发展前景无限,打出诱人回报的招聘广告,大学生上当入职后,将会进行各种形式的培训,名为培训,实为"洗脑",最后被限制人身自由,强迫加入团伙,以各种名义向身边人骗钱。

(三)收费陷阱

在招聘中,毕业生经常会遇到被招聘单位要求缴纳报名费、资料费、培训费、保证金、押金等各种名义的费用,同时要求毕业生在入职时要将身份证、学历学位证等抵押在公司。在遇到这些问题时,一定要及时甄别招聘公司的合法性,以及是否是招聘人员私下的个人行为,擦亮眼睛,保持警惕。

(四)培训陷阱

现在每逢就业招聘会,现场就会出现很多培训机构,他们大都承诺大学生参加培训,保证就业,或者是高薪就业,实际上是陷阱,收了钱然后培训,完成以后还是找不到工作。有些机构以保证高薪就业引诱大学生缴纳巨额培训费,培训结束后不安排工作,或者安排到偏远地区、待遇很低的企业就业。有些培训机构伙同用人企业,要求入职者必须经过培训机构培训,考核合格后才能录取,很多大学生开支巨大,但是考核过关者很少,他们故意刁难不让通过,或者即使招进企业了也会找理由辞退。

(五)试用期陷阱

试用期是指用人单位和劳动者双方相互了解,考核双方是否匹配而约定的一般不超过六个月的考察期。求职者一定要注意,同一用人单位和劳动者只能约定一次试用期。同时,为遏制用人单位短期用工现象,不是所有劳动合同都可约定试用期,也就是说,以完成一定工作任务为期限的劳动合同或者劳动合同期限不满3个月的,不得约定试用期;试用期包括在劳动合同期限内。

(六)协议或和合同陷阱

大学毕业生在就业时学校会发一份《全国普通高等学校毕业生就业协议书》(以下简称"三方协议"),此协议是学校、毕业生、用人单位共同持有,是在毕业生没有离校前和用人单位签订的就业协议。但这份协议只是初步就业意向,并没有详细的岗位待遇报酬等信息,有些用人单位利用这一项,在签协议时许诺各种好的工作条件和劳动报酬及福利,等具体到单位上班,签订正式劳动合同时,根本达不到原先承诺的优惠条件,如果毕业生单方面毁约又会承担损失。另外,毕业生在与单位签订合同时,用人单位权利多、义务少,涉及工作的环境和报酬福利条件时,使用意思模棱两可的表述。

(七)个人信息外泄

很多大学生在就业时采取广撒网的方式,遇到企业招聘,无论是否合适都投递简历,其实这是非常错误的做法,这会导致个人信息外露的危险。有些不法分子就假装招聘人员,但是现场不面试,只大量收取简历,同学们一定要谨慎,防止被套取信息而遭受损失。

二、就业安全应对

(一)在校时努力学习,就业时从容不迫

大学生专业知识是今后安身立命和人生发展的基础,在校时,大学生应该努力端正学习态度,将知识学懂学透。一些企业在招聘过程中会关注学生的专业成绩,他们一方面是想了解毕业生对专业知识的掌握情况能否应对以后的工作,另外,也是看学生做事认真的

态度、程度。同时,大学生在校期间,除了认真学习书本知识、提高自学能力外,还应该多参加各种社会实践活动,综合锻炼自己的素质、能力。

(二)端正就业价值观,转变思路

国家在大力推进全面教育的同时,扩大了招生规模,目前各个层次的大学毕业生与市场的需求量之间趋于饱和状态。大学生在职业方向上,要有长远的职业规划,规划好自身成长的发展方向。在具体选择上,应该选择适合自己、利于自身发展和利于实现自身价值的职业;在薪酬方面,刚毕业的大学生对企业的创造价值能力还很弱,只要能养活自己即可,不要以工资的高低来确定是否选择某个职位,只要干出成绩,自然会收获相应的报酬待遇。

(三)通过正规途径获取单位信息,保护个人信息

尽量通过正规途径获取信息,比如学校毕业生就业指导中心、人事局、国办的人才市场等,尽量选择有口碑的公司就业,对于那些没听说过的企业,在就业前要上网或者打电话到公司登记地工商局查询,以确保信息来源安全可靠。在制作简历时,只提供对于工作相关的必要信息,对于个人的联系方式和住址等,要有选择地填入,不能过于详细。特别是互联网上的招聘信息,一定要慎重核实,不轻易填写过于翔实的个人信息;不要采取"漫天撒网"的求职方式,对不了解、不规范的单位不能随便投递简历。

(四)掌握法律知识,签订合法协议合同

毕业生就业时一定要签订就业协议,注明协商条款。就业协议的主要内容有:劳动期限、工作内容、劳动报酬、违反协议的责任、劳动纪律等,这是由教育部制定的,具备行政法律效力。在单位上岗时要和用人单位依法签订劳动合同,建立明确的劳动关系,确定双方的权利和义务。在签订劳动合同时要注意:第一,有失公平的合同,毕业生处于弱势地位,有些用人单位提出明显不合理的条款,如违约金过高、服务期限过长等。第二,"生死合同",在危险性较高的行业,用人单位写上逃避责任的条款,如"发生伤亡事故,单位概不负责"。第三,"霸王合同",用人单位只强调自身的利益,无视劳动者的合法权益。第四,"卖身合同",要求劳动者无条件听从用人单位安排,可以随意要求加班加点,强迫劳动。

【延伸阅读】　　　　　　　学校实验室安全管理办法

第一章　总则

第一条　为进一步加强高等学校实验室安全管理,预防和减少实验室安全事故的发生,保障师生员工的生命、财产安全,保证高等学校正常的教学、科研秩序,根据《中华人民共和国高等教育法》《中华人民共和国消防法》《危险化学品安全管理条例》和《高等学校消防安全管理规定》等法律、法规、规章,制定本办法。

第二条　本办法适用于我省普通高等学校和其他单位在学校内设立(以下简称学校)的实验室安全管理。

第三条　本办法中的"实验室"是指学校开展教学、科研等活动的所有实验场所。

第四条　学校应当坚持"以人为本、安全第一、预防为主、综合治理"的方针,在实验室建设过程中,应同步考虑实验室的安全管理。要认真研究实验教学和科研中的安全规律,吸收安全管理中的先进理念,认真贯彻落实国家有关安全法律法规,切实加强实验室安全管理。

第五条　学校应当定期组织开展实验室安全教育和宣传工作,营造浓厚的实验室安全校园文化氛围,提高师生员工安全意识和安全技能。要逐级落实实验室岗位安全责任制,明确实验室安全管理岗位职责,确定实验室安全岗位责任人。

第六条　学校应当将实验室安全纳入校内评估考核内容。对未依法依规履行实验室安全职责,违反实验室安全管理制度,或擅自挪用、损坏实验室器材、设施等的,学校应当责令其限期整改;对于屡教不改或造成损失的,应根据情节轻重对直接负责的主管人员和其他直接责任人员给予通报批评或警告等相应的处分。

第七条　对实验室安全管理工作不到位,出现重特大安全事故的学校或单位,应当追究分管领导和第一责任人的责任,并取消该单位当年所有评优参与资格;对因严重失职、渎职而造成重大损失或人员伤亡事故的,应依法追究有关人员的法律责任。

第二章　实验室安全责任

第八条　学校法定代表人是学校实验室安全责任人,全面负责学校实验室安全工作。分管学校实验室安全的校领导是学校实验室安全管理人,协助学校法定代表人负责实验室安全工作。其他校领导在分管工作范围内对实验室安全工作负有监督、检查、教育和管理职责。各二级单位主要负责人是本单位实验室安全责任人。

第九条　学校必须设立或者明确负责日常实验室安全工作的机构和专职管理人员,制定实验室安全管理制度,明确工作职责;学校必须制定实验室安全规程,明确实验室管理机构及管理人员;学校各二级单位应结合实际,区分实验室类型,分别制定管理细则;逐级建立实验室安全管理机构与队伍。

第十条　学校应根据"谁使用、谁负责,谁主管、谁负责"的原则,逐级分层落实责任制。学校实验室安全责任人(或管理人)与各二级单位责任人,各二级单位责任人与各系所(室),各系所(室)与各科研实验项目负责人应层层签订安全责任书。

第三章　实验室安全教育

第十一条　学校应当加强实验室安全教育培训工作,将其纳入学校安全教育年度工作计划,建立健全实验室安全教育制度,按照"全员、全程、全面"的要求,结合实验室特点,组织进行专业性的安全教育活动,开展各种预案演练、急救知识培训与操作等活动,切实提高实验室管理和教学、科研队伍的安全意识和安全技能。有条件的高校可设置适当的安全教育学分。

第十二条　学校应当逐步建立完善实验室准入考试制度,采用网上考试系统、书面考试和实际操作等方式对实验人员进行培训考核。实验人员考试合格后,方可进入实验室参与实验教学和科研活动。

第四章　实验室安全管理主要内容

第十三条　学校应当实行实验项目安全审核制度。

（一）学校必须对可能存在安全危险因素的实验项目进行定期审核、评估，尤其要对涉及化学、生物、辐射等安全危险和隐患的科研项目进行严格审核和监管，使其具备相应的安全设施、特殊资质等条件。

（二）学校应当建立实验室建设与改造项目安全审核报备制度。新建、扩建、改造实验场所，应建立审核流程，严格按照国家有关安全和环保规范要求进行设计、施工，落实"同时设计、同时施工、同时投入生产和使用"的"三同时"制度；项目建成后，须经主管部门安全合格验收，并完成相关的交接工作，明确后续管理维护单位和职责后方可投入使用。

（三）学校应当加快实验室安全管理的信息化建设。对涉及安全隐患大的实验室、库房、保管室等场所安装视频监控，是校园安全监控系统的重要组成部分。

第十四条　实验室化学安全管理。

（一）学校实验室使用化学危险物品应当认真贯彻国家《危险化学品安全管理条例》《常用化学危险品贮存通则》和《放射性同位素与射线装置安全和防护条例》等有关规定，安全作业。

（二）学校应当建立健全实验室化学危险物品购置管理规范，建立从请购、领用、使用、回收、销毁的全过程记录和控制制度，确保物品台账与使用登记账、库存物资之间的账账相符、账实相符。

（三）学校应当规范建立化学危险物品存储仓库，并定期进行安全检查。化学危险物品的出入库登记、领取、检查、清理等应实施规范化管理。

（四）使用、存放化学危险物品的实验室必须建立化学危险物品使用台账，配备专业的防护装备，规范化学危险物品使用和处置程序。

（五）危险化学品管理必须做到"四无一保"，即无被盗、无事故、无丢失、无违章，保安全。对剧毒、放射性等危险物品的存储必须严格安全措施，实行"双人保管、双人收发、双人使用、双人运输、双把锁、双本账"的"六双"管理制度。放射性同位素应当单独存放，不得与易燃、易爆、腐蚀性物品一起存放。

（六）学校应当落实承压气瓶的存放、使用管理规定，气瓶使用前应进行安全状况检查，不符合安全技术要求的气瓶严禁入库和使用。易燃气体气瓶与助燃气体气瓶不得混合保存和放置；易燃气体及有毒气体气瓶必须安放在符合贮存条件的环境中，配备监测报警装置。各种压力气瓶竖直放置时，应采取防止倾倒的措施。对于超过检验期的气瓶应及时退库、送检。

（七）废弃的危险化学品须交由有资质的单位统一收集处置。

第十五条　实验室生物安全管理。

（一）实验室生物安全主要涉及病原微生物安全、实验动物安全、转基因生物安全等方面。

(二)学校应当依法依规落实生物安全实验室的建设、管理和备案工作,获取相应资质,规范生化类试剂和用品的采购、实验操作、废弃物处理等工作程序。

(三)实验样品必须集中存放,定期统一销毁,严禁随意丢弃。实验动物应落实专人负责管理,实验动物的尸体、器官和组织应科学处理。

(四)细菌、病毒、疫苗等物品应落实专人负责管理,并建立健全审批、领取、储存、发放登记制度。剩余实验材料必须妥善保管、存储、处理,并做好详细记录:对含有病原体的废弃物,须经严格消毒、灭菌等无害化处理后,送有资质的专业单位进行销毁处理。严禁乱扔、乱放、随意倾倒。

第十六条 实验室辐射安全管理。

(一)实验室辐射安全主要包括放射性同位素(密封型放射性源和非密封型放射性源)和射线装置的管理。

(二)学校必须按照《放射性同位素与射线装置安全和防护条例》等法律法规,在获取环保部门颁发的《辐射安全许可证》后才能开展相关实验工作。

(三)涉辐场所应当按照国家有关规定设置明显的放射性标志,其入口处应当按照国家有关安全和防护标准的要求,设置安全和防护设施以及必要的防护安全联锁、报警装置或者工作信号。射线装置的生产调试和使用场所,应当具有防止误操作、防止工作人员和公众受到意外照射的安全措施。

(四)学校应当落实辐射装置和放射源的采购、保管、使用、备案等管理措施,规范涉辐废弃物的处置。

(五)学校应当做好安全使用放射性同位素和射线装置的宣传、教育工作,定期组织涉辐人员参加辐射安全与防护知识培训及职业病体检。涉辐实验室管理和操作人员上岗前应当进行专项培训,持证上岗。实验室人员必须严格遵守放射性同位素和射线装置的操作规程。

第十七条 实验废弃物安全管理。

(一)学校应当依法依规科学规范地做好实验室废弃物收集和暂存工作,有条件的学校应建立实验室废弃物储存回收站,实行专人管理,并委托有资质的专业单位进行清运处置。

(二)学校实验室应当对实验废弃物实行分类收集和存放,做好无害化处理、包装和标识,定时、定点送往符合规定的暂存收集点,不得随意排放废气、废液、废渣和噪声,不得污染环境。

(三)学校实验室应根据实验操作过程中排放的有毒有害气体和烟尘的特点,选择正确的吸收和排放方式,配置排放设备,强化通风、除尘和个人防护设备的管理,确保人身和环境安全。

(四)学校实验室对含有病原体的实验废弃物,须事先在实验室内进行消毒、灭菌处理后,方可交由具有资质的专业单位外运处置。对于放射性废弃物必须严格按照《放射性废物管理规定》和《放射性废物安全管理条例》等规定进行安全处置,不得随意丢弃或作为一般废弃物处理。

第十八条　实验室仪器设备与操作安全管理。

（一）学校应当建立实验室仪器设备管理制度，落实专人做好实验室仪器设备的维护、保养工作，保证仪器设备安全运行，并做好相应台账。

（二）实验室必须对具有危险性和安全隐患的设备采取严密的安全防范措施。精密仪器、大功率仪器设备、电气仪器设备必须有安全接地等安全保护措施；对于超期服役的设备应及时报废，消除安全隐患。

（三）实验室仪器设备操作人员应当接受业务和安全培训，了解仪器设备的性能特点、熟练掌握操作方法和操作技巧，严格按照操作规程开展实验教学和科研工作。具有危险性的特殊仪器设备，须在专职管理人员同意和现场监管下，方可进行操作。锅炉、压力容器（含气瓶）、压力管道等承压类特种设备和电梯、起重机械、场（厂）内专用机动车辆等机电类特种设备的操作人员，上岗前必须通过有相应培训资质的单位的专门培训，经特种设备安全监督管理部门考核合格，取得《特种设备作业人员证》，持证上岗。机械和热加工（含金属铸造、热轧、锻造、焊接、金属热处理、热切割和热喷涂等）设备的操作人员，作业时必须采取安全防护措施，穿戴好工作帽、工作服及安全鞋（必要时须配备呼吸装备）。

第十九条　实验室水电安全管理。

（一）学校必须规范实验室用电、用水管理，按相关规范安装用电、用水设施和设备，定期对实验室的电源、水源等进行检查，排查安全隐患，落实整改措施，并做好相关记录。

（二）实验室内必须使用空气开关，并配备漏电保护器；电气设备应配备足够用电功率的电气元件和负载电线，不得超负荷用电；电气设备和大型仪器须接地良好，对电线老化等隐患应当定期检查并及时排除。使用高压电源工作时，操作人员须穿绝缘鞋、戴绝缘手套并站在绝缘垫上。严禁用潮湿的手接触电器和用湿布擦电门，擦拭电气设备前应确认电源已全部切断。

（三）实验室固定电源插座未经允许不得拆装、改线，不得乱接、乱拉电线，不得使用闸刀开关、木质配电板和花线等。

（四）实验室严禁使用电加热器具（包括各种电炉、电取暖器、热得快、电吹风等）。确因工作需要，必须选择具有足够安全性能的加热设备，并落实安全防范措施，使用完毕后拔掉插头。

（五）化学类实验室不得使用明火电炉。确因工作需要且无法用其他加热设备替代时，在做好安全防范措施的前提下，经学校实验室安全管理部门审核同意后，方可使用。

第二十条　实验室设施安全管理。

学校应当根据实验室类别、潜在危险因素等配置消防器材、烟雾报警、监控系统、应急喷淋、洗眼装置、危险气体报警、通风系统（必要时需加装吸收系统）、防护罩、警戒隔离等安全设施，并指定专人负责管理。部分重点实验室和使用危化物的实验室应加装紧急报警装置。安全设施应当定期检查,做好设备更新、维护保养和检修工作,并建立台账。

第二十一条　实验室的消防安全管理。

(一)学校应当结合自身实验室工作实际,制定实验室消防安全管理制度,包括岗位责任制和学生实验安全守则等,严格落实各项消防安全管理措施。

(二)学校应当落实消防器材管理职责和措施,保证消防器材定点存放,性能良好,任何人不得损坏、挪作他用。过期的消防器材应当及时更换。疏散通道、安全出口、消防车通道等应保持畅通,禁止堆放杂物。

(三)实验室管理人员应当接受消防安全知识和相关技能培训,了解不同火源所对应的灭火方法,熟悉本岗位的防火要求,掌握所配灭火器的使用方法,保证安全教学。学校应当对进入实验室的人员(学生)开展防火安全教育。

(四)学校及校内各单位应定期或不定期组织安全检查,发现安全隐患及时整改。

第二十二条　实验室科研项目涉密安全管理。

学校应当加强科研项目涉密工作管理。严格执行《科学技术保密规定》等国家相关保密规定,建立完善科研项目和科研成果相关保密工作管理制度,落实保密工作管理责任制,完善保密防护措施,规范涉密信息系统、载体和设备等的管理,加强对从事涉密科研项目的科研人员和学生的管理、教育和培训。在项目申报、立项和验收时,及时提出定密建议。对于泄露国家秘密、商业秘密和个人隐私的,依法追究其法律责任。

第二十三条　实验室内务管理。

(一)学校应当建立实验室卫生检查管理制度,组织定期或不定期检查和督查,减少安全隐患。

(二)实验室应当建立卫生值日制度,保持实验室内的整洁,仪器设备布局合理。实验材料、实验剩余物和废弃物应当规范、及时处置。实验结束或人员离开实验室时,实验室管理或操作人员必须查看仪器设备、水、电、气和门窗关闭等情况,并按规定采取结束或暂离措施。

第五章　实验室隐患排查整改与事故处理

第二十四条　学校每季度至少进行一次实验室安全检查。校内各单位每月至少进行一次实验室安全检查。检查应当做好记录。检查的主要内容包括:

(一)实验室安全宣传教育及培训情况。

(二)实验室安全制度及责任制落实情况。

(三)实验室安全工作档案建立健全情况。

(四)实验室安全设施、器材配置及有效情况。

(五)实验室安全隐患和隐患整改情况。

(六)其他需要检查的内容。

第二十五条　学校应当在定期、不定期检查的基础上，对发现的安全问题和隐患进行梳理，及时采取措施进行整改并督查整改情况。对不能及时消除的安全隐患，隐患单位应当及时向上级部门报告，提出整改方案，确定整改措施、期限以及负责整改的部门、人员，并落实整改资金。安全隐患尚未消除的，应当落实防范措施或者停用整改，保障安全。实验室安全管理机构应当对违反国家有关法律法规、学校规章制度和存在严重安全隐患的实验室进行通报，责令限期整改并督查整改完成情况。

第二十六条　学校应当加大对废弃实验室处理的审批监管力度。对于搬迁或废弃的实验室，要彻底清查实验室存在的易燃易爆等危险品，严格按照国家相关要求及时处理，消除各种安全隐患。在确认实验室不存在危险品后，按照实验室废弃程序，选择具有资质的施工单位对废弃实验室进行拆迁施工。

第二十七条　学校必须制定安全应急预案。学校实验室发生事故时，应立即启动应急预案，及时妥善做好应急处置工作，防止事态扩大和蔓延。发生较大险情时，应立即报警，并逐级报告事故信息，不得隐瞒不报或拖延上报。对隐瞒或歪曲事故真相者，从严处理。

第二十八条　发生实验室事故后，实验室所在单位应当配合相关职能机构，迅速查明事故原因，分清责任，写明事故调查报告，及时落实整改措施，并上报整改情况。

第六章　附则

第二十九条　学校应当根据本管理办法，结合本校工作实际，制定实验室安全管理办法，并报省教育厅备案。

第三十条　本办法自印发之日起施行。

第九章　心理健康与安全

近几年因心理问题而休退学的大学生人数在急剧增加,呈逐年增高趋势。心理健康问题已成为影响大学生健康成长的重大问题,同学们应该引起足够重视。

第一节　心理健康概述

【案例导入】

2004年2月23日,在云南昆明云南大学北院鼎鑫学生生活区6幢317室男生宿舍发生一起4人被杀案件,警方在案发现场发现大量喷溅的血迹并提取了一把石工锤。后经检验,警方认定317室即作案现场,被害人均系钝器打击头部致颅脑损伤死亡,死亡时间1周左右,案发时间初步认定为2月13—15日,作案工具即现场遗留的石工锤。

警方进行了大量的调查走访和痕迹鉴定工作,专案组确定,该宿舍失踪的学生马加爵有重大嫌疑。2月23日晚11时,云南省公安厅向全省公安机关发出公安部A级通缉令,24日向全国发出A级通缉令。

马加爵,男,23岁,汉族,广西人,云南大学生命科学学院生物技术专业2000级学生,住317室。被杀害的4名大学生分别是:杨开宏,云南红河州人;龚博,陕西人;唐学李,云南怒江人;邵瑞杰,广西梧州人。据老师、学生介绍,马加爵和被害的4名大学生平时关系都不错,5人是同班同学,他们经常在一起活动。

2004年3月15日晚19时35分,马加爵在海南三亚被抓获,经警方审讯,他交代了杀人原因,对犯罪事实供认不讳。

马加爵供述说,上大学后,他一直有很大的压力,过得不好。同时,总觉得同学们看不起他,在背后议论他的一些生活习惯甚至个人隐私。引起这场连环杀人案件的导火索是:血案发生前几天,马加爵和几个同学打牌,有同学认为马加爵作弊,让马加爵积累多年的怨气终于爆发,他觉得,他们既然看不起自己,不如杀了他们,惨案就此发生……

2004年4月24日,昆明市中级人民法院一审以故意杀人罪判处被告人马加爵死刑,剥夺政治权利终身。法院认为:马加爵为报复杀人而进行了一系列周密细致的准备,积极实施犯罪,最终致4人死亡。其主观上具有非法剥夺他人生命的故意,客观上实施了非法剥夺他人生命的行为,犯罪后果特别严重,构成故意杀人罪。

法院一审后,马加爵没有提出上诉。2004年6月17日,马加爵被执行死刑。

从作案过程看,嫌疑人马加爵有明显的心理问题,心理学上称之为"人格异常",这种人的自我概念有偏差,有一种"我不好,你也不好"的心理,往往具有攻击性和毁灭性,只要一点小事就会激起他不安全的防范心理。

这种人在攻击别人时往往想不到结局。马加爵杀完人后,并不是销毁尸体,而是放在卧室内,这明显是不成熟甚至幼稚的人做的"游戏",从这点可以断定,他是个封闭简单的人,很少与外界接触,不了解别人的感受,做事不考虑结果,也就是具有"变态性人格特质"。

这种人格缺陷与家庭教育有关,由于成长在农村,马加爵的外部环境处于相对封闭状态,他的个人空间非常狭隘,个人需求往往得不到满足,他对社会、对别人的理解只能从图片、游戏中获得。游戏是一种虚拟的环境,很容易将人隐藏很深的东西激发出来,马加爵很可能就是受暴力游戏的影响,将杀人也当成一种游戏,当成探索自己的途径,并从中获得满足感。

思考与讨论

大学生应培养怎样的健康心理? 如何调适心理障碍?

随着社会的发展和人类对自身认识的深化,人们对健康概念的认识不断丰富和完善。在现代社会中,健康不仅指生理健康,还包括心理健康、社会适应,三者的和谐统一构成了健康的基础。心理健康的标准是动态的,不同年龄、不同社会文化、不同时代具有不同的标准。

一、心理健康的概念

1946 年第三届国际心理卫生大会指出:"心理健康是指身体、智力、情绪十分协调;适应环境,在人际交往中能彼此谦让;有幸福感;在工作和职业中能充分发挥自己的能力,过有效率的生活。"国内外许多学者从各自关注的不同角度对心理健康进行论述,迄今为止,对于什么是心理健康还没有一个统一的、公认的定义。有人从心理潜能的角度来理解心理健康,认为心理健康的人是能够充分发挥自己的潜能,并能妥善处理和适应人与人、人与环境之间相互关系的个体。也有人认为心理健康是一种持续、积极乐观、富有创造性的心理状态,在这种状态下个体适应良好,具有旺盛的生命活力,在情绪与动机的自我控制等方面达到正常或良好水平。《简明不列颠百科全书》将心理健康解释为:"个体心理在本身及环境条件许可范围内所能达到的最佳状态,但不是十全十美的绝对状态。"我国研究者王书荃认为,心理健康是指人的一种较稳定持久的心理机能状态。它是个体在与社会环境相互作用时,主要表现为在人际交往中能否使自己的心态保持平衡,使情绪、需要、认知保持一种稳定状态,并表现出一个真实自我的相对稳定的人格特征。她认为如果用简单的一个词来定义心理健康,那就是"和谐"。个体不仅自我感觉良好,与社会发展和谐,发挥最佳的心理效能,而且能进行自我保健,自觉减少行为问题和精神疾病。刘华山认为,心理健康指的是一种持续的心理状态。在这种状态下,个体具有生命的活力、积极的内心体验、良好的社会适应,能有效地发挥个人的身心潜力与积极的社会功能。

本书认为,心理健康是指一种生活适应良好的状态。心理健康包括两层含义:一是无心理疾病,这是心理健康的最基本条件,心理疾病包括各种心理与行为异常的情形;二是具有一种积极发展的心理状态,即能够维持自己的心理健康,主动减少问题行为和解决心理困扰。

二、心理健康的标准

心理学家将心理健康的标准描述为以下几点:

(1)有适度的安全感,有自尊心,对自我的成就有价值感。

(2)适度地自我批评,不过分夸耀自己,也不过分苛责自己。

(3)在日常生活中,具有适度的主动性,不为环境所左右。

(4)理智,现实,客观,与现实有良好的接触,能容忍生活中挫折的打击,无过度的幻想。

(5)适度地接受个人的需要,并具有满足此种需要的能力。

(6)有自知之明,了解自己的动机和目的,能对自己的能力作客观的估计。

(7)能保持人格的完整与和谐,个人的价值观能适应社会的标准,对自己的工作能集中注意力。

(8)有切合实际的生活目标。

(9)具有从经验中学习的能力,能改变自己来适应环境的需要。

(10)有良好的人际关系,有爱人和被爱的能力。在不违背社会标准的前提下,能保持自己的个性,既不过分阿谀,也不过分寻求社会赞许,有个人独立的意见,有判断是非的标准。

三、大学生的心理特点

(一)年龄特点

我国大学生多数处于青年中期(18~24岁)这一年龄阶段。在这个阶段,个体的生理发展已接近完成,已具备了成年人的体格及种种生理功能,但其心理尚未成熟。对大学生而言,所面临的一个重要任务就是促使心理日益成熟,以便成为一个心理健康的成年人。可以说:青年中期,是走向成熟的关键期。

人的成熟,应具备以下3个基本条件:

第一是身体的长成。以个体生理成熟为标志,尤其是以性成熟为重要指标。大学生一般都已具备这种条件。

第二是心理发展完善。即形成了完善的自我概念,形成了稳定的个性。

第三是社会化程度的提高。以人的社会成熟为标志,即个体对自己在社会中所处的角色及所担负的社会责任有正确的认识。

在这三个条件中,生理成熟是心理成熟的物质基础和依据,社会成熟是心理成熟的必要条件。而社会化程度的提高,取决于个体的社会实践活动。由于大学生在校学习时间长,与社会生活有着某种程度的隔离。他们身在校园,对真正的社会生活并没有直接、深刻的了解,他们的社会实践活动比较表面和肤浅。因而,大学生的社会成熟期较长,在整个大学时代,他们都要为这种社会成熟的完成而付出努力。

(二)自我概念的增强与认知能力发展的不协调

自我概念是指人对自身的认识及对周围事物关系的各种体验。它是认识、情感、意志的综合体,是人心理发展过程中一个极为重要的方面。

自我概念从童年期就开始产生并逐步发展,青少年时期是自我意识发展最快的时期,它使人心理的各个方面都发生着深刻而广泛的变化;它使一个人能反省自身,有明确的自我存在感,从而以一个独立的个体来看待周围世界;它使人的心理内容得到极大的扩展和丰富。

自我概念的发展不仅与年龄有关,而且与人的知识水平有关。一个人的文化素质越高,其自我意识就可能越强。从这两点来看,大学时期是真正认识自我的时期。大学生所处的年龄阶段和所具备的文化水准,决定了他们不再像中学生那样眼光向外,对外界的事物感兴趣,急于去了解世界,把握外部环境,急于显示自己的独立,想做环境的主人,而是眼光向内,注重对自己进行体察和分析,把自我分化为主体的我和客体的我,以及理想的我和现实的我。注意内省,注重探求自己微妙的内心世界,力图理解自己情感、心理变化,自觉地从各方面了解自己,塑造自己的形象,设计自我的模式。大学校园这种特殊的环境,又是十分强调独立、注重自我确立的地方,许多大学生在较大的程度上按照自己的方式安排自己的生活,有一种宽松自由的氛围;同时,由于大学生所处的独特的社会层次及具有较高的文化素质,他们对社会上的事有着自己的见解,他们看问题的视野可能与一般人有所不同,有一种以天下为己任的抱负和心愿。一方面,他们关心社会发展,这种关心是抛开切身利益,以大视角来进行的,注重的是整个社会的提高与进步。他们热衷参与社会,对社会舆论愿意独立思考。另一方面,由于生活阅历有限,与社会有一定的距离,社会实践能力不强,使他们在谈论、评价、思考社会问题时,往往带上幻想的色彩,不能十分切合实际。他们对事物的认识,表现出一定的片面性和幼稚性,还不能深刻、准确、全面地认识问题。这种不足与他们极强的自我概念不相协调,这种不协调可能会一直困扰着他们。

(三)概念丰富而不稳定

大学生是一群正在成长的青年,是一个极其敏感的群体,其内心体验极其细腻微妙。他们对与自身有关的事物往往体察得细致入微。随着文化层次的提高和生活空间的扩大,他们的思维空间急剧延伸,必然导致其情感越来越丰富和深刻。

由于大学生心理内部的需要结构发生变化,大学生的追求有其独特性,而他们的价值观念尚不稳定,时常处于波动、迷惘、抉择之中,其心理成熟又落后于生理成熟,因而大学生的情感是不稳定的,情绪变化起伏大,易受周围环境变化的影响,心境变化快。学业、生活、人际关系等变化会引起情绪的波动,容易偏激、冲动,情绪冲突也较多。

(四)性意识的发展

大学生正处于青年中期,生理发育已基本完成,所以性意识的明朗化与进一步发展都是正常的。又由于大学校园是年轻人的世界,每个大学生都有充分的机会与同龄的异性接触,因而意识的发展以及与之相伴而来的恋爱问题是大学生心理发展过程中的一个重要内容。一方面,性意识的发展带来强烈的按照性别特征来塑造个性和形象的精神向往,每个大学生都会在心里产生一种愿望,即成为什么样的男子或女子;另一方面,性意识的发展也带来了对异性的倾慕与追求,这是每一个青春萌动的大学生都会遇到的问题。而这种愿望,会与大学生还不善于处理异性之间的关系,或者他们的经济地位与心理成熟度还不足以应付这种问题相矛盾,从而带来种种不安和烦恼。

(五)智力发展达到高峰

大学生一般思维敏捷,接受能力强,通过专业训练、系统学习,抽象逻辑思维能力得到充分的发展,智力水平大大提高,分析问题、解决问题的能力增强,其智力层次含有较多的社会性和理论色彩,这一显著特点,使大学生心理活动的内容得到极大的丰富。

(六)社会需求迫切

为了接受系统严格的专业训练,大学生在校园里的生活期限比同龄人长,这使他们与社会有一定距离。也正因为如此,他们渴望加入社会的愿望更为迫切。在校园里,他们关注着社会,评判着各种社会现象,并希望自己加入进去,按照自己的想法去改变各种令人不满意的现象,用自己的专业知识服务于社会,体现自己的力量,实现自身的价值。这种迫切的社会需求与大学生正在形成的价值观相互作用,是他们将来走向社会的重要心理依据。这一心理特点,支配、指导着大学生的学习态度,从而对大学时代的生活质量产生重要的影响。

四、大学生心理健康标准

(一)了解自我,悦纳自我

一个心理健康的人能够体验到自己存在的价值,既能了解自己又能接受自己,有自知之明,即对自己的能力、性格和优缺点都能做出恰当的、客观的评价,对自己不会提出苛刻、非分的期望与要求,对自己的生活目标和理想也能定得切合实际,因而对自己总是满意的。同时,努力发展自身的潜能,即使对自己无法补救的缺陷,也能安然处之。

(二)接受他人,善与人处

心理健康的人乐于与人交往,不仅能接受自我,也能接受他人,悦纳他人,能认可别人存在的重要性和作用。他们能为他人所理解,为他人和集体所接受,能与他人相互沟通和交往,人际关系协调,生活在集体中无孤独之感,在与人相处时,积极的态度(如同情、友善、信任、尊敬等)总是多于消极的态度(如猜疑、嫉妒、畏惧、敌视等),因而在社会生活中有较强的适应能力和较充足的安全感。一个心理不健康的人,总是与集体、与周围的人们格格不入。

(三)正视现实,接受现实

心理健康的人能够面对现实,接受现实。他们能能动地去适应现实,进一步地改造现实,而不是逃避现实;对周围事物和环境能作出客观的认识和评价,并能与现实环境保持良好的接触;既有高于现实的理想,又不会沉湎于不切实际的幻想与奢望。他们对自己的力量有充分的信心,对生活、学习和工作中的各种困难和挑战都能妥善处理。心理不健康的人往往以幻想代替现实,而不敢面对现实,没有足够的勇气去接受现实的挑战,总是抱怨自己"生不逢时"或责怪社会环境对自己不公而怨天尤人,因而无法认识现实环境。

(四)接受生活,乐于工作

心理健康的人能珍惜和热爱生活,积极投身于生活,并在生活中尽情享受人生的乐趣,而不会认为是重负。他们还在工作中尽可能地发挥自己的个性和聪明才智,并从工作中获得满足和激励,把工作看作乐趣而不是负担;同时也能把工作中所积累的各种有用的信息、知识和技能储存起来,便于随时提取以解决可能遇到的新问题、克服各种各样的困难,使自己的行为更有效率、工作更有成效。

(五)能协调和控制情绪,心境良好

心理健康的人的愉快、乐观、开朗、满意等积极情绪总是占优势的,虽然也会有悲、忧、愁、怒等消极情绪,但一般不会长久;同时,能适度地表达和控制自己的情绪,喜不狂,忧不绝,胜不骄,败不馁,谦而不卑,自尊自重,在社会交往中既不妄自尊大,也不退缩畏惧,对无法得到的东西不过于贪求,争取在社会的允许范围内满足自己的各种需要;对于自己能得到的一切感到满意,心情总是开朗的、乐观的。

(六)人格完整和谐

心理健康的人,其人格结构包括气质、能力、性格和理想、信念、动机、兴趣、人生观等各方面能平衡发展。人格作为人的整体的精神面貌能够完整、协调、和谐地表现出来;思考问题的方式是适中和合理的,待人接物常常采取恰当灵活的态度,对外界刺激不会有偏颇的情绪和行为反应,能够与社会的步调合拍,也能和集体融为一体。

(七)智力正常,智商在80以上

智力正常是人正常生活最基本的心理条件,是心理健康的重要标准。智力是人的观察力、记忆力、想象力、思考力和操作能力的综合。一般,常用智力测验来诊断智力发展的水平,智商低于70者为智力落后。

(八)心理行为符合年龄特征

在人的生命发展的不同年龄阶段,都有相对应的不同的心理行为表现,从而形成不同年龄阶段独特的心理行为模式。心理健康的人应具有与同年龄多数人相符合的行为特征。如果一个人的心理行为经常严重偏离自己的年龄特征,一般都是心理不健康的表现。

第二节　大学生心理问题

一、大学生心理问题的成因

(一)社会因素

在社会高速发展的今天,科学技术日新月异,市场竞争日益激烈,东西方价值和伦理观念碰撞、冲突,大学生群体面临价值观念多元化,理想信念缺失,学习任务艰巨,就业难度日趋增大,这些压力与困惑不同程度地威胁着大学生群体的心理健康。

一方面大学生特殊生理发育阶段使得大学生心理变化激烈,容易动荡,情绪不稳定。另一方面,大学生这一群体对国家大事、社会问题比较关注,各种不良的社会现象都会引起

他们内心的波动。此外,网络的发展,使得许多大学生沉迷于网络的虚拟世界,在这个虚幻的世界中寻找在现实的世界中得不到的满足感。部分大学生发展成为对网络的精神上瘾,一旦离开网络就会感到浑身不自在,产生精神障碍和异常,表现在日常生活中就是,精神恍惚,有异常的行为和举止。

(二)学校因素

学校因素主要有学校教育条件、学习条件、生活条件以及师生关系、同学关系等。这些条件和关系,如果处理不当,就会影响学生的身心健康发展。例如,学校学风不盛、学习负担过重、教育方法不当、师生感情对立、同学关系不和谐等,都会使学生心理压抑,精神紧张、焦虑,如不及时调适,就会造成心理失调,甚至导致心理障碍。

(三)家庭因素

家庭是个体生活的中心,是个体身心发展最早受到影响的环境因素。良好的家庭教育会使孩子形成健康的心理,不良的家庭教育或教育环境会为孩子的不良心理埋下种子。如家庭成员不完整、父母离异、家庭关系紧张、家庭教育方法不当以及家庭出现重大变故等,都容易造成孩子的心理行为异常。

(四)个人因素

个人因素主要包括特殊的生理发育期、缺乏正确的自我意识、意志薄弱等,还包括个体遗传因素、躯体疾病或生理机能障碍等。

二、大学生常见的心理问题

(一)学习压力引发的心理问题

大学学习阶段是人生的重要阶段,影响着大学生的未来发展,学习上的问题主要表现在以下几个方面:

1.学习态度不端正

许多大学生认为考上大学太辛苦了,进入大学后应该好好放松一下,因此,整日看电影、上网、睡懒觉、逃课等,考试时才临时抱佛脚,以致学习成绩不佳,看到别人拿奖学金获得各种荣誉而自己与一切评优无缘,又会感觉心里很失落。

2.学习方法不当

大学的知识具有深入性和系统性,学习的方式和方法与中学阶段的老师手把手、催逼式教学有很大差别,大学的学习靠的是自主性和自觉性,许多同学不能很好地适应,在大把的空闲时间里虚度、堕落,想要改变却没有明确的方向,这种情况下很容易产生焦虑心理。还有一些同学仍然延续高中时期的学习方法,付出了很多考试成绩却不理想,为此伤心难过,还可能诱发自卑、考试焦虑等心理问题。

3.学习动机问题

学习动机问题主要表现在以下两个方面:

(1)学习动力不足,缺乏明确的学习目标。如果心理脱离了稳定、正确思想的支配,那么就很容易受外界因素的影响而摇摆不定,以致迷失生活方向,产生心理困惑和矛盾。

（2）学习动机过强，以致压力过大。在考研、考证成风的社会大背景下，许多同学倍感压力，这种压力感得不到及时的疏解会进一步诱发各种心理问题。还有一些同学，对所学专业不感兴趣，一直生活在迷茫、忧郁之中，这也是大学生心理问题的一大诱因。

【典型案例】

> 　　梁鹏是电影学院导演系的研究生，个子高高的，长得也很帅，但几年下来他有一个很悲观的想法：做导演需要出名，而真正出名的导演又有几个呢。而且自己家是外地的，从本科到研究生一路走来实在太累了，要协调各方面的关系，这种压力压得他喘不过气来。最终，他办理了退学手续。学校的老师、同学无不为他惋惜。
>
> 　　**案例评析**
>
> 　　大学生现在面临的压力过大，造成心理的落差比较大，这与整个社会发展的形势和家庭的影响是分不开的。首先是大学生的就业问题，大学的扩招，让一些学生在上学的时候就对毕业后的就业问题产生焦虑。另外，自我和家庭对学生前途所定的目标过高，有的学生有一种为家长读书的想法，想的是将来要怎样报答家长，有的是给自己定了一个不太符合实际的目标，这些都可能在最终结果上产生很大的心理落差。这需要学生找准自己的位置，正确评价和认识自己。无论怎样，知足常乐是不变法则。另外，不要好高骛远，要脚踏实地走好自己的路。

（二）人际交往问题

人际关系问题常常表现为难以和别人愉快相处，没有知心朋友，缺乏必要的交往技巧，过分委曲求全等，以及由此而引起的孤单、苦闷、缺少支持和关爱等痛苦感受。受应试教育的影响，多数大学生较为封闭，人际交往能力普遍较弱。进入大学后，如何与周围同学友好相处、建立良好的人际关系，是大学生面临的一个重要课题。

目前，多数大学生过的是集体生活，而每个人在成长经历、教育环境、性格等方面存在诸多差异，加之现代大学对大学生人际交往能力的要求越来越高，许多学生进入大学以前面临高考的巨大压力，只知埋头苦读，几乎没有接触过社会，人际交往技巧尤为欠缺。因此，许多大学生因为不知如何交往而产生自闭倾向，有的为了交际而交际，不惜牺牲自己的原则而随波逐流。

【典型案例】

> 　　小林以当地第一名的成绩考入北京某重点高校，第一学期期末，本来踌躇满志准备获取奖学金的她未能如愿。她的情绪从此一落千丈，变得郁郁寡欢，无心学习，也无法处理好与同学的人际关系，还整夜失眠。最后不得不去医院精神科检查，结果诊断她是患了抑郁症。

案例评析

据日前一项对大学生抑郁症的抽样调查显示,大学生抑郁障碍疾患率为23.66%,据此推算,北京患有抑郁症的大学生不少于10万人。

在大学生中有抑郁现象的比较多,究其主要原因,是由于自我价值没有得到很好的体现,对自己产生了一些否定。一般,这样的学生情绪都比较低落、不稳定,不爱搭理人,做事情没有兴致,时间长了,容易造成心理情绪积聚,对学习、生活肯定会造成影响,严重的则会患上抑郁症。如果没有找到正常渠道发泄,可能会沉迷于一些自己觉得是正确的事物上面,比如网络。这就需要周围的人群关注他们,给他们温暖,生活中有这种情绪的大学生也要多和身边的朋友谈心、交流,释放出自己的压力,以缓解这些症状,从而恢复到正常状态。

(三)恋爱问题

恋爱一直是大学校园的热门话题,也是大学生尤其关注的问题。恋爱问题一般包括:单相思、恋爱受挫、不能协调好恋爱与学业的关系、情感破裂产生的报复心理以及婚前性行为、校园同居等问题引起的恐惧、焦虑、担忧等。当代大学生在恋爱的态度、行为和方式上存在以下特点:一是自主性强;二是注重感情;三是比较注重形式,有些表面化;四是不稳定性;五是与自我概念密切相关。

当代大学生的年龄一般在17~23岁,处于青年中期,性发育成熟是其主要特征,恋爱与性的问题不可避免。但是,总的来说大学生接受的青春期教育不够,对异性的神秘感、恐惧感和渴望感交织在一起,由此产生了各种心理问题,严重时将导致心理障碍,如恋物癖等。总的来说,许多大学生缺乏正确的恋爱观,恋爱带有功利性或者占有欲,一些同学恋爱只是为了排遣心中的空虚和寂寞,凡此种种都会影响大学生对恋爱中问题的判断。有的同学将恋爱生活作为自己生活的主要部分,把失恋看作极为重要的生活事件,在情绪、自我评价、人际交往、学习、生活等多个方面受到严重干扰和打击。

【典型案例】

大连一知名网站的论坛上出现了一个"出租自己"的帖子,引起了许多网友的注意。帖子称,"本人欲将自己出租,只要不违背法律的要求都在考虑范畴! 陪聊,陪逛,陪吃……价格再议。"发帖人自称是一名22岁刚从新西兰回国的大学生,"出租自己"只因为"太无聊"。

案例评析

相当一部分大学生是在一种不成熟的状态下,凭着自己青春期的冲动,把任何事物都看得很美好。他们缺少挫折锻炼,心理承受力太弱。另外,在大学里,可能无形之中同学之间会有一个比较,比如同宿舍的人都有男(女)朋友了,但是自己没有,那么可能就造成一个心理落差,情绪上很不稳定,精神比较空虚。有的则是一旦失恋,就痛苦不堪,无法恢复自己正常的生活学习,好像没了恋人就无法生活了似的。

真正的爱情是有独立性的,大学生恋爱,要把自己放在一个正确的位置,适当控制自己的情绪,即使恋爱失败了,也只能说可能彼此不是最适合的,而且,还可以从失败的恋爱中吸取经验,并学会怎样和异性交往。

(四)贫困问题

目前,我国高校在校生中约有20%是贫困生,而这其中有5%~7%是特困生。大量的事实及研究表明,贫困生在大学里的生活压力是非常巨大的。家庭的窘境在他们的心里留下深深的阴影,而在市场经济大潮的冲击下,社会文化在一些人的心目中被转化为以金钱为唯一标准的亚文化,人际关系变得势利和冷漠,这加剧了大学生对金钱的渴望,更加看重物质利益,最终导致心理失衡。贫困易使大学生的内心极为敏感,与人交往时总觉得低人一等、自卑心理严重,过度揣摩和猜测别人的言行。一方面,他们有强烈的与人交往的渴望,另一方面又害怕与人交流。久而久之,这种矛盾心理可能会引发严重的心理问题。

【典型案例】

> 王某,男,重点大学二年级学生。自进入大学后,一直很自卑,父母都是农民,家境贫寒。以前因为在中学时成绩拔尖,深受老师和同学的器重,自己也因此忽视了家庭的贫困和普通。为了他上大学,家里负债累累。进了大学后,自己又借了不少钱以掩饰自己的贫困和普通。原以为到了大城市,会有很多机会,可以通过打工来补贴自己,但实际上很难。曾想了许多办法来提升自己的素质(比如参加社团、看书、看展览会、考证书等),但实施之后,往往都是半途而废,从而感到自己脱离不了贫穷,走不出社会底层的地位,自己不会有好的前途,不可能光宗耀祖,甚至找女朋友、在大城市成家都很困难。为此,感觉压力很大,经常感到心慌,并且睡眠不好,情绪焦虑不安,经常与同学发生冲突,渐渐地不爱与他人说话,情绪低沉,郁郁寡欢。
>
> **案例评析**
>
> 王某的问题主要是由于自卑引起的。由于其大学之前因为成绩拔尖,一直受到关注和重视,使其得到了充分的心理满足,从而忽视了家境本身的贫困和普通。而进入大学后,一方面不再如过去那样受关注,失去了原来心理满足的基础,导致其第一次认识到了自己家庭的贫穷与周围其他人之间的差距,而他又过分夸大地看待了这种落差,妄图以借钱的方式来掩饰自己的贫困。同时,其之前对在大城市的生存带有错误的估计,换了一个新环境后,发觉并不如自己预期的通过打工补贴生活那么理想化,造成适应障碍,形成了一种挫折感。另外,对于贫穷和成功的关系亦不能做到正确的认知,使得以偏概全地看待自己的未来,意志力下降,形成自卑心理。之后,又没有采取积极的措施来调整自己的心态去应对自卑,因此,长时间处于自卑的阴影下,导致生理上出现亚健康。

(五)适应问题

适应问题在低年级大学生中表现得比较突出。来自五湖四海的大学新生居住在一起，各自的家庭环境、成长经历、学习经历、生活习惯等差异很大。因为进入大学后在自我认知、同学交往、自然环境等各方面都会面临全面的协调与适应，再加上当代大学生普遍的独立生活能力弱，所以，适应问题广泛存在。较为常见的是对现实的失落感。由于中学时期对大学充满了幻想，进入大学以后发现其实大学并不是自己想象中的那么完美，就会产生严重的失落感，怀念高中生活。此外，虽然大学生在学习方面是同龄人中的佼佼者，但是进入大学以后大家的水平相当，许多同学因为害怕竞争而产生强烈的自卑感，还有一些同学因为失去了高中时期被老师奉为掌上明珠的特殊待遇，而倍感失落。甚至，一些同学看到班上、学院里有许多多才多艺、能力又强的同学，觉得自己一无是处，表现得尤为自卑。一部分同学进入大学以后由原来依赖父母的小家庭到宿舍的集体生活，感到有强烈的孤独感，以致整日心情低落，不愿与同学来往，长此以往会越来越孤独，影响正常的学习和生活。

(六)择业问题

择业问题主要表现在高年级同学中。经过三年或四年的大学学习，几乎每一位同学都希望毕业后找一份自己喜欢而又体面的工作，在跨入社会时，他们往往感到诸多困惑和担忧。如何选择自己的职业，如何规划自己的生涯，求职需要些什么样的技巧等问题，都会或多或少地给他们带来困扰和忧虑。而如今社会竞争激烈，用人单位的要求也越来越高。加之现在许多大学生在校期间一心只读圣贤书，对社会的了解和接触较少，根本满足不了用人单位的需求。其次，还有相当一部分大学生，自傲心理严重，在择业时表现得狂妄、自大，对自己职业选择的预想过高，不能正视择业的客观环境和自己的实力，一旦现实与自己的期望值差距过大就会难以接受，从而苦闷、抑郁。还有许多同学是害怕竞争，自卑心理严重，总觉得自己技不如人。表现为害怕进入人才市场，应聘时过度紧张等，甚至产生心理障碍。

【典型案例】

> 张小帅(化名)，男，河南某学院英语专业大专毕业4年，在4个不同的城市换了5份工作，从事过医药销售、保险、教师等职业。目前对于自己的职业发展处于迷茫状态。
>
> **案例评析**
>
> 这是一个大学生在职业初期缺乏规划导致职业发展混乱的典型案例。古语云：凡事预则立，不预则废。在一个人的职业生涯中也一定要有一个中长期的发展目标和计划。在职业发展上，没有计划其实就是正在计划失败！

第三节 大学生常见心理障碍调适

当代大学生正处在社会变革的时期，面临着日益增多的社会心理压力，他们在学习、交友、恋爱、择业和社会适应等方面遇到一些困难和挫折，使不少学生感到茫然、疑虑、混乱，心理陷入空虚、压抑、紧张的状态,内心的冲突与矛盾若得不到有效疏导、合理解决,久而久之就可能形成心理障碍。大学生常见的心理障碍主要包括:

(1)学习上的心理障碍,如考试焦虑。

(2)人际关系上的心理障碍,如人际孤独,社交恐惧。

(3)性及情感上的心理障碍,如性罪错、性压抑、性变态等。

(4)理想与现实的矛盾引发的心理障碍,如焦虑症、抑郁症、强迫症、神经衰弱等。

针对大学生的心理障碍,必须不失时机地进行调适。

一、树立理想,确立目标

俄国著名作家车尔尼雪夫斯基曾指出:"人的活动如果没有理想的鼓舞,就会变得空虚而渺小。"戴高乐曾这样说过:"伟人之所以伟大,是因为他们立志要成为伟人。"可见目标意识的重要性。一个有理想、有目标并愿为之而努力的人就会产生一种积极的动力,激励他不畏艰难,百折不挠地向前,把意志培养自觉地融化在实现理想上。

大学生要树立正确的人生观、世界观和价值观,根据社会需求和自身条件,确立人生的奋斗目标,并为之而努力。在每一个阶段,也要制订切实可行的计划,一点一滴的成绩会激励人不断地前进,人生就充实而富有意义,心理素质高的学生都有相对稳定的人生观和信念,并能把自己的需要、愿望、理想、目标和行动统一起来。

二、正视自我,面对现实

自我意识是影响人的心理健康的关键因素之一,人的认知、情感、意志、信念等都受到自我意识的影响,健全的情绪和身心是以健全的自我意识为基础的。人的一生始终都在寻找自我、实现自我、超越自我。而对于处在自我意识迅速发展这一特殊阶段的大学生来说,更应该积极、主动地去认识自我、塑造自我、完善自我。

大学生认识自我,应当首先学会正确地认识社会、认识人生,积极地将获得的信息进行分析、综合和比较,用合适的社会尺度客观地评价自己,平静而理智地看待自己的长处与短处,冷静地对待自己的得与失。

三、讲究方法,循序渐进

大学生要学习一些心理知识,增强自我调节的理论指导,逐步培养良好的心理品质。如,自我暗示可以增强自信心,乐观地对待困难;心理分析法通过分析可以帮助解除精神上的痛苦;松弛疗法可以用来矫正嗜烟、酗酒、赌博等恶习;生物反馈疗法通过控制和调节生理变化而达到治疗目的。心理疗法种类繁多,进行心理锻炼时可以根据各自的兴趣爱好及有关条件进行选择,坚持心理调节,就能不断提高心理素质。

四、积极向上,情绪乐观

增强自尊和自信,对生活乐观,对未来充满憧憬,热爱自己的学习和生活。当一个人从事自己所愿的事时,就会精神焕发,不易疲劳;反之,被逼去干一件自己认为毫无价值的事情时,就会苦恼、怨恨,而且极易疲劳紧张。

保持良好的情绪状态。乐观的情绪对人们的生理和心理、精神和行为都会产生积极的影响,乐观情绪还是抵御不良情绪袭扰的有效屏障。一个快乐的人是不大会和别人吵架的,对于生活中磕磕碰碰的小事,能够表现出宽容和忍让。开朗乐观的情绪还可以帮助我们心平气和、较为理智地处理问题,从而减少行动上的失误。一个性格开朗、热情、善于交际、为人诚恳的人,往往较容易得到群体和他人的接纳、欢迎和帮助,容易创造出一种和谐的环境,从而使自己心情愉快,有利于施展才华。

五、勇于实践,健全体魄

校园生活是丰富多彩的,大学生要培养广泛的兴趣和爱好,充实精神生活。积极参加集体活动,接受集体的委托和要求,在实践活动的过程中,也会遇到各种困难,解决矛盾和克服困难的过程,就是心理锻炼和成长的过程。

体育运动是大学生增强体质、锻炼意识的有效途径,同时也有益于心理健康。人体在运动时,大脑会释放一些能引起精神愉快的化学物质——内啡素,内啡素分泌得越多,人的愉快感、放松感越强烈。因此,经常从事体育运动能显著地松弛紧张感和消除失望、沮丧情绪,使人精神振奋、精力充沛、反应敏捷、心情开朗。

第四节　拒绝黄赌毒

【案例导入】

为追求新潮和酷感,3个"90后"女孩竟想出了用吸食毒品作为庆祝生日的方式,还邀请了3个男孩一起到宾馆来"分享"毒品。长寿区检察院近日透露,经该院提起公诉,这3个女孩因犯容留他人吸毒罪,已于1月7日被法院分别判处拘役5个月。

今年20岁的小丽,和同龄的小馨,以及21岁的小红,是很要好的朋友,3人都没有正式职业。去年10月24日是小丽的生日。为了能让这个生日过得刺激、够酷,小丽和姐妹们竟有了一起吸毒庆祝的想法。于是,小丽将自己的身份证和100元钱交给小馨和小红,拜托两人帮自己到长寿区某宾馆开一间房。她还神秘地暗示姐妹们"晚上有好节目"。小馨和小红来到宾馆后,用小丽的身份证和两人各自的身份证一起开了一间房,并交了100元房费,小红还帮忙垫付了100元押金。当天下午,小丽和两个姐妹邀约另外3个"90后"男孩,一起来到宾馆房间为小丽庆贺生日。其间,6个人一起吸食了冰毒。

第二天凌晨,小丽被公安机关捉获,小馨和小红也很快落网。据小丽交代,吸食冰毒是她们早就计划好的庆贺生日的方式。几人以前也偶尔吸食毒品,这次过生日,"分享"毒品更是不可或缺的一种"交流方式",也是一种"酷"的表现。小红表示,在"90后"的朋友圈里,大多数人的父母都忙于工作,甚至常年在外打工,很少有时间管她们。平时她们在家无所事事,感觉特别无聊。大家混在一起,经常想些新奇的办法,追求新潮和"酷"感,寻求"给力"的生活方式。吸毒是她们这类年轻人认为很"拽"的一种行为,感觉和吸烟区别不大。"那么多人吸烟也没有啥啊,吸毒更有'个性'",小红语出惊人。

因吸食毒品,去年11月4日,小丽、小馨、小红被长寿区公安局强制隔离戒毒两年。同年12月17日,长寿区检察院以容留他人吸食毒品罪,对3人提起公诉。

该案承办检察官呼吁,现在的孩子需要社会和家长给予正确的引导和教育,形成正确的行为方式和生活观念,让他们认识到哪些行为和生活方式是有害的。特别是吸毒,对人体危害巨大,是不能和"酷"和"拽"相联系的。

思考与讨论

毒品有哪些危害?我们应如何远离"黄赌毒"?

曾几何时,"黄赌毒"等丑恶社会现象沉渣泛起,历史上被国人深恶痛绝的不良社会风气又在国土上生长蔓延。大学校园这块净土也受到了侵染,少数涉世未深的学子在这股毒雾的熏染下迷失了自己的方向。

一、黄害

随着我国的改革开放,境外腐朽文化乘机侵入,一些低级下流的东西通过各种渠道流入我国,不健康的社会文化现象严重影响着当代大学生的精神追求。近年来,宣扬西方腐朽文化和生活方式的黄色淫秽书刊、音像制品屡禁不止,暴力、恐怖、色情影视镜头比比皆是。当前,在相当一部分大学生中流行着黄色书籍、黄色碟片和录像带,就连播放和发行的影视作品、文学作品中也时有色情镜头和描写。特别是伴随着高科技的发展,更使这类精神垃圾无处不在,如收听境外色情广播、拨打境外色情电话、通过计算机观看淫秽光盘、通过国际互联网观看淫秽图像和影视作品等。这些不健康的社会文化现象的存在,对于日趋成熟且好奇心较强的大学生群体具有很大的感染力和诱惑力。这不仅严重影响大学生的正常学习和生活,也使天之骄子的心灵和精神受到严重污染和伤害,受其影响个别人甚至走上了违法犯罪的道路。《中华人民共和国刑法》第364条规定:"传播淫秽的书刊、影片、音响、图片或者其他淫秽物品情节严重的处2年以下有期徒刑、拘役或者管制。"因此大学生对于淫秽物品要坚决做到不看、不传,更不能走私、制作和贩卖。要洁身自爱、读好书、结好友,参加有益健康、积极向上的文艺活动,做一个"四有"新人。

【典型案例】

> 某大学二年级学生朱某,入校后放松了对自己的要求,一度感到从未有过的迷惘。18岁的他正是青春萌动时期,对女性产生了好奇感。为了打发自己无聊的时光,性格内向的他开始听国外广播,阅读色情小说、杂志,观看黄色录像。朱某的灵魂,在不知不觉之中开始扭曲。
>
> 滴水穿石,蚁穴毁堤。朱某为了满足欲望,1995年3月至1996年9月间,以谈恋爱为名,用陪伴跳舞、指导溜冰、教人游泳为手段,在溜冰场、公园、游泳池等公共场所搭识女青年和勾引女同学,共猥亵、奸污了13名女青年。1996年夏季的一天,他把本校女生华某骗至其租用的民房中。开始还是正常交往,然而朱某早已别有用心,乘华某不备放起了黄色录像。华某见此情景,欲借故离开。然而一切为时已晚,朱某兽性大发,用力将华某按倒在床上。华某"救命"的呼救声惊动了周围邻居,朱某遂被众人送到公安机关。

二、赌害

赌博,是一种丑恶的社会现象,它是指以金钱或有经济价值的物品作台面抵押,通过各种形式的"较量"而使得上述抵押物品在报注人间有所更易或转移的一种行为。换言之,赌博就是利用赌具,以钱财作赌注,以占有他人利益为目的的违法犯罪行为。目前,大学校园中广为流行的赌博行为,已由以前的聚众赌博演变为利用电子游戏机进行赌博。这类电子游戏机,包括老虎机、角子机、苹果拼盘、三七机、跑动物机、二十一点机、轮盘机等。这类活动地点都在校外,参加对象为个体,也可以联网,赌资演化为筹码,具有较强的隐秘性和较大的诱惑力。日益发达的赌博活动,对许多大学生有很强的吸引力:一是赢利性,就是希望通过赌博而攫取意外财物。从开盘押注到赢钱,短时间内随手就可得数十元、数百元,甚至更多。二是娱乐性,大学生思想活跃,富有寻找刺激和渴望游乐的心理倾向,这种意识往往在赌博活动中可得到一定满足,所以很容易被种类繁多又寓于游乐的赌博活动所吸引。三是纠合性,赌博是一种多人的行为,是一种群体行为,大学生中存在诸多社团组织如老乡会、球迷协会、计算机协会等,有时为赌博者提供了群体基础。

【典型案例】

> 大学生黄某家庭经济条件比较好,大二开始接触校园周围的游戏机。刚开始只是"好奇""输赢在5元以内"。不久上了瘾,经常通宵达旦地赌,"从家里拿来的钱一小部分用于吃饭,大部分用于赌,经常身无分文"。仅仅半学期,他就向同学和女友

借债 3 000 多元。"到了这种地步,我已无法收手""赌,令我输没了志气,输没了理想,输没了脸面。我不想再活下去了"。最后,他选择了卧轨自杀,了却了自己的一生。

抵制和拒绝参与赌博,必须做到如下几点:

(1)违法往往从违纪开始,要自觉遵守校纪校规,养成遵纪守法的良好习惯。

(2)充分认识赌博的危害,培养高尚的情操,多参加健康、积极的文体活动,充实自己的业余活动。

(3)要防微杜渐,分清娱乐和赌博的界限。很多赌博成瘾的人都是从"消遣""派夜宵""来烟""带点刺激"等开始的,久而久之,胆子也壮了,胃口也大了,从而陷入赌博的泥潭。

(4)思想上要警惕,不要因为顾及朋友、同学的情面而参与赌博。遇到他人相邀,要设法推脱。

(5)要从根本上关心同学,制止他人参与赌博,必要时要向老师或学校有关部门报告。

三、毒害

如果说对个人而言毒品是人体内的"吸血虫",那么对社会而言毒品就是毁灭一个国家与民族的"恶瘤",19 世纪末中国人的典型特征是"一条辫子、一杆烟枪"。西方国家把中国人讥讽为"东亚病夫",将罂粟花说成是"中国的国花",使勤劳勇敢的华夏子孙蒙羞受辱。中国正是在鸦片的轰击下,逐步沦为半殖民地、半封建社会。毒品无时无刻不在摧残肉体、侵蚀灵魂、践踏人类的文明与尊严。

"摇头丸"

"冰毒"

图 9.1　新型毒品

《中华人民共和国刑法》第 357 条对毒品作了明确规定:"本法所称毒品是指鸦片、海洛因、甲基苯丙胺(冰片)、吗啡、大麻、可卡因以及国家规定管制的其他能够使人形成瘾癖的麻醉药品和精神药品。"吸食(包括注射)毒品或欺骗、容留、强迫他人吸食毒品,以及非法从事制造、贩卖、运输毒品的活动都是毒品违法犯罪活动。当今世界,毒品种类繁多,不仅传统的毒品继续扩散泛滥,而且翻新、创造出了许多新的品种。毒品的非法生产和贩运的巨大规模呈上升趋势,对人类的健康和幸福构成了严重威胁,并对社会的经济、文化和政治基础带来了不利影响。目前,吸毒、贩毒已成为全球性的社会公害。尽管与黄、赌相比,吸毒在大学校园内还是极个别的现象,但由于其危害极大,绝不可掉以轻心。

【典型案例】

> 　　某医学院一位教研室副主任,曾被学校选送到美国毒理研究所进修。学成回国后本应好好报效祖国、为人民服务,但是,由于他的世界观、人生观、价值观严重错位,钱迷心窍,竟然与香港毒贩子合作,拿着国家工资,在人民提供的实验室中研制"冰"毒,并提供配方大批量生产,从白衣使者变成了白粉大王。1993 年,他获得了16 万元"兼职收入",很快就买了一辆佳美牌小轿车,钓鱼、打球车出车入,过上了"屁股底下一座楼"的阔佬生活。利令智昏,为了实现"要比别人过得更好"的誓言,他又以"每一公斤晶体获得 3 000 元报酬"的条件与香港毒贩子达成协议,继续干起了伤天害理的罪恶勾当。他那颗贪婪的心,也像他的钱包一样越鼓越大。直到东窗事发,被判死刑,他才如梦初醒,但为时已晚。

四、黄赌毒是万恶之源

大学生一旦和黄赌毒沾上边,轻则违反校纪校规,重则触犯法律,对自己、对他人、对家庭、对社会都将造成严重的危害。

(一)荒废学业

大学生是祖国现代化建设的承担者,是现代科学知识的载体,他们带着金色的理想、学习成才的愿望跨进大学校园,使大学殿堂充满昂扬向上的朝气。而一旦有人被黄赌毒污染,理想和理智的防线就会崩溃,轻者不思进取、想入非非,终日心神不定、精神萎靡不振,课上不能认真听讲,课后不能及时温习功课;重者沉湎其中而不能自拔,完全放弃学业,以至在原始欲望的支配下坠入犯罪的深渊,成为社会发展的负面因子。

(二)污染社会和校园风气

校园内的"方城"大战,可以把学生宿舍搞得乌烟瘴气。黄赌毒不仅会大大污染大学校园风气,有时甚至还会危及社会。

(三)伤害身心

大学生正处于黄金年龄段,身体发育已趋于成熟,性意识已经觉醒,如果整日只知寻求欲望的满足,势必要大大消耗身体,极不利于健康成才;在得不到满足的情况下,又容易形成心理障碍或心身疾病。特别是性行为,还有可能染上性病和艾滋病,从而造成严重后果。此外,涉黄的录像厅、游戏机房,往往条件简陋、设备老化,多是违法操作,经营者只注重隐蔽性而忽视安全性。震惊全国的河南焦作"3·29 特大火灾",就有数名大学生是在录像厅中被烧死的。

赌博是多种疾病的导火索。经常上赌场者往往嗜赌成瘾,呈现出一种病态心理。一旦进入那种长时间保持精神高度集中的紧张状态,加上废寝忘食,极易导致心理和精神疾病,从而引起消化系统紊乱和腰肌劳损等。近年来,在报刊上常有嗜赌者赌博休克倒毙的事例报道。

毒品之所以被人们称为"幽灵""瘟疫""魔鬼",是由于吸毒极易上瘾且戒断很难,久而久之,身体严重中毒并产生各种病态反应:烦躁不安、失眠、疲乏、精神不振、腹痛、腹泻、呕吐、性欲减退或丧失等。特别是有些吸毒者往往使用不洁净的针头、器具注射海洛因等毒品,这就为艾滋病的传播提供了通道。毒品在危害吸食者身体的同时,还对他们的精神造成极大伤害。吸食毒品使人逐渐懒惰无力,意志衰退、智力降低、记忆力减退,从而使工作和学业荒废,对其本人和家庭都会造成巨大伤害。

【典型案例】

云南某大学学生戴某,结交了社会上不三不四的"朋友",其中有的就在一起吸食和注射毒品。戴某起初因为好奇也学着吸毒,久而久之成了瘾,用量越来越大,由于大家混用注射针又染上了性病。

(四)违反校纪

大学是生产知识、传播知识的场所。大学校园必须严拒"黄赌毒"。面对"黄赌毒"的侵害,校纪校规是无情的。参与赌博很容易上瘾,既浪费精力又花费时间,因而赌博者不可能遵守日常作息制度,违反校纪校规现象时有发生。有的因为"恋战"集体逃课、迟到或早退。有的则因为在赌博时输红了眼大打出手,演变成打架斗殴。

【典型案例】

某高校学生杨某出生于高级知识分子家庭,父母离异后随母亲生活,大二期间因身体不好休学一年。复学后,母亲为他申请到校外租房居住并亲自监护。杨某却置校纪校规和母亲的教诲于不顾,与社会不良青年打成一片,经常去舞厅、酒吧闲逛,交往了一些不三不四的"朋友",最后发展到把一些舞女带回住处厮混。在临毕业前半个月,杨某终于被校方勒令退学,带着满腹羞愧和后悔离开了大学。

(五)诱发犯罪

"黄赌毒"不仅对涉及者造成肉体和精神上的伤害,使他们陷于难以解脱的痛苦之中,而且还会诱发多种犯罪,从而在更大范围和程度上危害社会和国家。涉黄者需要黄资,好赌者需要赌资,吸毒者需要毒资,而大学生是消费者,大多需要依靠父母供给来维持学习和生活,如果大学生与黄赌毒沾上边,围绕上述犯罪势必又会引发出新的犯罪。

盗窃罪——一些大学生因为赌博输了钱物,为了获取赌资就会进行盗窃,凡赌博活动猖獗的地方均有此类案件发生。如北京市某高校一学生因赌输了钱,经常进行盗窃,赃款达8万余元。

抢劫罪——抢劫罪是因参赌而诱发的一种常见的犯罪,由于赌博输红了眼,常使这种抢劫又带有极端的凶残性。如某高校郭某赌博输了钱,便纠集同龄人将赌徒龚某的300元钱劫走,又将其致伤而死。

抢夺罪——某大学三年级学生张某,因为赌博输了钱,竟在光天化日之下从银行柜台抢夺现金6 700余元。

杀人罪——某大学本科生夏某为了搞到购买海洛因的钱,与其弟拦路抢劫,杀死了过路的一位教师,抢走了教师身上的钱和自行车。此外,有的女大学生因毒瘾缠身被迫走上了卖淫的道路。

第二篇　大学生安全管理

第十章　校园突发事件应急预案

中国自古对于安全事故的预防就有过思考与总结,如《诗经》中的"未雨绸缪",《左传》中的"居安思危、思则有备、备者无患"等。应急预案的使用最早出现在军事上,随着社会的发展,人们逐渐将应急预案用于各种灾害事故的预防和管理上,在对人口相对集中的校园进行管理时,也普遍运用到应急预案来预防和管理各类校园安全事故。

【案例导入】

2007年1月11日,东北师范大学研究生宿舍2舍1楼发生火灾,浓烟将11层高的整个宿舍笼罩,楼上百余个寝室的500余名学生被困。在浓烟的威胁下,大部分学生采取用湿毛巾捂住口鼻、弯腰逃生等方式自救,但仍有个别学生因受不了浓烟的熏呛做出跳楼的举动。危急时刻,在消防队员的制止下,这几名学生最终被送至安全地带,消防人员救人与灭火同步进行。大火被扑灭,被困的500余名学生被成功疏散到安全地带。确定起火点是该宿舍楼1楼的干洗店干洗机旁边的一堆衣物,着火后火势很快蔓延,并迅速产生大量的浓烟。

该事故发生后,学校管理人员根据事先制定的应急预案迅速采取行动,应急响应及时,处理措施得当,最终,事故无人员伤亡。可见,作为学校管理者对突发事件的处理是否及时、是否得当直接影响到事故发生后损失的大小。

思考与讨论

1.高校应该制定哪些突发事件的应急预案?

2.高校的安全应急预案应包括哪些内容?

第一节　校园安全应急预案概述

一、什么是应急预案?

应急预案又称应急计划,是针对可能发生的重大事故(件)或灾害,为保证迅速、有序、有效地开展应急与救援行动、降低事故损失而预先制定的有关计划或方案。它是在辨识和评估潜在的重大危险、事故类型、发生的可能性、发展过程、事故后果及影响严重程度的基础上,对应急机构与职责、人员、技术、装备、设施(备)、物资、救援行动及其指挥与协调等方面预先做出的具体安排。它明确了在突发事故(件)发生之前、发展过程中以及刚刚结束之后,谁负责做什么、何时做,以及相应的策略和资源准备等。

二、应急预案的要求

制定应急预案的目的是为了在发生紧急情况时,能以最快的速度发挥最大的效能,有序地实施响应和救援,尽快控制事态发展,降低事故危害,减少人员伤亡、财产损失和环境破坏。

(一)科学性

应急预案的各部分是一个有机的整体。校园突发事件的应急工作是一项科学性很强的工作,从事故(件)设定、信息收集传输与整合、力量部署,到物质调集和实施行动,都要讲究科学,在全面调查研究的基础上开展科学分析和论证,制定严密、统一、完整的应急预案,并在实战演练中完善预案,在科学决策的基础上采取行动。

(二)实用性

应急预案应以完善的预防措施为基础,符合校园突发安全事件的特征和当地的客观实际(学校里的危险源、学校可能发生的灾难性事故与事故类型、重要的区域和部位、可用的应急力量等)措施要具体、明确,方案应具有适用性、实用性和针对性,便于实际操作。事故的随机性、突发性强,涉及的因素众多,并且处于动态变化之中,因此,预案还要具有一定的灵活性,以提高实际的应变能力。

(三)周密性

要把各种情况考虑周全、严密,如事故事件发生的周围环境、发生的实际时机及天气状况,投入人力的时间,使用的器材、通信设备和后勤供给等,若考虑不周全,就会给任务的完成带来一定的困难。

(四)可行性

应急预案是针对可能发生的事故灾害而制定的,其主要目的就是在事故发生之时,能根据预案进行力量调度和物质调配,为灾害事故的有效处置打下坚实的基础。当事故(件)发生后,能按照预案进行力量部署、采取处置决策、组织实施,起到知己知彼、速战速决的作用,将灾害损失控制在最低程度。因此,制定的应急预案应具有可行性。

(五)权威性

救援工作是一项紧急状态下的应急性工作,应急预案应明确救援工作的管理体系、救援行动的组织指挥权限和各级救援组织的职责和任务,以保证救援工作的统一指挥。应急预案应经上级部门批准后才能实施,以保证预案具有一定的权威性和法律保障。

应急预案制定后,相关政府部门援引国家、地方、上级部门相应法律和规章的规定,签署预案发布令,宣布应急预案生效,从而明确实施应急预案的合法授权,保证应急预案的权威性,同时督促各应急部门完善内部应急响应机制。

（六）复杂性

制定应急预案是一项细致复杂的工作。从内容上来讲,应急预案既包括突发性公共事件,又包括自然灾害、事故灾难、公共卫生和社会安全等方面;从制定过程来看,需要收集资料、开展调研、确定力量部署等,还要进行实战演练以检验预案是否具有可操作性;从预案的实施过程和行动来讲,预案是根据人们对灾害事故设想发生的情景来制定的,由于预案制定者认识的局限性、灾害事故发生点的不确定性以及事故现场千变万化等因素使预案的制定工作变得复杂。

三、应急预案的作用

应急预案是在辨识和评估潜在风险、事故类型、发生的可能性、发展过程、事故后果及影响程度的基础上,对应急机构与职责、人员、技术、装备、设施(备)、物质、救援行动及其指挥与协调等方面预先做出具体安排,采用技术和管理手段降低事故发生的可能性,且将可能发生的事故控制在局部,防止事态蔓延。

（一）高校应急管理的依据

制定完善、有效的应急预案,必然会明确应急救援的范围和体系,成立相应的组织机构,配备抢险救援的器材、装备,开展专业训练和实战演练,使应急准备和应急管理有据可依、有章可循。

（二）校园突发事件应急基础

应急预案明确了在突发事故(件)发生之前、发生过程中以及结束以后,谁负责做什么、何时做,以及相应的策略和资源准备等,是校园安全事故应急的基础。通过编制应急预案,可保证应急救援具有足够的灵活性,对那些事先无法预料的突发事件或事故,也可以起到基本的应急指导作用,成为保证校园应急救援的"底线"。

（三）构建校园安全屏障

生命安全是学生最基本的权利,如果没有安全保障,就无法顺利地开展教学活动。应急机制和处置预案是校园安全管理的必需条件,以此为校园生活打造安全屏障。建立健全应对突发事件、群体事件、公共卫生等方面的预案体系,形成统一指挥、功能齐全、反应灵敏、运转高效的应急机制,提高保障校园安全和处置突发事件的能力,是校园管理部门的重要职能和重要工作,也是构建和谐校园的一项重要任务。

（四）预防校园安全事故

应急预案是针对可能发生的安全事故及其影响和后果,预先明确应急各方的职责和响应程序,培训、教育应急人员,准备各类应急资源。因此,应急预案有利于提高校园管理人员的风险防范意识,提升应急人员的技能和整体协调性,最大限度地预防和减少校园安全事故的发生及其造成的危害,保障学生的生命、财产安全。

（五）便于开展救援工作

一旦发生校园安全事故,按照应急预案的应急处理程序和方法,可做到迅速报警,及时传递应急信息。应急预案明确了各个应急响应部门的职责和分工,使之在复杂的救援活动中快速反应,忙而不乱,采取预定的现场抢险和抢救方式,及时、有序、高效地处理事故。因此,应急预案便于救援工作顺利开展。

四、应急预案的层次

由于可能面临的突发事故或灾害的类型是多样的,为了保证各类型预案之间的整体协调性和层次,并实现共性与个性、通用性与特殊性的结合,对应急预案合理地划分层次,是将各种类型应急预案有机地组合在一起的有效方法。按预案的适用对象范围,可将应急预案划分为综合预案、专项预案和现场预案3个层次。

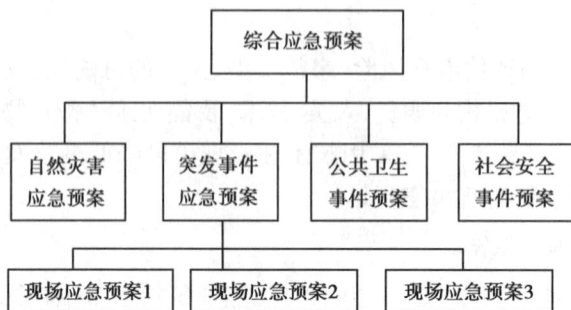

图 10.1　应急预案的层次

(一)综合应急预案

综合应急预案是从总体上阐述事故的应急方针、政策,应急组织结构及相应的应急职责,应急行动、措施、保障等基本要求和程序,是应对各类事故的综合性文件。通过综合预案,可以很清楚地了解应急的组织体系、运行机制及预案的文件体系。综合预案可作为应急救援工作的基础,对那些没有预料到的紧急情况,也能起到一般的应急指挥作用。

(二)专项应急预案

专项应急预案是针对某种具体的、特定类型的紧急情况或危险源而制定的方案,是综合应急预案的组成部分,应按照应急预案的程序和要求组织制定。专项应急预案应在综合预案的基础上,充分考虑特定风险的特点,制定明确的救援方案和有针对性的应急救援措施,进行专项应急准备和演习。由于学校具有较大的差别性,应根据不同学校的特点制定具有针对性的专项应急预案。

(三)现场应急预案

现场应急预案是针对具体的装置、场所或设施、岗位、活动所制定的应急处置措施,应做到细致周密、简单具体、指导性及针对性强。现场应急预案应根据风险评估、周边环境情况及风险控制措施逐一编制,做到相关人员应知应会、熟练掌握,并通过应急演练,做到迅速反应、正确处置。

现场预案的另一特殊形式为单项预案。单项预案可以是针对大型公众聚集活动(如文化、体育、民俗、娱乐、集会等活动)或高风险的建设施工和维修活动而制定的临时性行动方案。随着这些活动的结束,预案的有效性也随之终结。单项预案主要是针对临时活动中可能出现的紧急情况,预先对相关应急机构的责任、任务和预防性措施做出的安排。

【思考】

高校需要编制的专项应急预案主要有哪些?

第二节　校园安全应急预案的基本内容

应急救援是为预防、控制和消除校园安全事故对学生生命、财产和学校资源造成的各种损害而采取的救援行动。应急预案是开展应急救援的行动计划和实施指南。应急预案实际上是一个透明的、标准化的反应程序,使应急救援活动能按照预先制定的周密计划和最有效的实施步骤有条不紊地进行,这些计划和步骤是快速响应和应急救援的基本保证。

一、应急预案的结构

应急预案是应急体系建设的重要组成部分,应该有完整的系统设计、标准化的文本文件、行之有效的操作程序和持续改进的运行机制。不同的应急预案由于各自所处的层次和适用范围的不同,在内容的详略程度和侧重点上会有所不同,但都可以采用相似的基本结构,其基本机构可采用"1+4"的结构模式,即由一个基本预案加上应急功能设置、特殊风险管理、标准操作程序和支持附件构成。

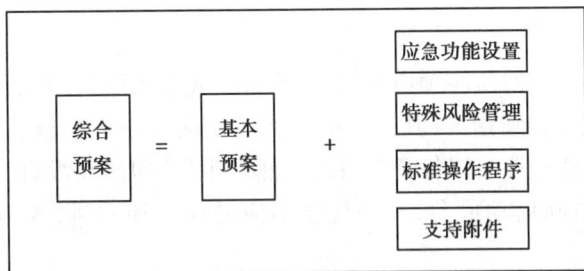

图 10.2　应急预案的基本结构

(一)基本预案

基本预案是对应急预案的总体描述,主要阐述被高度抽象出来的共性问题,包括应急方针、总体思路、应急资源、法律依据、组织体系、各应急组织在应急准备和应急行动中的职责、基本响应程序以及应急预案的演练和管理等规定。基本预案一般是对公众发布的文件。《国家突发公共事件总体应急预案》和《教育系统突发公共事件应急预案》是我国高校应对突发公共安全事件的基本预案。基本预案可以使政府和学校管理层从总体上把握本行政区域或行业系统针对突发事件应急的有关情况,了解应急准备状况,同时也为制定标准化操作程序、应急功能设置等提供框架和指导。

(二)应急功能设置

应急功能是指针对各类事故应急救援中通常都要采取的一系列基本的应急行动和任务,核心功能主要有指挥与控制、报警与紧急公告、通信、人群疏散与安置、医疗、现场管制等。应急功能设置要明确从应急准备到应急恢复全过程的每一个应急活动中各相关部门应承担的责任和目标,功能设置的数量和类型要因地制宜,由学校突发事件的风险水平和潜在事故风险的类型,以及应急的组织方式和运行机制等具体情况来决定。

设置应急功能时,应综合分析潜在事故的特点,针对每一项应急功能确定其负责机构和支持机构,明确每一功能的目标、任务、要求、应急准备和操作程序等。通俗一点说,就是每项应急功能都要明确"做什么""怎么做"和"谁来做",这些内容要以部门之间签署的协议来具体落实。为直观地描述应急功能与相关应急机构的关系,可采用应急功能分配矩阵表。

(三)特殊风险管理

特殊风险指根据某类事故的典型特征,需要对其应急功能做出针对性安排的风险。在事故风险辨识、评价和分析的基础上,针对每一种特殊风险,说明设置此类风险应该设置的专有应急功能或有关应急功能所需的特殊要求,明确这些应急功能的责任部门、支持部门、有限介入部门以及它们的职责和任务,并为该类风险专项预案的制定提出特殊要求和指导。

特殊风险管理是针对后果严重的特殊风险及特殊条件下的事故应急响应而制定的指导程序,其具体内容根据不同事故情况而设定,包括基本应急程序的行动内容和特殊事故的特殊应急行动。不同学校的风险不同,事故类型各异,应针对不同的特殊风险制定相应的管理内容。

(四)标准化操作程序

标准化操作程序是针对每一项应急活动,给组织或个人履行应急预案中规定的职责和任务提供的操作步骤和详细指导,其阐述的是在应急活动中谁来做、如何做和怎样做的一系列问题。标准化操作程序可以保证在事件突然发生后,即使在没有接到上级指挥命令的情况下也能在第一时间启动应急,提高应急响应的速度和质量,成为应急活动记录的一部分。

(五)支持附件

应急活动各个过程中的任务实施都要依靠支持附件的配合和支持,支持附件包括应急救援有关支持保障系统的描述及有关附图表,如通信联络附件,法律法规附件,机构和应急资源附件,教育、培训、训练和演习附件,技术支持附件(手册、后果预测和评估模型及有关支持软件等),警报系统分布及覆盖范围图,事故灾害影响范围预测图,危险源登记表、分布图,协议附件及其他支持附件等。

二、应急预案的核心要素

应急预案是整个应急管理工作的具体反映,其内容不仅包括事故(件)发生过程中的应急响应和救援措施,还包括事故发生前的各种应急准备和事故发生后的紧急恢复以及医院的管理与更新等。为了满足应急活动的需求,完整的应急预案应包括方针与原则、应急策划、应急准备、应急响应、现场恢复、预案管理与评审改进6个一级关键要素,6个一级关键要素之间既相对独立,又紧密联系,从应急的方针、策划、准备、响应、恢复到预案的管理与评审改进,形成了一个有机联系并持续改进的体系结构。

根据一级要素中所包括的任务和功能,应急策划、应急准备和应急响应3个一级关键要素,可进一步划分为若干个二级要素。所有这些要素构成了应急预案的核心要素,这些要素是应急预案编制应当涉及的基本方面,在实际编制时,可根据事故风险、职能部门的设置等实际情况的需要,将要素进行合并、增加、重新排列或适当的删减等,以便于组织编写。

(一)方针与原则

无论是何种等级和类型的应急预案体系,首先应以明确的方针和原则作为指导应急救援工作的纲领。方针与原则反映了应急救援工作的优先方向、政策、范围和总体目标,应体现以人为本、安全第一、预防为主、常备不懈、统一指挥、分级管理、高效协调及时续改进的思想,同时还要符合高校安全管理的实际。应急的策划和准备、应急策略的制定和现场应急救援及恢复,都应当围绕方针和原则开展。

(二)应急策划

应急预案最重要的特点是要有针对性和可操作性。因而,应急策划必须明确应急的对象和可用的应急资源情况。在进行应急策划时,应当列出国家、地方相关的法律法规,以作为制定预案的和应急工作授权的依据。

1.危险分析

危险分析的最终目的是要明确应急的对象(潜在的事故),事故的性质及其影响范围,后果的预测、辨识和评估等,为应急准备、应急响应和减灾措施提供决策和指导的依据。危险分析包括危险识别、脆弱性分析和风险分析。危险分析应依据国家和地方有关的法律法规要求,结合具体情况进行。

危险分析的结果,应能提供地理、人文(包括人口分布)地质、气象等信息;功能布局(包括重要保护目标)及交通情况;潜在危险的分布情况及主要危险的种类、数量及理化、消防等特性;可能的事故种类及后果分析;特定的时段(大型活动、军训、节假日前后等);可能影响应急救援的不利因素。

2.资源分析

针对危险分析所确定的潜在危险,明确应急救援所需的资源,列出可用的应急力量和资源,包括各类应急力量的组成、分布情况及应急能力;各种重要应急设施(备)、物资的准备情况;上级救援机构或周边可用的应急资源。通过资源分析对应急资源做出相应的管理规定,可为应急资源的规划配备、与相邻地区签订互助协议和预案编制提供指导。

3.法律法规要求

有关应急救援的法律法规是开展应急救援工作的重要前提保障。应急策划时,应列出国家、省、地方及上级部门涉及应急各部门职责要求以及应急预案、应急准备和应急救援的法律、法规和规定,有关事故应急的文件、技术规范和指南性材料及国际公约,作为应急预案编制和应急救援的依据和授权。

(三)应急准备

应急准备是指针对可能发生的突发事件应做好的各项准备工作。应急预案能否在应急救援中成功地发挥作用,不仅取决于应急预案自身的完善程度,还取决于应急准备的充分与否。应急准备应基于应急策划的结果,明确所需的应急组织及其职责权限、应急队伍的建设和人员培训、应急支援的准备、预案的演习、公众的应急知识教育和签订必要的互助协议等。

1.机构与职责

为保证应急救援工作的迅速反应、协调有序,必须将有限的人力进行合理分工配置,建立完善的应急机构组织体系,列出应急救援中承担任务的所有应急组织,各组织的职责应覆盖所有的应急功能。同时,明确各应急组织在突发事件的应急救援中应承担的相应职责,以及负责人、候补人及联络方式等。在应急预案中,可以包括各有关内部应急部门和外部机构及其负责人的署名页,表明各应急部门和机构对应急预案编制的参与和认同,以及履行职责的承诺。

2.应急资源

应急资源,包括应急救援中可用的人员、设备、设施、物资、经费保障和其他资源,包括社会和外部援助资源等。应急资源的准备是应急救援工作的重要保障,应根据潜在事故的性质和后果分析,合理组建专业和社会救援力量,配备应急救援中所需的消防设备,如各种救援器械和设备、监控仪器、堵漏和清消材料、交通工具、个体防护设备、医疗设备和药品、生活保障物资等,并定期检查、维护与更新,保证其始终处于完好状态。另外,应对应急资源信息实施有效的管理与更新。

3.教育训练演习

为全面提高应急能力,应急预案应对在校学生教育、应急训练和演习做出相应的规定,包括其内容、计划、组织与准备、效果评估和要求等。公众意识和自我保护能力是减少事故伤亡不可忽视的一个重要方面。作为应急准备的一项内容,应对公众教育做出规定,使他们了解潜在的风险及危害,掌握基本的防护知识、必要的自救与互救技巧,了解遇见指定的主要及备用疏散线路和集合地点,了解各种警报的含义和应急救援工作的有关要求。

应急训练的基本内容主要包括基础培训与训练、专业训练、战术训练及其他训练等。基础培训与训练包括明确各自的职责,熟悉潜在的危险的性质、救援的基本程序和要领,熟练掌握个人防护装备和通信装备的使用等;专业训练关系到应急队伍的实战能力,训练内容主要包括专业常识、抢运和清消及现场急救等技术;战术训练是各项专业技术的综合运用,使各级指挥员和救援人员具备良好的组织指挥能力和应变能力;其他训练应根据实际情况有选择地展开,以进一步提高救援队伍的救援水平。预案演习是对应急能力的综合检验。组织由应急各方参加的预案训练和演习,使应急人员进入"实战"状态,熟悉各类应急处理和整个应急行政的程序,明确自身的职责,提高协同作战能力。同时,对演练的结果进行评估,分析应急预案的不足,并予以改进和完善。

4.互助协议

当高校的应急力量与资源相对薄弱时,应事先寻求与邻近的政府部门、相邻单位及专业救援机构等签署正式的互助协议,明确可提供的互助力量(消防、医疗、检测)物质、设备、技术等,并做好相应的安排,以便在应急救援中及时得到外部救援力量的救助。此外,还可与社会专业技术服务机构、物资供应企业等签署相应的互助协议。

(四)应急响应

应急响应能力的体现,应包括应急救援过程中一系列需要明确并实施的核心应急功能和任务,这些核心功能具有一定的独立性,但相互之间又密切联系,构成应急响应的有机整体,共同完成应急救援的目的。应急响应功能是指突发事件应急响应过程中需要完成的某些任务的集合,这些任务之间联系密切,共同构成应急响应的一个功能模块。由于高校突发事件的性质及应急主体的不同,需要的核心应急功能会有一些差异。

1.接警与通知

迅速准确地了解突发事故的性质与规模等初始信息,是决定是否启动应急救援的关键。接警作为应急响应的第一步,必须对其要求做出明确规定,保证迅速、准确地向报警人员询问事故现场的重要信息,如事件发生的时间、地点、种类、强度等。接警人员接到报警后,应按预先确定的接警和事故通报程序,将事故信息及时向有关应急机构、上级部门、政府部门及相邻地区发出通知,并采取相应的行动。

2.指挥与控制

高校突发事故的应急救援往往涉及多个救援部门和机构,因此,对应急行动的统一指挥和协调是应急救援有效开展的关键。建立分级响应,统一指挥、协调和决策,以便对事故进行初始评估,确认紧急状态,从而迅速、有效地进行应急响应决策,建立现场工作区域,确保重点保护区域和应急行动的优先原则,合理、高效地调配和使用应急资源,使现场各救援队伍有条不紊地开展救援行动。指挥与控制功能应明确:现场指挥部的设立程序;指挥的职责和权力;指挥系统(谁指挥谁,谁配合谁,谁向谁报告);启用现场外应急队伍的方法;事态评估与应急决策程序;现场指挥与应急指挥部的协调;校内应急指挥与外部应急指挥之间的协调。

3.警报和紧急公告

警报和紧急公告功能应明确,在发生重大事故时,如何向受影响的公众发布警报,包括什么时候、谁有权决定启动警报系统,各种警报信号的不同含义,警报系统的协调使用,可使用的警报装置的类型和位置以及警报装置覆盖的地理区域。如果可能的话,应指定备用措施。当事故可能影响到校外时,应及时启动警报系统,同时通过各种途径向公众发出紧急公告,传递事故的有关重要信息,如事故性质量、对健康的影响、自我保护措施、注意事项等,以保证公众能够及时做出自我防护响应。决定实施疏散时,应通过紧急通告确保公众了解疏散的有关信息,如疏散时间和路线、随身携带物、交通工具及目的等。

4.通信

通信是应急指挥、协调和与外界联系的重要保障,所有直接参与或者支持应急行动的组织(应急指挥部、现场指挥部、各应急救援组织、新闻媒体、医疗卫生部门、上级政府和外部救援机构等)之间,必须建立畅通的应急通信网络。通信功能应当说明主要通信系统的类型、使用方法、维护以及应急通信需求的详细情况等。充分考虑紧急状态下的通信能力和保障,建立备用的通信系统以保证全天候持续工作的通信能力。

5.事态监测与评估

在应急救援过程中,必须对事故的发展态势和影响及时进行动态的监测与评估,其在应急救援和应急恢复中起着非常重要的决策支持作用,其结果不仅是控制事故现场,制定消防、抢险措施的重要决策依据,也是划分现场工作区域,保障现场应急人员安全、实施公众保护或疏散措施的重要依据。

事态监测与评估的内容包括:由谁来负责监测与评估活动,监测仪器设备及监测方法,实验室化验及检验支持,监测点的设置及现场工作的报告程序等。可能的监测活动包括:事故影响边界,气象条件,对食物、饮用水、卫生以及水体、土壤、农作物等的污染,可能的二次反应有害物,爆炸危险性和受损建筑垮塌危险性,以及污染物质滞留区等。

6.警戒与治安

为保障现场应急救援工作的顺利开展,在事故现场周围建立警戒区域,实施交通管制,维护现场治安秩序是十分必要的,其目的是防止与救援无关的人员进入事故现场,保障救援队伍、物资运输和人群疏散等的交通畅通,避免现场的混乱或发生不必要的伤亡,维护撤离区和人员安置区的社会治安工作,保卫撤离区内和各封锁路口附近的重要目标和财产安全,打击各种犯罪。除上述职责以外,警戒人员还应协助发出警报、现场紧急疏散、人员清点、传达紧急信息执行指挥机构的通告,以及协助事故调查等。警戒与治安功能一般由公安部门或校内保安人员负责。由于警戒人员往往第一个到达现场,因此,应对其进行危险物质事故有关知识的培训,并列出警戒人员有关个体防护的准备。

7.人群疏散与安置

当事故现场周围地区的人群的生命可能受到威胁时,将受威胁人群及时疏散到安全区域,是减少人员伤亡扩大的关键。事故的大小、强度、爆发速度、持续时间及其后果严重程度是实施人群疏散应予考虑的重要因素,它将决定疏散人群的数量、疏散的可用时间以及确保安全的疏散距离。要对疏散的紧急情况和决策、预防性疏散准备、疏散区域、疏散距离、疏散路线、疏散运输工具、安全庇护场所以及回迁等做出细致的规定和准备。对于临时疏散的人群,要做好临时生活保障,保障必要的食品、水、电等基本条件。

在紧急情况下,根据事故的现场情况,也可以选择现场安全避难方法。疏散与避难一般由政府部门组织进行,但高校事先必须做好准备,积极与地方政府主管部门合作,保护学生、当地居民及其他人员免受事故危害。

8.医疗与卫生

及时、有效的现场救援以及合理的转送医院治疗,是减少事故现场人员伤亡的关键。在该功能中,应明确针对可能发生的事故,为现场急救、伤员运送、治疗及卫生监测等做好准备和安排,包括:可用的急救资源列表(急救中心、救护车和急救人员)医院列表(数量、分布、可用病床、治疗能力);抢救药品、医疗器械、消毒、解毒药品等在高校内的来源和供给;建立与上级和外部医疗机构的联系与协调,包括食物中毒急救中心等;对受伤人员进行分类急救;制定运送和转送医院的标准操作程序;记录、汇总伤亡情况;制定保障现场急救和医疗人员个人安全的措施;组建卫生和传染病源监测机构,准备可用的监测设备和检测方案。

9.公共关系

发生突发事件后,不可避免地会引起新闻媒体和公众的关注。因此,应将有关的事故的消息、影响、救援工作的进展、人员伤亡情况等及时向媒体和公众进行统一发布,以消除公众的恐慌心理,控制谣言,避免公众的猜疑和不满。

公共关系功能应明确信息发布的审核和批准程序,保证发布信息的统一性;指定新闻发言人,适时举行新闻发布会。准确发布事故信息,以澄清事故传言,当没有进一步的消息时,应该让人们知道事态正在调查,将在下次新闻发布会通知媒体,不回避和掩盖事实真相;为公众咨询、接待、安抚受伤人员家属做出安排。

10.应急响应人员安全

应急响应人员自身安全是校园事故应急预案应予考虑的一个重要问题,一些事故尤其是涉及危险物质的事故,应急救援工作危险性大,必须对应急人员自身的安全问题进行周密的考虑,要根据事故的性质,确保安全预防措施及设备、个体防护等级,合理配备个人防护装备,如配备自持式呼吸器等。此外,在收到事故现场更多的信息后,应重新评估所需的个体防护设备,以确保正确选配和使用个体防护设备。明确应急人员进出现场和紧急撤离的条件和程序,避免应急救援人员遭受不必要的伤害。

11.消防和抢险

消防和抢险是应急救援工作的核心内容之一,其目的是尽快控制事故的发展,防止事故的蔓延和进一步扩大,从而最终控制住事故,并积极营救事故现场的受害人员。尤其是涉及危险物质的泄漏、火灾事故,其消防和抢险工作的难度和危险性极大,应对消防和抢险工作的组织、相关消防抢险设施、器材和物资、人员培训、行动方案以及现场指挥等做好周密的安排和准备。

12.现场处置

根据现场应急方案对现场进行处置、控制,是高校突发事故应急的一个关键所在,事故现场处置的效果也是检验应急预案是否完善、有效的重要指标。由于高校可能发生的事故众多,处置方法存在较大的差异,针对高校中可能发生的不同突发事故,应制定相应的现场处置方案,以获得良好的应急效果。

(五)现场恢复

现场恢复是指将事故现场恢复到相对稳定、安全的基本状态。就应急过程来说,现场恢复意味着应急救援工作的结束进入到下一个工作阶段。当应急救援结束后,应急总指挥应该委派恢复人员清理被破坏的设施,恢复被损坏的设备和设施,清理火灾、自然灾害等处置后的残余物等。

大量经验教训表明,在现场恢复的过程中,仍然存在潜在的危险,如余烬复燃、受损建筑倒塌等,所以应对事故及受影响区域进行检测,分析现场恢复过程的潜在危险,确保恢复期间的安全。该部分内容主要包括:宣布应急结束的程序,撤离和交接程序,恢复正常状态的程序,现场清理和受影响区域的连续检测,事故调查与后果评价等。

(六)预案管理与评审改进

应急预案是应急救援工作的指导文件,具有法律的权威性。预案管理评审与改进功能是对预案的制定、修改、更新、批准和发布做出明确的管理规定,指出相应的管理部门,明确应急预案的审查批准和发布程序,保证定期或在应急演习、应急救援后对应急预案进行评审,针对实际情况以及预案中所暴露的缺陷与不足,不断地更新、完善与改进,使其适用于应急实际工作的需要。

第三节　校园安全应急预案的编制

高校安全应急预案的编制过程可分为5个步骤:成立编制小组、评估安全现状、编制应急预案、评审应急预案、实施应急预案。

一、成立编制小组

应急预案的内容涉及不同的部门及专业领域,编制应急预案是一个复杂的过程。组织编制工作,首先要成立校园安全应急预案编制小组,由专人或小组具体负责,其规模取决于应急预案的适用领域和涉及范围等。编制小组成员应有相应的专业知识、团队精神和社会责任感,具有应急相关部门的代表性。

(一)编制主体人员

编制小组应得到应急主体部门人员的参与和保证,并得到高层管理者的授权和认可,应以书面和学校下发文件的形式,明确编制主体人员。确定了预案编制小组的成员后,必须确定小组领导,确定编制计划,明确任务分工,保证预案编制工作的组织与实施。

(二)编制参与人员

在应急预案编制过程中,应将突发事件应急功能和相关职能部门的人员纳入预案编制小组之中,并得到本部门的认可。部分参与人员是非固定的,可各自负责需要编写的部分。针对校园安全应急预案,应有以下部门人员参与:高层管理者、各级管理人员、消防安保部门、后勤部门、对外联络部门等。

(三)专家系统支持

应急预案的科学性、严谨性和可行性,要求编制人员依据实际情况对事故和事件进行客观评价,并编制与之相适应的有应急响应能力的预案。只有对这些领域有深入研究的专家,才能提出具有针对性的措施和方法。

对于学校来讲,建立专家系统,既可以利用外部资源,也可以充分利用内部资源,如学校的设施管理人员、安保人员、技术人员等。有时因学校的风险水平较高,或者进行安全评估的技术要求难度较大,也可聘请专业的应急咨询机构和评价人员来帮助开展工作。

二、评估安全现状

(一)潜在风险分析

潜在风险分析是校园应急预案编制的基础和关键过程,分析的结果不仅有助于确定校园应急工作重点,提供划分预案编制优先级别的依据,也为应急预案的编制、应急准备和应急响应提供必要的信息和资料。

1.风险识别

风险识别是将校园中可能存在的风险因素识别出来,作为下一步风险分析的对象。风险识别与分析校园的地理、气候等自然条件,公共设施等具体情况,结合本地区历史上曾经发生的事故,识别校园中存在的危害和风险。

风险识别的方法主要有现场调查法、工作任务法、安全检查表法等。现场调查法是通过现场观察、询问交谈、安全记录查阅等,获取相关安全信息,通过分析研究,识别潜在风险;工作任务法是通过分析现场工作人员的工作任务中所涉及的危害,识别相应的危险源。安全检查表法是使用编制好的安全检查表,对校园进行系统的安全检查,识别存在的潜在风险。

2.脆弱性分析

脆弱性分析是在风险识别的基础上,分析校园内一旦发生事故,最容易受到冲击破坏的区域以及最可能出现波动或激变的环节。脆弱性分析应提供下列信息:受事故或灾害影响的区域,以及该区域的影响因素(地形、交通、风向等);位于脆弱带的人群数量和类型;可能遭受的财产破坏,包括基础设施(水、食物、电、医疗等);运输路线,可能的环境影响。

3.风险分析

风险分析是根据脆弱性分析的结果,评估事故或灾害发生时,对校园内人、财、物造成破坏的可能性,以及可能导致的实际破坏程度和波及范围。一般用相对性的词汇(如低、中、高)来描述。风险分析应提供下列信息:发生事故的可能性,或同时发生多种紧急事故的可能性;对人造成的伤害类型(急性、延时或慢性)和相关的高危人群;对财产造成的破坏类型(暂时、可修复或永久的);对环境造成的破坏类型(可恢复的或永久的)。

4.分析结果应用

根据脆弱性与风险分析得到的评价结果,评估潜在影响,确定应急需求和设备系统的需求。同时,结合校园的设备、设施,校园内部的资源和能力,确定应急需求的范围,提出有针对性的应急措施。

(二)应急能力评估

根据风险分析的结果,结合实际情况对已有的应急资源和应急能力进行评估,掌握校园内现有的应急能力状况,明确应急体系中的缺陷和不足。应急资源和能力将直接影响应急行动的快速有效性,应急资源包括应急人员、应急设施设备、装备和物资等,应急能力包括人员的技术、经验和接受的培训等。评估工作应由应急编制小组中的专业人员进行,并与相关部门及重要岗位工作人员交流,评估结果应形成书面报告。制定预案时,应当在评估与潜在风险相适应的应急资源和能力的基础上,选择最现实、最有效的应急策略。

三、编制应急预案

根据应急资源的现状需求事故风险分析结果以及有关的法律法规等要求,收集和查阅已有的相关资料,确定应急的整体目标和行动的优先顺序。在此基础上确定具体目标和重要事项,列出完成列出需要完成的任务清单,确定工作人员清单和时间表,明确脆弱性分析中发现的问题和针对资源不足问题的解决方法。然后,分配给编制小组每个成员相应的编写内容,确定最合适的格式,对具体的目标应明确期限。预案编写可采用树型、条文式、分部式、顺序式等结构。完成应急预案初稿后,应进行内部讨论与审定,并不断修改完善,形成评审稿。

四、评审应急预案

为确保应急预案的科学性、合理性以及实际情况的符合性。预案编制单位或管理部门应依据我国有关应急的方针、政策、法律、法规、规章、标准和其他有关应急预案编制的指南性文件与评审检查表,组织开展预案评审工作,并取得政府有关部门和应急机构的认可。预案经评审完善后,由主要负责人签署发布,并按规定报送上级有关部门备案。

(一)评审时机

应急预案评审时机是指应急管理机构、组织,应在何种情况下、何时或间隔多长时间对预案实施评审和修订。应急预案的评审、修订时机和频次可遵循如下规则:定期评审、修订的周期可确定为一年,随时针对培训和演习中发现的问题对应急预案实施评审;修订国家有关应急的方针、政策、法律、法规、规章和标准发生变化时,评审修订应急预案;当潜在风险发生较大变化时,评审、修订应急预案;根据应急预案的规定,评审、修订应急预案。

(二)评审类型

应急预案作为事故应急管理工作的规范文件,一经发布,即具有相当的权威性。因此,应急预案草案应通过所有要求执行该预案的机构或为预案执行提供支持的机构的评审。评审过程应相对独立,通过预案评审,对预案草案进行改进和完善。

1.内部评审

内部评审是指编制小组内部组织的评审。应急预案编制单位应在预案初稿编写工作完成以后,组织编写成员对预案进行内部评审。内部评审应对照检查表检查各自的工作,评估应急预案的完整性、准确性、可读性和可操作性等,保证预案内容的准确、协调和完整。完成内部评审工作之后,应对应急预案进行修订,并组织外部评审。

2.外部评审

外部评审是指预案编制单位组织本地或外地同行专家、上级机构、社区及有关政府部门对预案进行评议的评审。外部评审的主要作用是确保应急预案中规定的各项权利法制化,确保应急预案被所有部门接受。根据评审人员的不同,外部评审可分为同行评审、上级评审、社区评审和政府评审等。

(三)评审程序

完成校园安全应急预案的编制后,学校应该在广泛征求意见的基础上,对应急预案进行评审。

1.评审准备

成立应急预案评审工作组,落实参加评审的单位或人员,将应急预案及有关资料送予参加评审的单位和人员。

2.组织评审

评审工作应由高校主要负责人或主管安全生产工作的负责人主持。参加应急预案评审的人员应符合《生产安全事故应急预案管理办法》要求,经营规模小、人员少的单位,可以采取演练的方式对应急预案进行论证,必要时应邀请相关主管部门或安全管理人员参加。应急预案评审工作组讨论并提出会议评审意见。

3.修订、完善

学校应认真分析研究评审意见,按照评审意见对应急预案进行修订和完善。评审意见要求重新组织评审的,学校应组织有关部门对应急预案重新进行评审。

4.批准印发

校园安全应急预案经评审或论证,符合要求的,由学校负责人签发。预案分发给有关部门,要建立发放登记表,记录发放时间、发放份数、文件登记号、接收部门、接收日期、签收人等有关信息。向社会或媒体分发用于宣传教育的预案可不包括有关标准操作程序、内部通讯簿等不便公开的专业、关键和敏感信息。

(四)评审方法

应急预案评审有形式评审和要素评审两种方法。形式评审主要用于应急预案备案时的评审;要素评审用于学校组织的应急预案评审工作。应急预案评审采用符合、基本符合、不符合三种意见进行判定,对于基本符合、不符合的预案,应给出具体修改意见或建议。

1.形式评审

形式评审是对应急预案的层次结构、内容格式、语言文字、附加项目以及编制程序等内容进行审查,重点审查应急预案的规范性和编制程序。

2.要素评审

要素评审是依据国家有关法律法规和行业规范,从合法性、完整性、针对性、实用性、可操作性和衔接性等方面对应急预案进行评审。为细化评审,应采用列表方式分别对应急预案的关键要素和一般要素进行评审。评审时将应急预案的要素内容与评审表中所列的要素内容进行对照,判断是否符合有关要求,指出存在的问题及不足。

关键要素是指应急预案构成的要素中必须规范的内容,是应急管理及救援的关键环节,主要有危险源辨识和风险分析、组织结构及职责、信息报告与处置、应急响应程序与处置技术等。一般要素是指应急预案构成要素中可简写或省略的内容,如应及预案的编制目的、编制依据、适用范围、工作原则、单位概况等。

(五)评审要点

1.合法性

校园安全应急预案中所有的内容均应符合国家及相关部门制定的有关法律、法规、规章和标准,以及有关部门和上级单位规范性文件的要求。

2.完整性

应急预案的内容应完整,应包含实施应急响应行动所需要的所有基本信息。完整性包括职能完整、应急过程完整和适用范围完整。职能完整即应急预案中应说明有关部门应履行的应急响应职能和应急准备职能,说明为确保履行这些职能而应履行的支持性职能;应急过程的完整性,指应急预案应涵盖应急活动的全过程,包括应急预防、应急准备、应急响应和应急恢复四个阶段;适用范围完整,指应急预案中应阐明该预案的适用范围。

3.针对性

校园安全应急预案要密切结合本单位的危险源辨识与风险分析,针对这些潜在的危险源和风险,提出切实可行的方案。

4.实用性

校园安全应急预案应契合本单位的工作实际,与单位事故应急处置能力相适应。应急预案应通俗易懂、语言简洁、层次结构清晰、易查询、信息获取方便。

5.科学性

组织体系、信息报送和处置方案等内容应科学合理,所包含的各类基本信息应准确有效,如通信信息准确、职责描述准确、适用危险性质及种类准确。

6.操作性

应急响应程序和保障措施等内容应切实可行,具有良好的可操作性(实用性),当发生事故灾害时,有关应急组织及人员可以按照应急预案的规定,迅速、有序、有效地开展应急救援行动,降低事故损失。

7.衔接性

综合、专项应急预案和现场处置方案应形成体系,并与相关部门和单位应急预案协调一致,相互兼容,相互衔接,不产生冲突。

五、实施应急预案

(一)应急预案的落实

应急预案经评审通过和批准后,应按有关程序正式发布和备案,并组织落实应急预案中的各项工作,如开展应急预案宣传、教育和培训,落实和检查各相关部门的职责、程序和资源准备,组织开展应急预案和训练等。

(二)应急预案的修改

对应急预案实施动态管理,当在日常应急管理、训练和演习及实际应急过程中,发现预案缺陷和漏洞,或者组织机构、人员及通信方式及有关法律、法规、标准等发生变化时,应对预案进行修改更新,并不断完善,以保持预案的时效性。修改预案时,应填写预案更改通知。经审核、批准后备案存档,并根据预案发放登记表,发放预案更改通知单复印件至各部分,以更新预案。

(三)应急预案的修订

当预案更改的内容变化较大,累积修改处较多,或已达到预案修改期限时,学校主管部门应对预案进行评估,并及时进行修订。预案的修订过程应遵循预案编制相同的程序,包括重新成立编制小组到预案的评审、批准和实施全过程。预案经修订重新发布后,应按原预案发放登记表收回旧版本预案,发放新版本预案并进行登记。

第十一章　校园安全应急预案演练

【案例导入】

震灾抢险的实践表明，有无地震应急预案，其后果大不一样。如唐山 7.8 级地震前没有应急预案和救灾计划，当地政府无力指挥这样巨大灾害的救灾工作，而通信网络的摧毁使灾区与外界失去联系达 6 小时之久，紧急出动的数万名解放军指战员又被桥断墩毁的滦河阻隔住，使灾区失去了最宝贵的抢险时间，加剧了灾民的伤亡。相反，2008 年 5 月 12 日，四川汶川 8 级地震，由于震前有应急预案，并组织学生演练，位于紧邻北川的桑枣中学，在地震发生时，仅用 1 分 36 秒就转移了 2 200 余名师生，无一伤亡。

国务院 1995 年 172 号令，发布了《破坏性地震应急条例》，使我国地震应急工作纳入法制轨道，保证了防震减灾的顺利进行。目前，各级政府和有关部门正在完善当地破坏性地震应急预案。有了预案，无论发生什么突发性灾害，都心中有底，不会手忙脚乱、不知所措，从而为抢险救灾赢得宝贵时间，减少伤亡和损失。

思考与讨论

1.高校安全应急预案演练需要注意哪些要点？

2.作为学生，在高校安全应急预案演练过程中，应该做些什么？

第一节　校园安全应急演练概述

一、应急演练目的

（一）检验预案

校园安全应急演练是检验校园应急预案是否科学合理、切实可行的重要途径。通过演练，可暴露预案的缺陷和不足，便于查找应急预案中存在的问题，进而修正、优化和完善应急预案，提高应急预案的实用性和可操作性。美国国家应急预案编制指南中指出："内容没有经过培训和演练的任何预案文件，只是束之高阁的一纸空文。"

（二）完善准备

校园安全应急演练是保障学校应急体系始终处于良好战备状态的重要手段。相关部门要通过开展应急演练，检查应急资源（人力、物资、装备、技术等）的准备情况，发现安全预警系统和安全管理中存在的不足和缺陷，及时予以调整补充，做好应急准备工作。

(三)锻炼队伍

应急演练可使演练组织单位、参与单位和人员等充分熟悉和掌握应急响应的程序和方法,提高应急活动的熟练程度和应急技术水平,积累抢险救援经验,增强队伍的整体应急能力。在事故发生时,各应急人员才能够轻车熟路解决实际问题。应急演练还可验证应急队伍的编组、装备、训练内容、方法和形式的可行性,增强安全管理各部门的安全意识、协调意识及协调能力,进一步明确各自的岗位与职责,提高整体应急反应能力。

(四)磨合机制

开展应急演练可进一步明确相关单位和人员的职责任务,理顺工作关系,提升安全管理机构的指挥、调度、整合及组织协调能力,改善各应急部门、机构、人员之间的协调能力。通过应急演练,可磨合应急机制,使应急队伍的技能与素质得到巩固,提高事故处置工作的整体水平,在面对事故时,才能井然有序、协同密切、科学合理地处理。

(五)科普宣教

开展应急演练,还是对学生及群众进行安全教育的一种方式。应急演练可增强公众对突发事故救援的信心和应急意识,普及应急知识,增强公众对安全信息的敏感度,提高公众的风险防范意识和自救、互救等灾害应对能力。

二、应急演练原则

(一)科学计划,突出重点

应急演练必须事先确定演练目标,演练策划人员应对演练内容、情景等事项进行精心策划。演练应重点解决应急过程中的组织指挥和协同配合问题,解决应急准备工作的不足,以提高应急行动的整体效能。

(二)结合实际,合理定位

应急演练要紧密结合应急管理工作实际,明确演练目的,根据资源条件确定演练方式和规模。应急演练应结合学校所在地可能发生的危险源特点、潜在事故类型、可能发生事故的地点、气象条件及应急准备工作的实际情况进行。

(三)着眼实战,讲求实效

应急演练要以提高应急指挥人员的指挥协调能力、应急队伍的实战能力为着眼点。重视对演练效果及组织工作的评估、考核,总结推广好的经验,及时整改存在的问题。应急演练指导机构应精干,工作程序要简明,演练文件要实用,避免一切形式主义的安排,以取得实效为检验演练质量的唯一标准。

(四)周密组织,确保安全

应急演练要围绕演练目的,精心策划演练内容,科学设计演练方案,周密组织演练活动,制定并严格遵守有关安全措施,确保演练参与人员及演练装备、设施的安全。演练策划人员必须制定并落实保证演练达到目标的具体措施,各项演练活动应在统一指挥下实施,参演人员要严守演练现场规则,确保演练过程的安全。演练不得影响经营单位的正常运行,不得使各类人员承受不必要的风险。

(五)统筹规划、厉行节约

统筹规划应急演练活动,适当开展跨地区、跨部门、跨行业的综合性演练,充分利用现有资源,厉行节约,努力提高应急演练效果。

三、应急演练分类

鉴于假设场景受到实际条件的种种限制,学校应根据事故应急管理的需求和资源条件、面临风险的性质和大小、相关政府部门有关应急演练的规定等,并结合自身实际情况,采取不同的应急演练类型,对应急预案的完整性和周密性进行评估。不同类型应急演练的复杂程度、规模、所需的资源等均不同,但在策划演练内容、演练情景、演练频次、演练评价方法等方面有着共同的要求。不同类型的演练相互结合,可以形成单项桌面演练、综合桌面演练、单项实战演练、综合实战演练、示范性单项演练、示范性综合演练等。

四、应急演练组织机构

演练应在相关预案确定的应急领导机构或指挥机构领导下组织开展。演练组织单位要成立由相关单位领导组成的演练领导小组,通常下设策划部、保障部和评估组。对于不同类型和规模的演练活动,其组织机构和职能可以适当调整。

(一)演练领导小组

演练领导小组负责应急演练活动全过程的组织领导,审批决定演练的重大事项。演练领导小组组长一般由演练组织单位或其上级单位的负责人担任;副组长一般由演练组织单位或主要协办单位负责人担任;小组其他成员一般由各演练参与单位相关负责人担任。在演练实施阶段,演练领导小组组长、副组长通常分别担任演练总指挥、副总指挥。

1.总指挥部

总指挥部由当地政府、学校、安监局、公安、消防、卫生等有关部门的领导组成。其职责是全面负责事故现场的处理处置工作,通过区域监控信息系统接收现场指挥部发送的现场处置图像、监控报告和处置报过有线、无线和网络将指令传达到事故现场,向现场指挥部提供技术支持,及时提出处置意见,统一调配、协调各有关应急力量。

2.现场指挥部

现场指挥部由政府、学校、公安、消防、卫生等部门的负责人组成。现场指挥部负责及时听取、了解事故现场情况,进行现场勘察,对事故做出判断,统一调度现场应急人力、物力和设备,组织现场处理。为便于现场信息传输和现场指挥,现场指挥部地点一般选在靠近事故发生但较为安全的场所。现场指挥部的职责是:在总指挥部的统一指挥下,具体负责事故的调查、取证和监控,提出处置方案建议,随时向总指挥部汇报现场处理情况,将现场处置图像、监控数据、事故处理报告通过通信系统上传给总指挥部。

(二)策划部

策划部负责应急演练策划、演练方案设计、演练实施的组织协调、演练评估总结等工作。策划部设总策划、副总策划,下设文案组、协调组、控制组、宣传组等。

1.总策划

总策划是演练准备、演练实施、演练总结等阶段各项工作的主要组织者,一般由演练组织单位具有应急演练组织经验和突发事件应急处置经验的人员担任。副总策划协助总策划开展工作,由演练组织单位或参与单位的有关人员担任。

2.文案组

文案组是在总策划的直接领导下,负责制订演练计划、设计演练方案、编写演练总结报告以及演练文档归档与备案等。文案组成员应具有一定的演练组织经验和突发事件应急处置经验。

3.协调组

协调组负责与演练涉及的相关单位以及本单位有关部门之间的沟通协调,其成员一般为演练组织单位及参与单位的行政、外事等部门人员。

4.控制组

控制组在演练实施过程中,根据演练方案及演练计划的要求,在总策划的直接指挥下,负责向演练人员传送各类控制消息,引导应急演练进程按计划进行,并不断给出情况或消息,供参演的指挥人员进行判断、提出对策。演练控制人员最好有一定的演练经验,也可以从文案组和协调组抽调。

5.宣传组

宣传组负责编制演练宣传方案,整理演练信息、组织新闻媒体和开展新闻发布等。其成员一般是演练组织单位及参与单位宣传部门的人员。

(三)保障部

保障部负责调集演练所需的物资装备,购置和制作演练模型、道具、场景,准备演练场地,维持演练现场秩序,保障运输车辆,保障人员生活和安全保卫等。后勤保障人员一般是演练组织单位及参与单位后勤、财务、办公等部门人员。

(四)评估组

评估组负责设计演练评估方案和编写演练评估报告,对演练准备、组织、实施及其安全事项等进行全过程、全方位评估,及时向演练领导小组、策划部和保障部提出意见、建议。演练评估人员一般是应急管理专家,或具有一定演练评估经验和突发事件应急处置经验的专业人员。评估组可由上级部门组织,也可由演练组织单位自行组织。

要全面、正确地评价演练效果,必须在演练覆盖区域的关键地点和各参演应急组织的关键岗位上派驻公正的评价人员。评价人员的作用主要是观察演练的进程,记录演练人员采取的每一项关键行动及其实施时间,访谈演练人员,要求参演应急组织提供文字材料,评价参演应急组织和演练人员的表现并反馈演练发现。

(五)参演人员

参演人员是指在应急组织中承担具体任务,并在演练过程中尽可能对演练情景或模拟事件做出真实情景下可能采取的响应行动的人员,包括应急预案规定的有关应急管理部门

(单位)工作人员、各类专兼职应急救援队伍以及志愿者队伍等。参演人员承担具体演练任务,针对模拟事件场景做出应急响应行动。有时也可使用模拟人员替代未现场参加演练的单位人员,或模拟事故的发生过程(释放烟雾、模拟泄漏等)。

五、应急演练的任务

校园安全应急演练的过程可划分为演练准备、演练实施和演练评价 3 个阶段。按照应急演练的三个阶段,可将演练前后应予完成的内容和活动分解,并整理成相应的基本任务。

(一)演练准备

1.确定演练目标

应急演练指挥机构应提前确定演练目标,确定演示范围或演示水平,与有关部门、应急组织和关键人员提前协商,确定应急演练日期,并落实其他相关事宜。

2.编写演练方案

演练指挥机构应根据演练目标和演示范围事先编制演练方案,对演练性质、规模、参演单位和人员、假想事故、情景事件及其顺序、气象条件、响应行动、评价标准与方法、时间尺度等事项进行总体设计。

3.确定演练现场规则

演练现场规则是指为确保演练安全而制定的对演练内容和演练控制、参与人员职责、实际紧急事件、法规符合性、演练结束程序等事项的规定或要求。演练安全既包括演练参与人员的安全,也包括学生、当地居民和学校内其他人员的安全。确保演练安全是演练策划过程中一项极其重要的工作,演练指挥机构应事先制定演练现场规则,确保演练过程受控和演练参与人员的安全。

4.确定和培训评价人员

演练指挥机构负责人应预先确定演练评价人员,评价人员由政府有关部门的领导及相关领域内的专家组成。指挥机构应事先分配评价任务,准备说明评价人员工作任务、演练内容、日程及后勤问题的工作文件,以及与其任务相关的背景资料,在演练前分发给评价人员。在演练前完成评价人员的培训工作,使评价人员了解应急预案的执行程序,熟悉应急演练的评价方法。指挥机构应根据应急演练的规模和类型确定演练所需评价人员的数量和应具备的专业技能,指定评价人员并分配其所负责评价的应急组织和演练目标。评价人员应对应急演练和演练评价工作有一定的了解,并具备较好的语言和文字表达能力、必要的组织和分析能力以及处理敏感事务的行政管理能力。

5.安排后勤工作

演练指挥机构应事先完成演练通信、卫生、物资器材、场地交通、现场指示和生活保障等后勤保障工作。

(二)演练实施

讲解演练方案:演练指挥机构负责人应在演练前分别向演练人员、评价人员、控制人员讲解演练过程、演练现场规则、演练方案、情景事件等事项。记录演练情况:在演练过程中,评价人员应记录并收集演练目标的演示情况。追踪演练目标:在演练过程中,指挥机构应确保应急组织按照有关法规、标准和应急预案的要求演示所有演练目标。

(三)演练评价

1.演练情况评估

演练结束后,评价人员应立即访谈演练人员,咨询演练人员对演练过程的评价、疑问和建议。演练指挥机构负责人应召集演练人员代表对演练过程进行自我评估,并对演练结果进行总结和解释。评价人员应尽快对应急组织的表现给出书面评价报告,并对演练目标演示情况进行书面说明。

2.举行公开会议

演练指挥机构负责人应尽快听取评价人员对演练过程的观察与分析,确定演练结论并启动协商机制,邀请参演人员出席公开会议,解释如何通过演练检验应急能力,听取大家对应急预案的建议。演练指挥机构负责人应通报本次演练中存在的不足以及应采取的纠正措施。有关方面接到通报后,应在规定的期限内完成整改工作。

3.编写演练总结报告

演练结束后,演练指挥机构负责人应向上级部门及领导提交演练报告。报告内容应包括本次演练的背景信息、演练时间、演练方案、参与演练的应急组织、演练目标、演练不足项、演练整改项及建议整改措施等。

4.追踪整改项的纠正

演练结束后,有关方面应针对不足项及时采取补救措施,演练指挥机构负责人应追踪整改项的纠正情况,针对补救措施完成情况准备单独的评价报告,确保整改项能在下次演练中得到纠正。

第二节　学校安全应急演练准备

一、制订演练计划

演练计划是指对拟举行演练的基本构想和准备活动的初步安排。演练计划由文案组编制,经策划部审查后报演练领导小组批准。

演练计划主要内容包括:确定演练目的、明确举办应急演练的原因、演练要解决的问题和期望达到的效果等;分析演练需求,在对事先设定事件的风险及应急预案进行认真分析的基础上,确定需调整的演练人员、需锻炼的技能、需检验的设备、需完善的应急处置流程和需进一步明确的职责等;确定演练范围,根据演练需求、经费、资源和时间等条件的限制,确定演练事件类型、等级、地点、参演机构及人数、演练方式等;安排演练准备与实施的日程计划,包括各种演练文件编写与审定的期限、物资器材准备的期限、演练实施的日期等;编制演练经费预算,明确演练经费筹措渠道。

二、设计演练方案

演练方案由文案组编写,通过评审后由演练领导小组批准,必要时还需报有关主管单位同意并备案。演练方案内容包括演练目标、演练情景、演练实施步骤、评估标准与方法等。

(一)确定演练目标

演练目标是需完成的主要演练任务及其达到的效果,一般说明"由谁在什么条件下完成什么任务,依据什么标准,取得什么效果"。演练目标应简单、具体、可量化、可实现。一次演练一般有若干项演练目标,每项演练目标都要在演练方案中有相应的事件和演练活动予以实现,并在演练评估中有相应的评估项目判断该目标的实现情况。在设计演练方案时,应围绕演练目标展开。

1.接警与通知

展示通知应急组织,动员应急响应人员的能力。演练目标:要求应急组织应具备在各种情况下警告、通知和动员应急响应人员的能力,以及启动应急设施和为应急设施调配人员的能力。应急组织既要采取一系列举措,向应急响应人员发出警报,通知或动员有关应急响应人员各就各位,还要及时启动应急指挥中心和其他应急支持设施,使相关应急设施从正常运转状态进入紧急运转状态。

2.指挥与控制

展示指挥、协调和控制应急响应活动的能力。演练目标:应急组织应具备根据事态评估结果、识别应急资源需求,控制所有响应行动,以及动员和整合内、外部应急资源的能力。事故现场指挥人员、应急指挥中心指挥人员和应急行动小组负责人都应按应急预案要求建立事故指挥系统,展示指挥和控制应急响应行动的能力。

3.警报和紧急公告

展示向公众发出警报和宣传保护措施的能力。演练目标:要求应急组织具备按照应急预案中的规定,迅速完成向一定区域内的公众发布应急防护措施命令和信息的能力。

4.通信

展示与所有应急响应地点、应急组织和应急响应人员有效通信交流的能力。演练目标:要求应急组织建立可靠的主通信系统和备用通信系统,以便与有关岗位的关键人员保持联系。应急组织的通信能力应与应急预案中的要求相一致。通信能力的展示主要体现在通信系统及其执行程序的有效性和可操作性上。

5.事态监测与评估

展示获取事故学校基本信息、识别事故原因和致害物、判断事故影响范围及其潜在危险的能力。演练目标:要求应急组织具备通过各种方式和渠道积极收集、获取事故信息,评估、调查人员伤亡和财产损失、现场危险性等有关情况的能力;具备根据所获信息判断事故影响范围,以及对学校周边居民和学校环境的中长期危害的能力;具备确定进一步调查所需资源的能力;具备及时通知国家、省及其他应急组织的能力。

6.警戒与治安

展示维护现场秩序,疏通道路交通,控制疏散区和安置区的交通出入口等现场公共安全管理工作。演练目标:要求应急组织具备管制疏散区域交通道口的能力,主要强调交通控制点设置、执法人员配备和路障清除等活动的管理,与当地政府一起保护好学生和职工的生命财产安全。

7.人群疏散与安置

展示根据危险性质制定并采取公众保护措施的能力,展示收容被疏散人员的程序、安置设施和装备,以及服务人员的准备情况。演练目标:要求应急组织具备根据事态发展和危险性质选择适当地点(接待中心、公园、体育场馆等)建立人员安置中心,对疏散人员进行监测和登记,提供生活必备条件(食品、厕所、医疗与健康服务等),并实施恰当的公众保护措施的能力。

8.医疗与卫生

展示有关转运伤员的工作程序、交通工具、设施和服务人员的准备情况,以及展示医护人员、医疗设施的准备情况。演练目标:要求应急组织具备将伤病人员运往医疗机构的能力和为伤病人员提供医疗服务的能力。转运伤病人员既要求应急组织具备相应的交通运输能力,也要求其具备确定将伤病人员运往何处的决策能力。

9.公共关系

展示及时向媒体和公众发布准确信息的能力。演练目标:要求应急组织具备及时通过媒体向公众发布确切信息和行动命令的能力,确保公众能及时了解准确、完整和有效信息的能力;具备控制谣言、澄清不实传言的能力。

10.应急人员安全

展示监测、控制应急响应人员安全问题的能力。演练目标:要求应急组织具备保护应急响应人员的安全和健康的能力,主要强调应急区域划分、个体保护装备配备、事态评估机制与通信活动的管理。

11.消防和抢险

展示消防和抢险,控制危险的应急响应能力。演练目标:要求应急组织具备事故侦检、受伤人员救助、抢险灭火以及与周边单位组成联合抢险组进行现场紧急处理等能力。重大事故应急过程可能需坚持1天以上时间,一些关键应急职能需维持24小时不间断运行,因此,应急组织应能安排两班人员轮班工作,并周密安排接班过程,确保应急过程的持续性。

12.现场处置

展示采取有效措施控制事故发展和恢复现场的能力。演练目标:要求应急组织具备采取针对性措施,有效地控制事故发展和清理、恢复现场的能力。

(二)设计演练情景与实施步骤

演练情景是指根据应急演练的目标要求,根据事故发生与演变的规律,事先假设事故的发生发展过程,是演练人员在演练中的对策活动及应急行动的依据。演练情景一般从事件发生的时间、地点、状态特征、波及范围、周边环境、可能的后果以及随时间的演变进程等方面进行描述,包括演练场景概述和演练场景清单。演练情景可通过情景说明书加以描述,情景说明书的主要作用是描述事故情景,为演练人员的演练活动提供初始条件和初始事件,并通过一系列的情景事件引导演练活动继续,直至演练完成。演练情景以控制消息的形式通过电话、无线通信、传真、手工传递或口头传达等传递方式通知演练人员。

演练场景概述是对每一处演练场景的概要说明,主要说明事件类别、发生的时间地点、发展速度、强度与危险性、受影响范围、人员和物资分布、造成的损失、后续发展预测、气象及其他环境条件等。

演练场景清单要明确演练过程中各场景的时间顺序列表和空间分布情况。演练场景之间的逻辑关联依赖于事件发展规律、控制消息和演练人员收到控制消息后应采取的行动。情景事件总清单是指演练过程中引入的情景事件按时间顺序排序的列表,包括情景事件及其控制消息和期望行动,以及传递控制消息的时间或时机。情景事件总清单主要供控制人员在管理演练过程中使用,其目的是确保控制人员了解情景事件何时发生、何时输入控制消息等信息。

(三)设计评估标准与方法

演练评估是通过观察、体验和记录演练活动,比较演练实际效果与目标之间的差异,总结演练成效和不足的过程。演练评估应以演练目标为基础,每项演练目标都要设计合理的评估项目、方法和标准。根据演练目标的不同,可以用选择项(如:是/否判断,多项选择)、主观评分(如:1—差、3—合格、5—优秀)、定量测量(如:响应时间、被困人数、获救人数)等方法进行评估。为便于演练评估操作,通常事先设计好评估表格,包括演练目标、评估方法、评价标准和相关记录项等,有条件时还可以采用专业评估软件等工具。

(四)编写演练方案文件

演练方案文件是指导演练实施的详细工作文件。根据演练类别和规模的不同,演练方案可以编为一个或多个文件。编为多个文件时可包括演练人员手册、演练控制指南、演练评估指南、演练宣传方案、演练脚本等,分发给相应人员。对涉密应急预案的演练或不宜公开的演练内容,还要制定保密措施。

1.演练人员手册

演练人员手册是指向演练人员提供的有关演练具体信息、程序的说明文件。演练人员手册中所包含的信息均是演练人员应当了解的信息,但不包括应对其保密的信息,如情景事件等。内容主要包括演练概述、组织机构、时间、地点、参演单位、演练目的、演练情景概述、演练现场标识、演练后勤保障、演练规则、安全注意事项、通信联系方式等,但不包括演练细节。演练人员手册可发放给所有参加演练的人员。

2.演练控制指南

演练控制指南是指有关演练控制、模拟和保障等活动的工作程序和职责的说明。该指南主要供控制人员和模拟人员使用,其用途是向控制人员和模拟人员解释与他们相关的演练思想,制定演练控制和模拟活动的基本原则,建立或说明支持演练控制和模拟活动顺利进行的通信联系、后勤保障和行政管理机构等事项。演练控制指南的内容主要有演练情景概述、演练事件清单、演练场景说明、参演人员及其位置、演练控制规则、控制人员组织结构与职责、通信联系方式等。

3.演练评估指南

演练评估指南主要供演练评估人员使用,内容主要有演练情况概述、演练事件清单、演练目标、演练场景说明、参演人员及其位置、评估人员组织结构与职责、评估人员位置、评估表格及相关工具、通信联系方式等。

4.演练宣传方案

演练宣传方案内容主要包括宣传目标、宣传方式、传播途径、主要任务及分工、技术支持、通信联系方式等。

5.演练脚本

对于重大综合性示范演练,演练组织单位要编写演练脚本,描述演练事件场景、处置行动、执行人员、指令与对白、视频背景与字幕、解说词等。

(五)演练方案评审

对综合性较强、风险较大的应急演练,评估组要对文案组制定的演练方案进行评审,确保演练方案科学可行,以保证应急演练工作的顺利进行。

三、演练动员与培训

在演练开始前要进行演练动员与培训,确保所有演练参与人员掌握演练规则、演练情景和各自在演练中的任务。

所有演练参与人员都要经过应急基本知识、演练基本概念、演练现场规则等方面的培训。应急指挥部成员单位的负责人及工作人员要进行组织机构、职责、联系方式、紧急报告、救援行动等方面的培训;参演人员要进行应急预案、事故特征、应急技能及个体防护技术等方面的培训;控制人员要进行岗位职责、演练过程控制和管理等方面的培训;评估人员要进行岗位职责、演练评估方法、工具使用等方面的培训。

四、应急演练保障

(一)人员保障

演练参与人员一般包括演练领导小组、演练总指挥、总策划、文案人员、控制人员、评估人员、保障人员、参演人员、模拟人员等,有时还会有观摩人员等其他人员。在演练的准备过程中,演练组织单位和参与单位应合理安排工作,保证相关人员有时间参与演练活动。通过组织观摩学习和培训,提高演练人员的素质和技能。

(二)经费保障

演练组织单位要根据应急演练规划编制应急演练经费预算,将其纳入该单位的年度财政(财务)预算,并按照演练需要及时拨付经费。对演练经费使用情况进行监督检查,确保演练经费专款专用、节约高效。

(三)场地保障

根据演练方式和内容,经现场勘察后选择合适的演练场地。桌面演练一般可选择会议室或应急指挥中心等;实战演练应选择与实际情况相似的地点,并根据需要设置指挥部、集结点、接待站、供应站、救护站、停车场等设施。演练场地应有足够的空间,良好的交通、生活、卫生和安全条件,尽量避免干扰公众的生产生活。

(四)物资和器材保障

根据需要,准备必要的演练材料、物资和器材,制作必要的模型设施等。信息材料:应急预案和演练方案的纸质文本、演示文档、图表、地图、软件等。物资设备:各种应急抢险物资、特种装备、办公设备、录音摄像设备、信息显示设备等。通信器材:固定电话、移动电话、对讲机、海事电话、传真机、计算机、无线局域网、视频通信器材和其他配套器材,尽可能使用已有的通信器材。演练情景模型:搭建必要的模拟场景及装置设施。

(五)通信保障

应急演练过程中,应急指挥机构、总策划、控制人员、参演人员、模拟人员等之间要有及时可靠的信息传递渠道。根据演练的需要,可以采用多种公用或专用通信系统,必要时可搭建演练专用通信与信息网络,确保演练控制信息的快速传递。

(六)安全保障

演练组织单位要高度重视演练组织与实施全过程的安全保障工作。大型或高风险演练活动要按规定制定专门应急预案,采取预防措施,并对关键部位和环节可能出现的突发事件进行针对性演练。根据需要为演练人员配备个体防护装备,购买商业保险。对可能影响公众生活、易于引起公众误解和恐慌的应急演练,应提前向社会发布公告,告示演练内容、时间、地点和组织单位,并做好应对方案,避免造成负面影响。演练现场要有必要的安保措施,必要时对演练现场进行封闭或管制,保证演练安全进行。演练出现意外情况,演练总指挥与其他领导小组成员会商后,可提前终止演练。

第三节 校园安全应急演练实施

校园安全应急演练实施是指从宣布初始事件起到演练结束的整个过程。虽然应急演练的类型、规模、持续时间、演练情景、演练目标等有所不同,但演练实施过程中的基本内容大致相同。

一、演练启动

演练正式启动前,一般要举行简短的仪式,由演练总指挥宣布演练开始并启动演练活动。

二、演练执行

(一)演练指挥与行动

演练总指挥负责演练实施全过程的指挥控制。当演练总指挥不兼任总策划时,一般由总指挥授权总策划对演练过程进行控制。按照演练方案的要求,应急指挥机构指挥各参演队伍和人员开展各项模拟演练活动。

演练控制人员应充分掌握演练方案,按照总策划的要求,熟练发布控制信息,协调参演人员完成各项演练任务。参演人员根据控制消息和指令,按照演练方案规定的程序开展应急处置行动,完成各项演练活动。模拟人员按照演练方案要求,模拟未参加演练的单位或人员的行动,并做出信息反馈。

(二)演练过程控制

总策划负责按演练方案控制演练过程。在演练过程中,参演应急组织和人员应遵守当地相关的法律、法规和演练现场规则,按实际紧急事件发生时的响应要求进行演练。如果演练偏离正确方向,控制人员可以采取刺激行动,以纠正错误。采取刺激行动时应尽可能地平缓,以诱导的方法纠偏。只有对背离演练目标的"自由演练",才可使用强刺激的方法使其中断。

1.桌面演练过程控制

在讨论桌面演练中,演练活动主要是围绕对所提出的问题进行讨论。由总策划以口头或书面形式,部署引入一个或若干个问题。参演人员根据应急预案及有关规定,讨论应采取的行动。在角色扮演或推演式桌面演练中,由总策划按照演练方案发出控制消息,参演人员接收到事件信息后,通过角色扮演或模拟操作,完成应急处置活动。

2.实战演练过程控制

在实战演练中,要通过传递控制消息来控制演练进程。总策划按照演练方案发出控制消息,控制人员向参演人员和模拟人员传递控制消息,提醒演练人员终止对情景演练具有负面影响或超出演示范围的行动,提醒演练人员采取必要的行动来正确展示所有的演练目标,终止演练人员不安全的行为,延迟或终止情景事件的演练。参演人员和模拟人员接收到信息后,按照发生真实事件时的应急处置程序,或根据应急行动方案,采取相应的应急处置行动。

控制消息可由人工传递,也可以用对讲机、电话、手机、传真机、网络等方式传送,或者通过特定的声音、标志、视频等来呈现。在演练过程中,控制人员应随时掌握演练的进展,并向总策划报告演练中出现的各种问题。

(三)演练解说

在演练实施过程中,演练组织单位可以安排专人对演练过程进行解说。解说内容一般包括演练的背景描述、进程讲解、案例介绍、环境渲染等。对于有演练脚本的大型综合性示范演练,可按照脚本中的解说词进行讲解。

(四)演练记录

在演练实施过程中,一般要安排专门人员,采用文字、照片和音像等手段记录演练过程。文字记录一般由评估人员完成,主要包括演练实际开始与结束时间、演练过程控制情况、各项演练活动中参演人员的表现、意外情况及其处置等内容,尤其是要详细记录可能出现的人员"伤亡"(如进入"危险"场所而无安全防护,在规定的时间内不能完成疏散等)及财产"损失"等情况。照片和音像记录可安排专业人员和宣传人员在不同现场、不同角度进行拍摄,尽可能全方位地反映演练实施过程。

(五)演练宣传报道

演练宣传组按照演练宣传方案做好演练宣传报道工作。演练宣传组要认真做好信息采集、媒体组织、广播电视节目现场采编和播报等工作,扩大演练的宣传教育效果。对涉密应急演练,要做好相关保密工作。

三、演练结束与终止

演练完毕,由总策划发出结束的信号,由演练总指挥宣布演练结束。演练结束后所有人员停止演练活动,按预定方案集合进行现场总结讲评或者组织疏散。保障部负责组织人员对演练现场进行清理和恢复。

演练实施过程中如出现下列情况,经演练领导小组决定,可由演练总指挥按照事先规定的程序和指令终止演练:(1)出现真实突发事件,需要参演人员参与应急处置时,要终止演练,使参演人员迅速回归其工作岗位,履行应急处置职责;(2)出现特殊或意外情况,短时间内不能妥善处理或解决时,可提前终止演练。

第四节 校园安全应急演练总结

演练结束后,进行评价与总结是全面评估演练是否达到演练目标要求,各应急组织指挥人员及应急响应人员是否能完成任务,应急准备水平是否需要改进的一个重要步骤,也是演练人员进行自我评价的机会。演练评价与总结可以通过访谈、汇报、协商、自我评价、公开会议和通报等形式来完成。

一、演练评估

演练评估是由专业人员在全面分析演练记录及相关资料的基础上,对比参演人员表现与演练目标要求,对演练活动及其组织过程做出客观评价,并编写演练评估报告的过程。演练结束后,相关人员通过组织评估会议、填写演练评价表和对参演人员进行访谈等方式,或通过参演单位提供自我评估总结材料,收集有关演练的实施情况的材料。

(一)编写演练评估报告

演练结束后应对演练的效果做出评估,并提交演练评估报告。演练评估报告的主要内容一般包括演练执行情况、预案的合理性与可操作性、应急指挥人员的指挥协调能力、参演人员的处置能力、演练所用设备装备的适用性、演练目标的实现情况、演练的成本效益分析、对完善预案的建议等。

(二)分析演练中的问题

在演练效果评估的基础上,详细说明演练过程中发现的问题。按照对应急救援工作及时性、有效性的影响程度,演练过程中的问题可分为不足项、整改项和改进项。

1.不足项

不足项是指演练过程中观察或识别出的应急准备缺陷,这些缺陷可能导致在紧急事件发生时,不能确保应急组织或应急救援体系有能力采取合理应对措施,保护公众的安全与健康。演练过程中发现的问题确定为不足项时,策划小组负责人应对该不足项进行详细说明,并给出应采取的纠正措施和完成的时限。最有可能导致不足项的应急预案编制要素包括:职责分配、应急资源、警报、通报方法与程序、通信、事态评估、公众教育与公众信息、保护措施、应急人员安全和紧急医疗服务等。

2.整改项

整改项是指演练过程中观察或识别出的,不可能单独在应急救援中对公众的安全与健康造成不良影响的应急准备缺陷。整改项应在下次演练前予以纠正。在以下两种情况下,整改项可列为不足项:一是某个应急组织中存在两个以上整改项,共同作用可影响保护公众安全与健康能力的;二是某个应急组织在多次演练过程中,反复出现前次演练发现的整改项问题的。

3.改进项

改进项是指应急准备过程中应予改善的问题。改进项不同于不足项和整改项,它不会对人员安全与健康产生严重影响,应视情况要求予以改进,不必一定要求予以纠正。

二、演练总结

演练总结是对演练情况的详细说明和评价。

(一)演练总结类型

演练总结可分为现场总结和事后总结。现场总结是在演练的一个阶段或所有阶段结束后,由演练总指挥、总策划、专家评估组长等在演练现场有针对性地进行的讲评和总结,内容主要包括本阶段的演练目标、参演队伍及人员的表现、演练中暴露的问题、解决问题的办法等。事后总结是在演练结束后,由文案组根据演练记录、演练评估报告、应急预案、现场总结等材料,对演练进行系统和全面的总结,并形成演练总结报告。

(二)演练总结报告

指挥机构负责人及参演人员应在演练结束规定期限内,根据在演练过程中收集和整理的资料编写演练总结报告,经讨论后交学校领导。演练总结报告的内容包括:演练目的、时间和地点、参演单位和人员、演练方案概要、发现的问题与原因、经验和教训,以及改进有关工作的建议等。

三、成果运用

应急组织应根据演练过程中暴露出来的问题,以及演练记录、日志等文件资料,调查分析预案中存在的问题,提出改进的建议,如对应急预案和有关程序的改进建议,对应急设备、设施维护与更新的建议,对应急组织、应急响应人员能力和培训的建议等。

应急组织应根据改进建议及时采取措施予以改进,包括修改完善应急预案、有针对性地加强应急人员的教育和培训、对应急物资装备有计划地更新等,并建立改进任务表,按规定时间对改进情况进行监督检查。

四、文件归档与备案

演练组织单位在演练结束后应将演练计划、演练方案、演练评估报告、演练总结报告等资料归档保存。对于由上级有关部门布置或参与组织的演练,或者法律、法规、规章要求备案的演练,演练组织单位应当将相应资料报有关部门备案。

五、考核与奖惩

演练组织单位要对演练参与单位及人员进行考核。对在演练中表现突出的单位及个人,给予表彰和奖励;对不按要求参加演练,或影响演练正常开展的,给予相应批评和处罚。

【延伸阅读】　　　　　　　　　突发事件应急预案管理办法

第一章　总则

第一条　为规范突发事件应急预案(以下简称应急预案)管理,增强应急预案的针对性、实用性和可操作性,依据《中华人民共和国突发事件应对法》等法律、行政法规,制定本办法。

第二条　本办法所称应急预案,是指各级人民政府及其部门、基层组织、企事业单位、社会团体等为依法、迅速、科学、有序应对突发事件,最大程度减少突发事件及其造成的损害而预先制定的工作方案。

第三条　应急预案的规划、编制、审批、发布、备案、演练、修订、培训、宣传教育等工作,适用本办法。

第四条　应急预案管理遵循统一规划、分类指导、分级负责、动态管理的原则。

第五条　应急预案编制要依据有关法律、行政法规和制度,紧密结合实际,合理确定内容,切实提高针对性、实用性和可操作性。

第二章　分类和内容

第六条　应急预案按照制定主体划分,分为政府及其部门应急预案、单位和基层组织应急预案两大类。

第七条　政府及其部门应急预案由各级人民政府及其部门制定,包括总体应急预案、专项应急预案、部门应急预案等。

总体应急预案是应急预案体系的总纲,是政府组织应对突发事件的总体制度安排,由县级以上各级人民政府制定。

专项应急预案是政府为应对某一类型或某几种类型突发事件,或者针对重要目标物保护、重大活动保障、应急资源保障等重要专项工作而预先制定的涉及多个部门职责的工作方案,由有关部门牵头制定,报本级人民政府批准后印发实施。

部门应急预案是政府有关部门根据总体应急预案、专项应急预案和部门职责,为应对本部门(行业、领域)突发事件,或者针对重要目标物保护、重大活动保障、应急资源保障等涉及部门工作而预先制定的工作方案,由各级政府有关部门制定。

鼓励相邻、相近的地方人民政府及其有关部门联合制定应对区域性、流域性突发事件的联合应急预案。

第八条　总体应急预案主要规定突发事件应对的基本原则、组织体系、运行机制,以及应急保障的总体安排等,明确相关各方的职责和任务。

针对突发事件应对的专项和部门应急预案,不同层级的预案内容各有所侧重。国家层面专项和部门应急预案侧重明确突发事件的应对原则、组织指挥机制、预警分级和事件分级标准、信息报告要求、分级响应及响应行动、应急保障措施等,重点规范国家层面应对行动,同时体现政策性和指导性;省级专项和部门应急预案侧重明确突发事件的组织指挥机制、信息报告要求、分级响应及响应行动、队伍物资保障及调动程序、市县级政府职责等，重点规范省级层面应对行动，同时体现指导性；市县级专项和部门应急预案侧重明确突发事件的组织指挥机制、风险评估、监测预警、信息报告、应急处置措施、队伍物资保障及调动程序等内容，重点规范市（地）级和县级层面应对行动，体现应急处置的主体职能；乡镇街道专项和部门应急预案侧重明确突发事件的预警信息传播、组织先期处置和自救互救、信息收集报告、人员临时安置等内容，重点规范乡镇层面应对行动，体现先期处置特点。

针对重要基础设施、生命线工程等重要目标物保护的专项和部门应急预案，侧重明确风险隐患及防范措施、监测预警、信息报告、应急处置和紧急恢复等内容。

针对重大活动保障制定的专项和部门应急预案，侧重明确活动安全风险隐患及防范措施、监测预警、信息报告、应急处置、人员疏散撤离组织和路线等内容。

针对为突发事件应对工作提供队伍、物资、装备、资金等资源保障的专项和部门应急预案，侧重明确组织指挥机制、资源布局、不同种类和级别突发事件发生后的资源调用程序等内容。

联合应急预案侧重明确相邻、相近地方人民政府及其部门间信息通报、处置措施衔接、应急资源共享等应急联动机制。

第九条　单位和基层组织应急预案由机关、企业、事业单位、社会团体和居委会、村委会等法人和基层组织制定，侧重明确应急响应责任人、风险隐患监测、信息报告、预警响应、应急处置、人员疏散撤离组织和路线、可调用或可请求援助的应急资源情况及如何实施等，体现自救互救、信息报告和先期处置特点。

大型企业集团可根据相关标准规范和实际工作需要，参照国际惯例，建立本集团应急预案体系。

第十条　政府及其部门、有关单位和基层组织可根据应急预案，并针对突发事件现场处置工作灵活制定现场工作方案，侧重明确现场组织指挥机制、应急队伍分工、不同情况下的应对措施、应急装备保障和自我保障等内容。

第十一条　政府及其部门、有关单位和基层组织可结合本地区、本部门和本单位具体情况，编制应急预案操作手册，内容一般包括风险隐患分析、处置工作程序、响应措施、应急队伍和装备物资情况，以及相关单位联络人员和电话等。

第十二条　对预案应急响应是否分级、如何分级、如何界定分级响应措施等，由预案制定单位根据本地区、本部门和本单位的实际情况确定。

第三章　预案编制

第十三条　各级人民政府应当针对本行政区域多发易发突发事件、主要风险等，制定本级政府及其部门应急预案编制规划，并根据实际情况变化适时修订完善。单位和基层组织可根据应对突发事件需要，制定本单位、本基层组织应急预案编制计划。

第十四条　应急预案编制部门和单位应组成预案编制工作小组，吸收预案涉及主要部门和单位业务相关人员、有关专家及有现场处置经验的人员参加。编制工作小组组长由应急预案编制部门或单位有关负责人担任。

第十五条 编制应急预案应当在开展风险评估和应急资源调查的基础上进行。

(一)风险评估。针对突发事件特点,识别事件的危害因素,分析事件可能产生的直接后果以及次生、衍生后果,评估各种后果的危害程度,提出控制风险、治理隐患的措施。

(二)应急资源调查。全面调查本地区、本单位第一时间可调用的应急队伍、装备、物资、场所等应急资源状况和合作区域内可请求援助的应急资源状况,必要时对本地居民应急资源情况进行调查,为制定应急响应措施提供依据。

第十六条 政府及其部门应急预案编制过程中应当广泛听取有关部门、单位和专家的意见,与相关的预案做好衔接。涉及其他单位职责的,应当书面征求相关单位意见。必要时,向社会公开征求意见。

单位和基层组织应急预案编制过程中,应根据法律、行政法规要求或实际需要,征求相关公民、法人或其他组织的意见。

第四章 审批、备案和公布

第十七条 预案编制工作小组或牵头单位应当将预案送审稿及各有关单位复函和意见采纳情况说明、编制工作说明等有关材料报送应急预案审批单位。因保密等原因需要发布应急预案简本的,应当将应急预案简本一起报送审批。

第十八条 应急预案审核内容主要包括预案是否符合有关法律、行政法规,是否与有关应急预案进行了衔接,各方面意见是否一致,主体内容是否完备,责任分工是否合理明确,应急响应级别设计是否合理,应对措施是否具体简明、管用可行等。必要时,应急预案审批单位可组织有关专家对应急预案进行评审。

第十九条 国家总体应急预案报国务院审批,以国务院名义印发;专项应急预案报国务院审批,以国务院办公厅名义印发;部门应急预案由部门有关会议审议决定,以部门名义印发,必要时,可以由国务院办公厅转发。

地方各级人民政府总体应急预案应当经本级人民政府常务会议审议,以本级人民政府名义印发;专项应急预案应当经本级人民政府审批,必要时经本级人民政府常务会议或专题会议审议,以本级人民政府办公厅(室)名义印发;部门应急预案应当经部门有关会议审议,以部门名义印发,必要时,可以由本级人民政府办公厅(室)转发。

单位和基层组织应急预案须经本单位或基层组织主要负责人或分管负责人签发,审批方式根据实际情况确定。

第二十条 应急预案审批单位应当在应急预案印发后的 20 个工作日内依照下列规定向有关单位备案:

(一)地方人民政府总体应急预案报送上一级人民政府备案。

(二)地方人民政府专项应急预案抄送上一级人民政府有关主管部门备案。

（三）部门应急预案报送本级人民政府备案。

（四）涉及需要与所在地政府联合应急处置的中央单位应急预案,应当向所在地县级人民政府备案。法律、行政法规另有规定的从其规定。

第二十一条　自然灾害、事故灾难、公共卫生类政府及其部门应急预案,应向社会公布。对确需保密的应急预案,按有关规定执行。

第五章　应急演练

第二十二条　应急预案编制单位应当建立应急演练制度,根据实际情况采取实战演练、桌面推演等方式,组织开展人员广泛参与、处置联动性强、形式多样、节约高效的应急演练。

专项应急预案、部门应急预案每三年至少进行一次应急演练。

地震、台风、洪涝、滑坡、山洪泥石流等自然灾害易发区域所在地政府,重要基础设施和城市供水、供电、供气、供热等生命线工程经营管理单位,矿山、建筑施工单位和易燃易爆物品、危险化学品、放射性物品等危险物品生产、经营、储运、使用单位,公共交通工具、公共场所和医院、学校等人员密集场所的经营单位或者管理单位等,应当有针对性地经常组织开展应急演练。

第二十三条　应急演练组织单位应当组织演练评估。评估的主要内容包括:演练的执行情况,预案的合理性与可操作性,指挥协调和应急联动情况,应急人员的处置情况,演练所用设备装备的适用性,对完善预案、应急准备、应急机制、应急措施等方面的意见和建议等。鼓励委托第三方进行演练评估。

第六章　评估和修订

第二十四条　应急预案编制单位应当建立定期评估制度,分析评价预案内容的针对性、实用性和可操作性,实现应急预案的动态优化和科学规范管理。

第二十五条　有下列情形之一的,应当及时修订应急预案:

（一）有关法律、行政法规、规章、标准、上位预案中的有关规定发生变化的。

（二）应急指挥机构及其职责发生重大调整的。

（三）面临的风险发生重大变化的。

（四）重要应急资源发生重大变化的。

（五）预案中的其他重要信息发生变化的。

（六）在突发事件实际应对和应急演练中发现问题需要做出重大调整的。

（七）应急预案制定单位认为应当修订的其他情况。

第二十六条　应急预案修订涉及组织指挥体系与职责、应急处置程序、主要处置措施、突发事件分级标准等重要内容的,修订工作应参照本办法规定的预案编制、审批、备案、公布程序组织进行。仅涉及其他内容的,修订程序可根据情况适当简化。

第二十七条　各级政府及其部门、企事业单位、社会团体、公民等,可以向有关预案编制单位提出修订建议。

第七章 培训和宣传教育

第二十八条 应急预案编制单位应当通过编发培训材料、举办培训班、开展工作研讨等方式,对与应急预案实施密切相关的管理人员和专业救援人员等组织开展应急预案培训。

各级政府及其有关部门应将应急预案培训作为应急管理培训的重要内容,纳入领导干部培训、公务员培训、应急管理干部日常培训内容。

第二十九条 对需要公众广泛参与的非涉密的应急预案,编制单位应当充分利用互联网、广播、电视、报刊等多种媒体广泛宣传,制作通俗易懂、好记管用的宣传普及材料,向公众免费发放。

第八章 组织保障

第三十条 各级政府及其有关部门应对本行政区域、本行业(领域)应急预案管理工作加强指导和监督。国务院有关部门可根据需要编写应急预案编制指南,指导本行业(领域)应急预案编制工作。

第三十一条 各级政府及其有关部门、各有关单位要指定专门机构和人员负责相关具体工作,将应急预案规划、编制、审批、发布、演练、修订、培训、宣传教育等工作所需经费纳入预算统筹安排。

第九章 附则

第三十二条 国务院有关部门、地方各级人民政府及其有关部门、大型企业集团等可根据实际情况,制定相关实施办法。

第三十三条 本办法由国务院办公厅负责解释。

第三十四条 本办法自印发之日起施行。

第十二章 急救知识与技能

我国国民的安全防护与急救处理与急救知识普及的现状令人担忧,有人做过一次大规模的调查,被调查的 5 000 名大学生中,不会心肺复苏等初级救生术者占 80.8%,对溺水、电击、CO 中毒等不会救护者占 76.2%;对出血、骨折不会救护者占 69.6%;愿意学习救护者占88.5%;认为很有必要学习救护知识者占 88.9%。由此可见大学生急救技术极度缺乏,他们迫切需要掌握初级救生技术。因此,必须加大宣传力度,建立完善的急救及培训体系,并在学校教育中加强对在校学生的教育与普及,以期达到增强国民安全防护意识,提高国民急救处理技能的目的。

第一节 急救概述

【案例导入】

案例 1:2013 年 9 月 2 日,是湘潭市湘钢二中高中部军训的第一天。这天,该校高二(43)班 17 岁男生何子健在军训时突然晕倒,经送医抢救无效身亡,医生诊断为猝死。事后,何子健家属调取学校监控视频发现,孩子晕倒时间为 9:45,而家属在11:20 左右接到学校的电话。家属表示疑惑:从晕倒到接到电话,学生是否得到了及时有效的治疗?

案例 2:2016 年 12 月 27 日,记者从中国医科大学附属第四医院了解到,该院医护人员与辽宁大学学生组成急救志愿者服务队。通过医护人员的训练,让更多的大学生掌握急救技巧。中国医科大学附属第四医院党委副书记刘屹立表示,如果病人能够在黄金十分钟得到急救,阻止心脏病猝死的概率一般能达到 50%,这也正是组织培训的初衷。将来,该院还将进入其他学校和社区,对学生和居民进行急救训练。

调查数据显示,超过八成的市民不会心肺复苏。根据对 2 003 名受访者进行的一项调查显示,74% 的受访者对成年人脉搏、呼吸、血压正常数值不够了解,84% 的受访者无法独立完成"徒手心肺复苏术"等急救措施,65.7% 的受访者认为学校缺少相关课程或主题教育。有大学生表示,学校都曾举办过急救知识的讲座,但是自己都没有认真听过,"像心肺复苏之类的急救措施,其印象还是来自电视剧"。

从以上两个案例可以看出,急救常识与防护技能如此重要,为什么绝大多数学生都不会呢? 学校是否有必要对学生进行安全急救技能的培训? 大学生又该学习哪些急救知识与技能呢?

一、相关概念

急救:伤害事故的现场急救是指对现场出现的意外或突发的伤、病、事故进行紧急的、临时性的处理。通过正确、有效、迅速的急救措施,不仅能抢救伤病员的生命、减轻其痛苦和预防并发症,而且在急救的黄金时间内为下一步转送医院治疗创造良好的条件。

安全防护:是指为了避免出现可能危及人或环境的安全而采取主动的预防措施。人的安全防护与急救能力是现代物质文明和精神文明的具体表现,在现代社会,公民的安全防护与急救能力的提高对提高国民生活、生存质量具有重要的意义。

二、安全防护与急救能力的形成

人体的生长发育规律及教育学家的研究成果显示,人的安全防护与急救能力的形成发展过程分为 4 个阶段:婴儿期、学龄初期、学龄中期、学龄晚期。

(一)婴儿期

这个时期主要是监护人对他们进行简单的安全常识与防护的启蒙教育。这个时期婴儿会简单地玩弄和操作熟悉的物体,并能参加一些简单的游戏活动,但是他们的语言能力和理解能力较差,对事物的认识和对事态的预见性很差,注意力不集中,出现自己造成的主动伤害的机会也随之增加,因此对婴儿进行必要的安全防护教育可以为以后接受系统的安全防护教育打下基础。

(二)学龄初期

学龄初期是儿童开始接受学校正规教育的时期,这是安全防护与急救能力形成发展的关键阶段。这一时期儿童的活动范围明细扩大,主动或被动参加活动的机会明显增加,他们由于缺乏相应的安全防护与急救知识,因此也是意外突发事件中伤亡率最高的人群。因此,如何提高这一群体的安全防护能力是学校教育工作者和家长所面临的严峻课题。

(三)学龄中期

学龄中期是少年心理、生理变化十分显著的阶段,其身体形态的快速变化,个性心理特征的快速发展,使他们能完成一些成人交给的体力与智力活动。这一时期的少年具有明显的群体性,是意外事件中伤亡较高的人群,对他们进行基本的安全防护知识教育和急救技能培训是非常必要的。

(四)学龄晚期

学龄晚期的青年在心理和生理方面发生了根本性的变化,他们开始接触并了解社会,探讨人生的价值,对一些社会现象有自己的看法,并积极参加各种社会活动。这个时期是他们人生观、价值观、道德观、社会责任感、各种生存技能形成的关键时期,因此对他们加强安全知识教育,开展必要的急救技能培训,使他们在步入社会前就具备良好的、全面的安全防护和急救能力,对提高国民素质,普及和推广急救技术技能具有重要意义。

三、影响安全防护与急救能力的因素

影响安全防护与急救能力的因素主要有:相关医学知识的技能;必要的安全防护与急救知识;健康的体魄与充沛的体力;良好的生活习惯;正确的思想道德导向。

四、一般的急救知识

(一)获得院外急救服务的步骤

全国统一的急救电话号码是"120",全国各大中小城市均已开通"120"急救电话。120急救电话是联系病人与急救中心的生命线。随着社会的发展和健康意识的增强,越来越多的人认识到或应该认识到发生急症之后应该请医生到病人身边来抢救,这是争取生存的唯一正确的措施。在发生急病或者意外灾害事故的紧急情况下,现场(病人身边的)目击者或幸存者,通过拨打"120"急救电话进行呼救,向急救中心总调度台讲清楚病情、地址等关键的事项,急救中心随即派出救护车以最快的速度到达病人所在的现场,实施最有效的救护。待病情稳定以后,在急救医生的护送下,到有条件的医院去进一步检查治疗。获得院外急救服务的步骤包括:

(1)拨打"120"急救电话。

(2)向急救中心总调度台讲清楚要求急救服务的项目。

(3)急救中心总调度台根据情况派出急救医生。

(4)救护车将急救医生送到病人所处的位置。

(5)急救医生对病人进行急救治疗。

(6)经过急救后,病情稳定,救护车将病人送到医院。

(7)个别情况下,病人留在原地休息,必要时再去医院。

(二)正确拨打"120"急救电话的步骤和内容

"120"急救服务或者呼叫"120"急救电话,完整的步骤为:拨打"120"电话,接通后,值班调度员问明病情,派出急救医生到现场进行急救,然后护送病人到医院去进一步检查治疗。

正确地拨打"120"急救电话是获得院外急救服务的关键。在打通"120"电话后,打电话的人应尽量保持镇静,讲话要清楚、简明,有主有次,并应注意以下几点:

(1)讲清楚病人的姓名、性别、年龄、确切地址、联系电话。

(2)讲清楚病人患病或受伤的时间,目前的主要症状和现场已采取的急救措施,如服药、吸氧、心肺复苏、止血、包扎、固定等。

(3)打电话的人最好是了解病人和受伤情况的人。报告病人最突出、最典型的发病表现,如头痛、胸痛、意识不清、呕血、呕吐不止、痉挛、哮喘、呼吸困难等;报告受伤原因,如由于塌方、爆炸、地震,或触电、溺水、各种车辆意外事故而受伤。

（4）弄清楚病人过去得过什么疾病，重点为是否得过糖尿病、冠心病、高血压、心绞痛、脑中风、癫痫、精神病、传染病，是否长期服药，最近的服药情况。

（5）讲清楚病人住址或发病现场的主要标志及行车的捷径，并说明交通和道路情况。如窄小胡同、修路情况，约定具体的候车地点，以便接应，候车地点最好是交通要道、公交车站、大型建筑物、明显的标志物。

（6）如果是伤亡人数多的大型意外灾害事故，应报告事故原因，伤员数量和大概的伤情。以便派出相应的急救人员和携带必要的急救器材、药品。

（7）明确告知此次打"120"电话的目的：申请救护车服务，到现场急救；仅仅使用救护车运送病人；需要使用随车担架员等。

简单地说，打"120"报警电话的要点包括：报告病人的姓名、性别、年龄、确切地址、联系电话；报告病人患病或受伤时间，目前的主要症状和现场采取的初步急救措施；报告病人最突出、最典型的发病表现；过去得过什么疾病，服药情况；约定具体的候车地点，准备接车。

（三）在救护车到来之前的处理措施

当突发急、危、重病时，或发生意外事故受伤时，在打通"120"急救电话、呼叫救护车后，在病人身边的其他人员应该做些什么呢？

如果坐等救护车的到来，有时会错过最关键的抢救时间，可能使病人病情加重、恶化甚至死亡，尤其是心脏病猝死、出血性脑中风、严重工伤事故造成大出血、休克、颅脑损伤、胸部外伤、脊柱伤等危重病人。心脏病发生猝死后的前 4 分钟内为最佳抢救时机，其他疾病、外伤也应尽可能早地采取救护措施。

现场急救应采取的初步措施：

（1）初步检查病人神志、呼吸、血压、脉搏等生命体征，并随时观察它们的变化，每 5 分钟观察一次。

（2）必须保持病人的正确体位，切勿随便推动或搬运病人，以免病情加重。

①昏迷病人发生呕吐时，使其头侧向一边。

②对脑外伤、昏迷病人，不要抱着头乱晃。

③对高空坠落伤者，不要随便搬头抱脚移动。

④哮喘发作时若呼吸困难，病人应取半卧位。

（3）采取相应的措施进行初步急救。

①将病人移到安全、易于救护的地方。如将煤气中毒病人移到通风处。

②根据病情选择体位，使其安静休息。

③吸氧疗法。病人身边备有氧气袋或氧气瓶的，在很多类型的急症发生时均可首先应用。如心脏病、脑中风、哮喘、呼吸困难、胸外伤、脑外伤等。

④保持呼吸道通畅，对已昏迷的病人，应将呕吐物、分泌物掏取出来或使其头偏向一侧顺位引流。

⑤呼气道被异物阻塞时，运用腹部冲击法等急救手法，使异物排出来。

⑥心跳呼吸停止，及时进行心肺复苏术，即口对口人工呼吸和胸外心脏按压。

⑦采用安全可靠的药物口服办法。应尽量采用过去已用过的、证实无过敏反应的药

物。记好药名、药量、服药时间，以便向医生陈述。

⑧外伤病人给予初步止血、包扎、固定。

（4）清理楼道、走廊，移除影响搬运病人的杂物，方便急救人员和担架的快速通行。

（5）待救护车到达后，应向急救人员详细地讲述病人的病情、伤情以及发展过程和采取的初步急救措施，以保证急救的连续性和完整性。

（四）现场急救的基本原则

心脏骤停、突发创伤、急性中毒、急性病症等危重病人的救护必须从现场开始，现场的正确救治及快速转送对提高伤病员的救治成功率、降低伤残率极为有利。现场急救中要掌握现场解救、通气、止血、包扎、固定、搬运及心肺复苏等技术，还要掌握各种创伤、常见急性病症、自然灾害事故的现场救治方法。在评估时必须迅速控制情绪，尽快了解情况；在进行现场救护时，要注意自身安全，加强个人防护。同时在施救时还要遵循以下原则：

1.注重现场救护

传统的现场救护就是遇到危急、危、重病员往往只做些简单的照顾护理，对外伤做一些止血、包扎等处理，然后尽快地寻找交通工具将病人送到医院，将抢救伤病员的希望完全寄托于医院和医生身上，缺乏对现场救护的重要性和可实施性的认识。这种传统的观念往往使处在生死之际的伤病员耽误了几分钟至十几分钟最宝贵的"黄金救助时间"。

现代救护，就是指在事发现场，对病人实施及时、先进、有效的初步救护。现代救护立足于现场的抢救，在医院外的环境下，"第一目击者"或医疗救护员对伤病员实施有效的初步紧急救护措施，以挽救生命，减轻伤残和痛苦。然后及时将伤病员迅速送到就近的医疗机构，继续进行救治。

面对各种急危重症、自然灾害事故的挑战，传统的现场救护概念以及由概念派生出的急救运作方式已经难以适应。而现代现场救护突出了现场救护的及时性、重要性，在急救的黄金时间内对处在生死之际的病人进行有效的救护。

2.现场全面评估

在对伤病员施救前，施救人员必须对现场情况进行全面评估，对伤病员的状况进行判断，分清病情的轻重缓急。因为，我们前面的急危重症病员，都是在医院外的各种环境中，比如意外伤害、突发事件，如果不进行正确、有效、全面的评估，就盲目地采取措施，容易耽搁施救时机或影响救治效果，进而给伤病员造成严重的后果。

在紧急情况下，可以通过实地感受、眼睛观察、耳朵听、鼻子闻等来对异常情况做出判断，遵守救援行动的程序，并利用现场的人力、物力实施救护。首先应注意可能对救护员本人、病员或旁观者造成伤害的隐患；其次是对各种疾病或损伤的原因进行判断；最后，确定受伤人数，并在数秒钟内完成评估，寻求医疗急救中心帮助。

3.正确判断病情

在现场对伤病员的状况进行判断，及时检查伤病员的意识、气道、呼吸、循环体征、瞳孔反应等，分清病情的轻重缓急。尤其是在情况复杂的现场发现病员，救护人员需首先确认并立即处理威胁生命的情况。

4.规范救护步骤

在经过现场评估、对伤病员危重病情判断及发出各种紧急呼救之后，专业救护人员赶到现场之前,现场初步救护步骤一定要规范、紧急地展开。毕竟专业人员到达现场总需要若干分钟,甚至更长时间。而及时有效的救护措施,可使一些生命得以挽救、伤病情进一步恶化得到控制、病员痛苦减轻、伤残率得以降低、神志清醒病员的心理得以抚慰,为日后伤病员全身心康复打下良好基础。

第二节　外伤急救基本技术

外伤止血术、包扎术、固定术及搬运术共同组成了外伤急救的四大基本技术,这些技术及时、正确、有效的应用,往往对挽救伤病员生命,防止病情进一步恶化,减少伤病员痛苦及预防并发症等具有良好的效果。

一、外伤止血术

止血的技术包括加压包扎止血法、指压动脉止血法和止血带止血法。包扎技术又包括三角巾的包扎法和绷带的包扎方法,所能用到的物品和材料包括三角巾、绷带、纱布和棉垫、止血带、三角巾宽带及三角巾窄带。

三角巾

绷带

纱布和棉垫

止血带

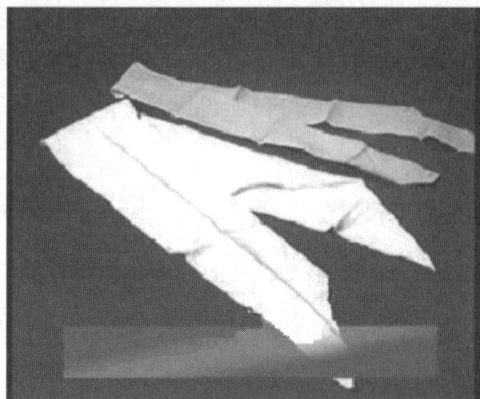 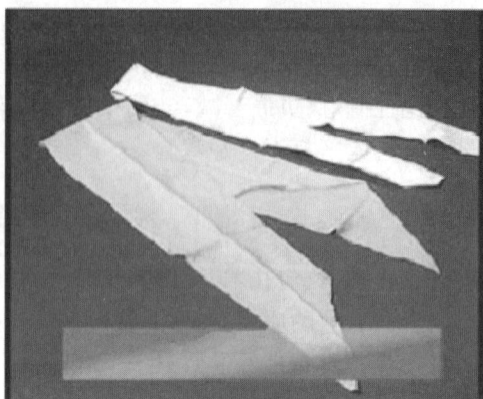

三角巾宽带　　　　　　　　　　　　　　　三角巾窄带

图 12.1　包扎用物品和材料

（一）间接压迫止血法（指压动脉止血法）

间接压迫止血法，即指压动脉止血法，是用在四肢及面部动脉或大的静脉出血，可首先采用。事先应该熟悉常用的动脉压迫点，要求用一定的力量将动脉压在骨骼的浅面，压扁血管以起到压迫止血作用。该方法只能够减少出血量，不太可能完全止血，只能短时间控制大的出血，所以应该尽快改用其他的止血方法。

常用的动脉压迫法有面动脉压迫法、枕后动脉压迫法、尺桡动脉压迫法、肱动脉压迫法、股动脉压迫法和腘动脉压迫法等。

1.面动脉压迫法

当一侧面部出血的时候，在同侧的下颌骨的下缘摸到面动脉的搏动，将面动脉压向下颌骨即可。

2.枕后动脉压迫法

用于头后部的出血，在耳后乳突下方稍外侧摸到枕动脉的搏动，将其压向枕骨面即可。

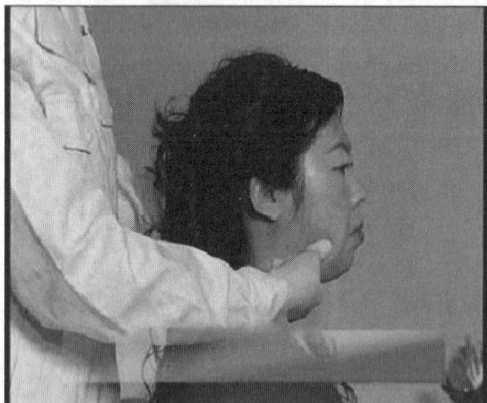 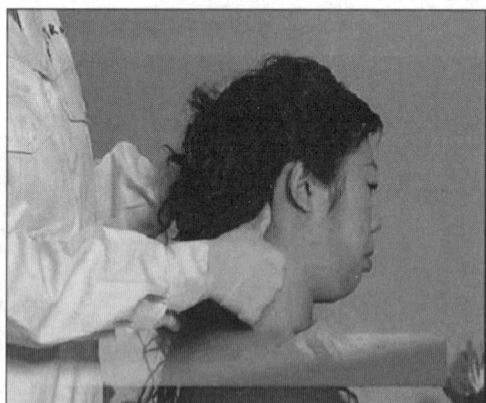

图 12.2　面动脉压迫法　　　　　　　　　　图 12.3　枕后动脉压迫法

3.尺桡动脉压迫法

用于手部出血的止血，先在手腕腕横纹的稍上方位置的内外两侧摸到尺桡动脉的搏动，然后用双手的拇指分别将其压下尺骨桡骨的浅面即可。

4.肱动脉压迫法

肱动脉压迫法用于前臂出血的止血,先在上臂内侧中部的肱二头肌内侧沟处摸到肱动脉的搏动,然后用拇指或者其他四指将其压向肱骨干即可。

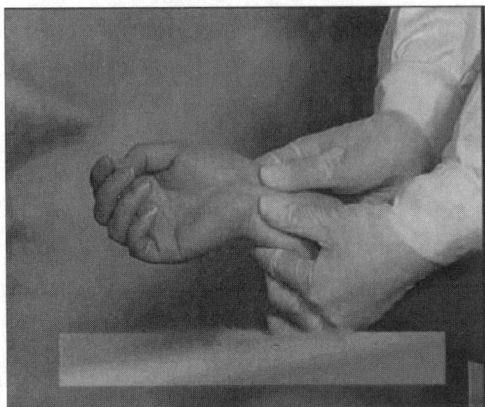

图 12.4　尺桡动脉压迫法

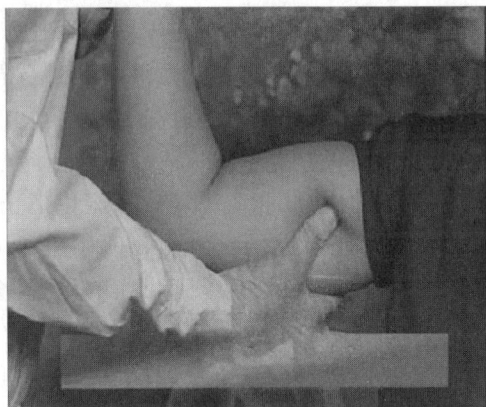

图 12.5　肱动脉压迫法

5.股动脉压迫法

股动脉压迫法用于大腿以下出血的止血,在腹股沟韧带稍下方处摸到股动脉的搏动,然后用双手拇指重叠,用力将其压向耻骨下肢即可。

6.腘动脉压迫法

腘动脉压迫法用于小腿以下部位的出血的止血。先在腘窝处摸到腘动脉的搏动,然后用大拇指向后压向股骨即可。

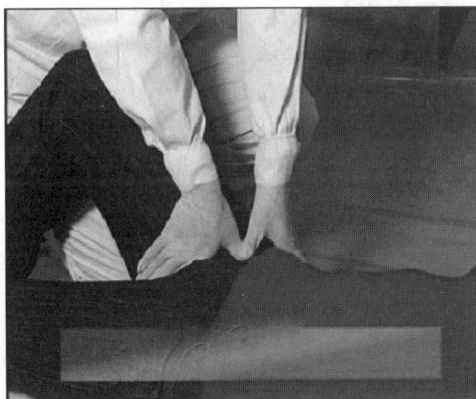

图 12.6　股动脉压迫法

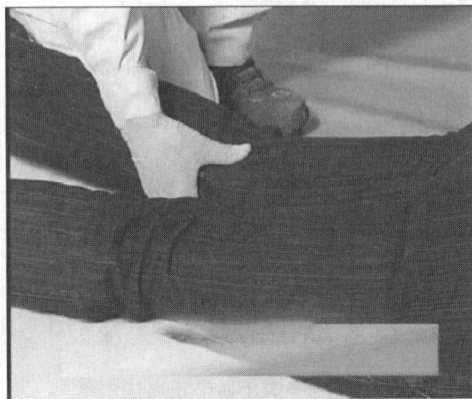

图 12.7　腘动脉压迫法

(二)直接压迫止血法(加压包扎法)

先让伤员坐下或者躺下,抬高受伤部位。用无菌敷料覆盖伤口,直接在伤口上按压 5 分钟左右。如果持续出血,不要除去最初的敷料,而是在这个敷料上再加上一块敷料,并重新包扎好即可。

（三）止血带止血法

止血带止血法一般用于控制四肢动脉的出血,若直接压迫止血法止血无效,也可以使用。扎止血带的部位非常重要,一般应该扎在出血部位的近端,尽量靠近伤口,以减少缺血的范围。但是,上臂的中下 1/3 处切忌扎止血带,以免损伤桡神经;前臂、小腿不宜上止血带,因为有两根长骨,可能使血液的阻断不全。止血带止血法有 3 种常用的方法:橡皮管止血带止血法、卡式止血带止血法和三角巾止血带止血法。

扎止血带的注意事项:第一,应该选择有弹性的胶管或布条,不要使用非弹性的绳索或电线,以免损伤皮肤和组织;第二,避免把止血带直接勒在皮肤上面,在皮肤上应该加以衬垫,衬垫可以用衣物、毛巾等;第三,扎止血带应该松紧合适,以出血停止、远端摸不到脉搏的搏动为准,因为过松达不到止血的目的,会增加出血量,过紧会造成肢体的肿胀和坏死;第四,上止血带之前,应该抬高该患肢 2~3 分钟;第五,连续使用止血带 60 分钟,放松一次,每次放松的时间 30 秒~1 分钟;第六,扎完止血带以后,应该在伤员身体明显的地方标名扎止血带的时间和放松的时间,并向接诊的医生交代;第七,需要断肢再植的伤员,不宜扎止血带,如有动脉硬化、糖尿病、慢性肾病的病人应该慎用止血带止血法。

1.橡皮管止血带止血法

橡皮管止血带止血法先用毛巾在伤肢上加以衬垫,用左手的拇指、食指、中指拿着止血带的一端,将另一端绕伤肢两圈后,再用左手的食指、中指夹住止血带,拉出形成一个 V 字形的活结。当出血停止远端摸不到桡动脉的搏动,就说明达到了止血的效果。再将一个时间标签放在伤员身体明显的地方,写上扎止血带的时间和放松的时间。注意操作完成以后,要在伤员身体明显的地方放上一个时间标签,标明扎止血带的时间和放松的时间,并向接诊的医生交代。

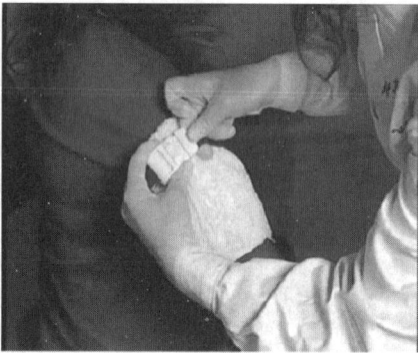

图 12.8　卡式止血带止血法

2.卡式止血带止血法

如图 12.8 所示。使用方法:(1)打开包装;(2)将止血带放置于正确位置;(3)将卡扣扣紧,松紧适宜即可。

（四）填塞止血法

一般用于深部伤口出血,如肌肉、骨端、鼻出血等。填塞止血法的缺点是止血不够彻底,容易增加感染的机会。

二、外伤包扎术

（一）绷带包扎法

1.螺旋形包扎法

先在伤肢的远端缠绕两圈以后,螺旋形的向上缠绕,每绕一圈重叠 1/3~1/2,绕成螺旋状,当绷带超过覆盖的纱布两厘米处,即可固定。螺旋包扎法一般用于肢体粗细相差不多的部位,如四肢、躯干等地方。固定绷带,可以用绷带扣、胶布、安全别针,也可将绷带的末端塞入前一圈绷带内加以固定。

2.环形包扎法

一般用于肢体粗细相等的部位,如手腕等部位。先将绷带做环形缠绕,第一圈稍呈斜形,第二圈将第一圈之斜形的一角压住环形圈内,然后环绕数周后用胶布等固定即可。环形法也可用于其他绷带包扎方法起始的时候。

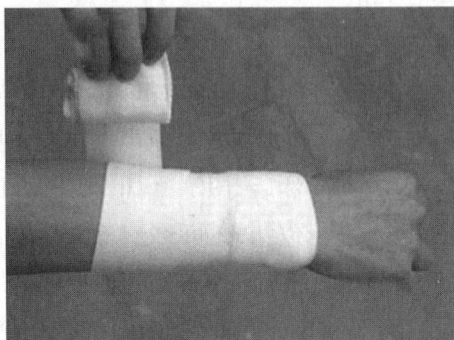

图 12.9　螺旋形包扎法

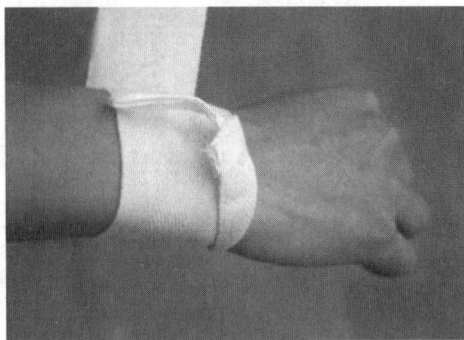

图 12.10　环形包扎法

3.“8”字形包扎法

以手背部出血为例,先在伤口处放上无菌敷料,放好以后,在手腕子上用绷带由内向外缠绕两圈进行固定。然后将绷带向远端绕手指头一圈,露出小指的甲床,再向下进行“8”字形的缠绕,直到完全覆盖敷料。缠绕的时候,每一圈压住上一圈的 2/3,露出 1/3,最后在手腕上缠绕一圈固定即可,固定在外侧。

绷带的“8”字形包扎方法还可以在手心出血时候的使用。

绷带的“8”字形包扎法还可用在足部的出血与外伤,包扎完全以后,应该在肢体的远端检查一下血液循环的情况。

4.人字形包扎法

肘关节出血包扎先在伤口处覆盖无菌敷料,覆盖完成以后,将绷带在肘关节最突出的地方缠绕两圈固定敷料。再将绷带向上绕一圈,再向下绕一圈,反复缠绕。绷带的人字形包扎法,还可以用在足部的出血以及足踝扭伤的包扎。

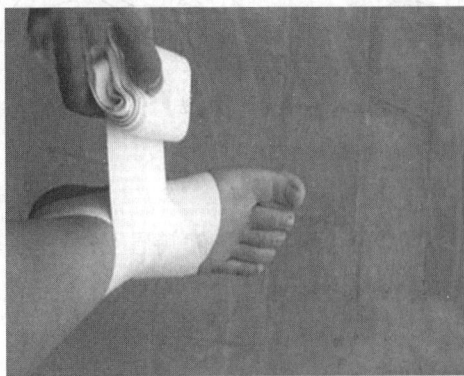

图 12.11　“8”字形包扎法

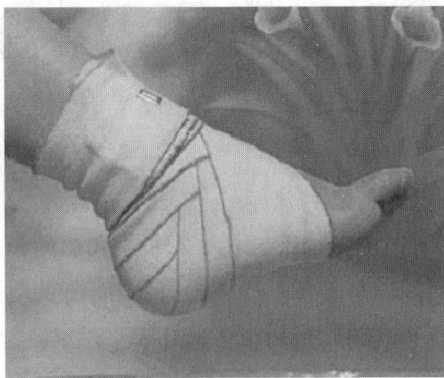

图 12.12　人字形包扎法

5.螺旋反折包扎法

在前臂一般是用螺旋形的包扎法,但是纱布绷带容易滑脱,所以可以采用螺旋反折包扎法。

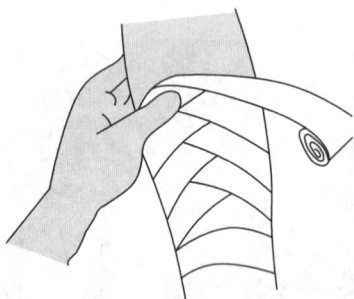

图12.13　螺旋反折包扎法

(二)三角巾包扎法

三角巾制作简单,使用方便,容易掌握的包扎面积大。三角巾不仅是较好的包扎材料,还可用于固定夹板、敷料和代替止血带。三角巾急救包使用方法是先把三角巾急救包的封皮撕开,然后打开三角巾,将其内的消毒敷料盖在伤口上,进行包扎,还可将三角巾叠成带状、燕尾状或连成双燕尾状和蝴蝶形等。这些形状多用于肩部、胸部、腹股沟部和臀部等处的包扎。使用三角巾,两底角打结时应为外科结,比较牢固,解除时可将其一侧的边和底角拉直,即可迅速地解开。

1.头部包扎法

(1)头顶帽式包扎法。将三角巾底边的中点放在眉间上部,顶角经头顶垂向枕后,再将底边经左右耳上向后拉紧,在枕部交叉,并压住垂下的枕角再交叉绕耳上到额部拉紧打结。最后将顶角向上反掖在底边内,或用安全针、胶布固定。

(2)下颌带式包扎法。将三角巾底边齐眉,顶角向后盖头上,两底角经两耳上缘拉向头后部,在枕部交叉压住顶角,再经两耳垂下向前拉,一底角包绕下颌到对侧耳垂前下,与另一底角十字交叉后,又分别经两耳前上提到头顶打结,再将顶角反折到头顶部,与两底角相遇打结。

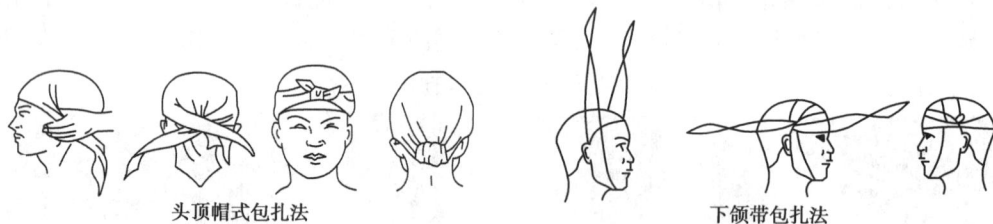

头顶帽式包扎法　　　　　　　　　　　下颌带式包扎法

图12.14　头部包扎法

2.面部包扎法

(1)单侧面部包扎法。将三角巾对折为双层,一手将顶角压在伤员健侧眉上,另一手将底边的一半经耳上绕到头后,用底角与顶角打结,然后将底边的另一半反折向下包盖面部,并绕颏下用底角与顶角在耳上打结。

(2)面具式包扎法。用于广泛的面部损伤或烧伤。方法是将三角巾的顶部打结后套在下颌部,罩住面部及头部拉到枕后,将底边两端交叉拉紧后到额部打结,然后在口、鼻、眼部剪孔开窗。

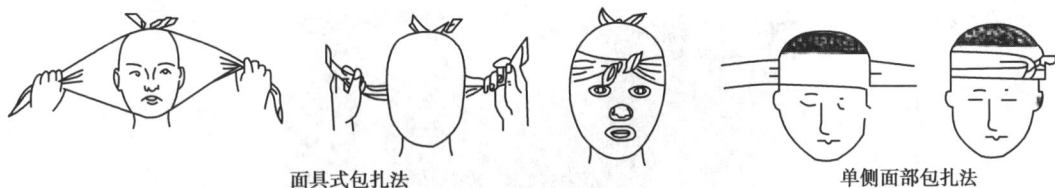

面具式包扎法　　　　　　　　　　　单侧面部包扎法

图 12.5　面部包扎法

3.眼部包扎法

（1）单眼包扎法。将三角巾折成四指宽的带状巾，以 2/3 向下斜放在伤眼上，将下侧较长的一端经枕后绕到额前压住上侧较短的一端后，长端继续沿着额部向后绕至健侧颞部，短端反折环绕枕部至健侧颞部与长端打结。

（2）双眼包扎法。将三角巾折成四指宽的带状巾，将中央部盖在一侧伤眼上，下端从耳下绕到枕后，再经对侧耳上至眉间上方压住上端，继续绕过头部到对侧耳前，将上端反折斜向下，盖住另一伤眼，再绕耳下与另一端在对侧耳上或枕后打结，也可用带状巾作交叉法包扎。双眼包扎法还可用三角巾折叠成四指宽的带状巾横向绕头两周，于一侧打结。

单眼包扎法　　　　　　　　　　　　双眼包扎法

图 12.16　眼部包扎法

4.胸背部包扎法

（1）一侧胸部伤包扎法。伤在右胸，就将三角巾的顶角放在右肩上，然后把左右底角从两腋窝拉过到背后（左边要长一些）打结，再把顶角拉过肩部与双底角结系在一起，或利用顶角小带与其打结。如果是左胸，就把顶角放在左肩上。使用在左背和右背也和胸部一样，不过其结应打在胸前。

（2）全胸部包扎法。用一个大三角巾的顶角在中间直向剪开 25~30 厘米，分别放在颈部左右两边，然后把基底的左右两角在背后打一半结，再把本结两角上提和顶角撕开的两头相结。

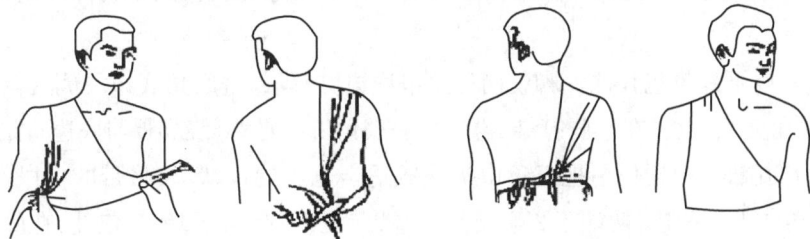

侧胸包扎法

全胸包扎法

图 12.17　胸背部包扎法

5.肩部包扎法

先把三角巾的中央放于肩部,顶角向颈部,底边折达二横指宽横放在上臂上部,两端绕上臂在外侧打结,然后把顶角拉紧经背后绕过对侧腋下拉向伤侧腋下,借助系带与两底角打结。

6.腹部包扎法

把三角巾横放在腹部,将顶角朝下,底边置于脐部,拉紧底角至围绕到腰后打结,顶角经会阴拉至臀部上方,用底角余头打结。此法也可包扎臀部,不同的是顶角和左右两底角在腹部打结。

7.单侧臀部包扎法

将三角巾置于大腿外侧,中间对着大腿根部,将顶角系带围绕缠扎,然后将下边角翻上拉至健侧髂嵴部与前角打结。

8.四肢包扎法

(1)前臂及上臂包扎法。此法用于上肢大面积损伤,如烧伤等。将三角巾一底角打结后套在伤手上,结留余头稍长些备用,另一底角沿手臂后侧拉到对侧肩上,顶角包裹伤肢,前臂曲至胸前,拉紧两底角打结,并起到悬吊作用。

(2)手部包扎法。将伤手平放在三角巾中央,手指指向顶角,底边横于腕部,再把顶角折回拉到手背上面,然后把左右两底角在手掌或手背交叉地向上拉到手腕的左右两侧缠绕打结。

(3)小腿及以下部位包扎法。脚朝向三角巾底边,把脚放进底角底边一侧,提起顶角与较长一侧的底角交叉包裹,在小腿打结,再将另一底角折到足背,绕脚踝与底边打结。

(4)膝部包扎法。根据伤情把三角巾折叠成适当宽度的带状巾,将带的中段斜放在伤部两端,分别压住上下两边,两端于膝后交叉,一端向上,一端向下,环绕包扎,在膝后打结,呈"8"字形。

(5)大腿根部包扎法。把三角巾的顶角和底边中部(稍偏于一端)折叠起来,以折叠缘包扎大腿根部,在大腿内侧打结。两底角向上,一前一后,后角比前角要长,分别拉向对侧,在对侧髂骨上缘打结。

9.颈部包扎法

与手的包扎法相似。

10.三角巾悬臂带

(1)大悬臂带。将前臂屈曲用三角巾悬吊于胸前,叫悬臂带,用于前臂损伤和骨折。其方法是将三角巾放于健侧胸部,底边和躯干平行,上端越过肩部,顶角对着伤臂的肘部,伤臂弯成直角放在三角巾中部,下端绕过伤臂反折越过伤侧肩部,两端在颈后或侧方打结。再将顶角折回,用别针固定。

(2)小悬臂带。将三角巾折叠成带状吊起前臂的前部(不要托肘部),适用于肩关节损伤、锁骨和肱骨骨折。

三、固定术

现场急救骨折固定术,是针对户外事故发生现场对受伤骨折患者采取的一种临时骨折固定措施。及时正确的骨折固定,可以防止骨折部位移动,可减轻疼痛,减少出血,防止休克。避免单纯骨折恶化变成开放性骨折,同时能有效地防止因骨折断端的移动而损伤血管、神经等组织造成的严重并发症。同时也有便于抢救运输和搬运。

(一)骨折固定材料

(1)木质、铁质、塑料制作的夹板或固定架。

(2)事故发生现场采取就地取材:选用适合的木板、木棍、竹竿、树枝、纸板等简便材料。

(二)骨折固定原则

(1)有创口者应先止血、包扎,再固定骨折部位,固定中避免不必要的搬动。

(2)对开放性骨折进行固定时,外露的骨折端不要还纳伤口内,以免造成感染扩散。

(3)固定的夹板不可与皮肤直接接触,应先用布料、棉花、毛巾等软物,铺垫在夹板上,以免损伤皮肤。

(4)用绷带(现场用布条)固定夹板时,应先从骨折的下部缠起,以防患肢充血水肿。

(5)夹板应放在骨折部位的下方或两侧,应固定上下两关节。

(6)大腿、小腿及脊柱骨折者,不宜随意搬动,应临时就地固定。

(7)固定时动作要轻巧,松紧适宜,以免影响血液循环。

(8)固定时应将指(趾)外露,便于观察。

(三)骨折的现场急救

1.颈椎骨、骨折固定术

伤员仰卧,在头枕部垫一薄枕,使头部成正中位且不要前屈或后仰,再在头的两侧各垫一只枕头卷,最后用一条带子通过伤员额部固定头部,限制头部前后左右晃动。

图 12.18　颈椎骨折固定法

2.锁骨骨折固定术

将两条指宽的带状三角巾分别环绕两个肩关节,于肩部打结,再分别将三角巾的底角拉紧,在两肩过度后张的情况下,在背部将底角拉紧打结。

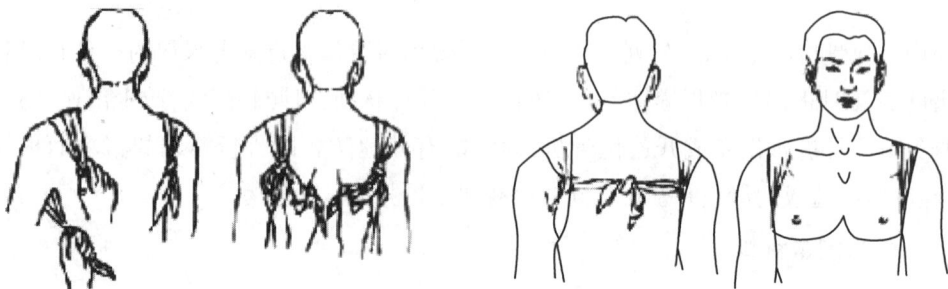

图 12.19　锁骨骨折固定术

3.胸椎、腰椎骨折固定术

使伤员平直仰卧在硬质木板或其他板上,在伤处垫一薄枕,使脊柱稍向上突,然后用几条带子把伤员固定,使伤员不能左右转动。

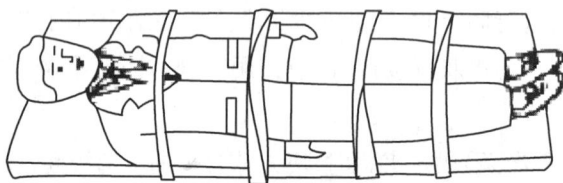

图 12.20　胸椎、腰椎骨折固定术

4.上肢骨折

(1)肱骨骨折固定术。用两条三角巾和一块夹板将伤肢固定,然后用一块燕尾式三角巾中间悬吊前臂,使两底角向上绕颈部后打结,最后用一条带状三角巾分别经胸背于健侧腋下打结。

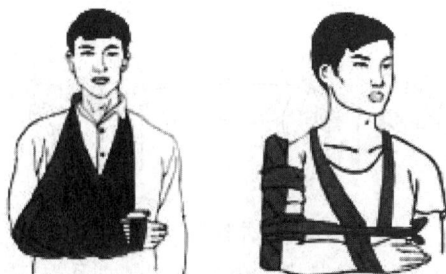

前臂骨折夹板固定法　　　肱骨骨折夹板固定法

图 12.21　骨折夹板固定法

（2）肘关节骨折固定术。当肘关节骨折弯曲时,用两块带状三角巾和一块夹板把关节固定。当肘关节伸直时,可用一卷绷带和一块三角巾把肘关节固定。

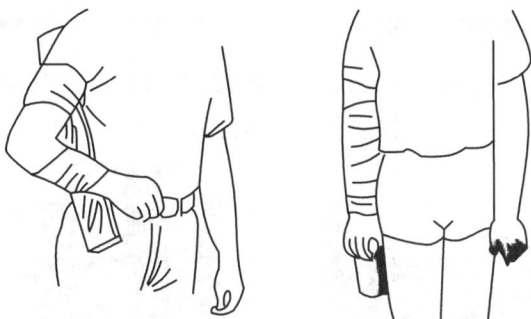

图 12.22　肘关节骨折固定

（3）桡、尺骨骨折固定术。用一块合适的夹板置于伤肢下面,用两块带状三角巾或绷带把伤肢和夹板固定,再用一块燕尾三角巾悬吊伤肢,最后再用一块带状三角巾的两底边分别绕胸背于健腋下打结固定。

（4）手指骨骨折固定术。利用冰棒棍或短筷子作小夹板,另用两片胶布黏合固定。若无固定棒棍,可以把伤指黏合,固定在健指上。

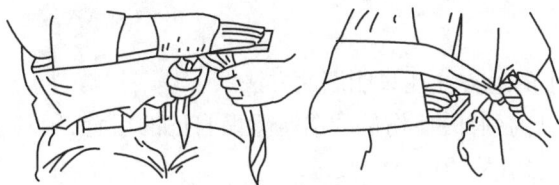

图 12.23　桡、尺骨骨折固定法　　　　　　**图 12.24　手指骨骨折固定法**

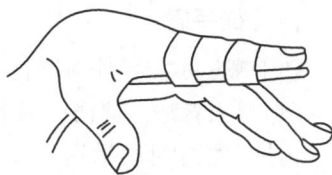

5.下肢骨折固定术

（1）骨盆骨折固定。将一块带状三角巾的中段放于腰骶部,绕髋前至小腹部打结固定,再将另一块带状三角巾中段放于小腹正中,绕髋后至腰骶部打结固定。

（2）股骨、骨折固定术。用一块长夹板放在伤肢侧,另用一块短夹板放在伤肢内侧,用4条带状三角巾,分别在腋下、腰部、大腿根部及膝部分环绕伤肢包扎固定,注意在关节突出

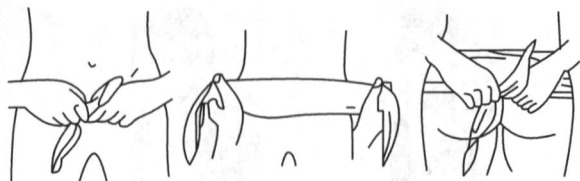

图 12.25　盆骨骨折固定法

部位要放软垫。若无夹板时,可以用带状三角巾或绷带把伤肢固定在健侧肢体上。

图 12.26　大腿骨折夹板固定法　　　　图 12.27　股骨骨折健肢固定法

（3）小腿骨折固定。用长度由脚跟至大腿中部的两块夹板,分别置于小腿内外侧,再用三角巾或绷带固定,也可用三角巾将患肢固定于健肢上。

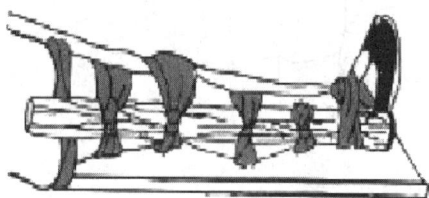

小腿骨折夹板固定法　　　　　　　　小腿骨折健肢固定法

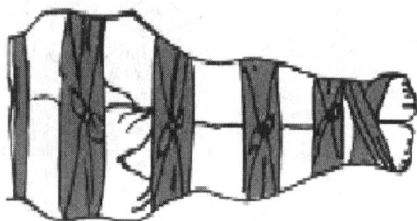

图 12.28　小腿骨折固定法

四、搬运术

伤员搬运技巧、要求:搬运伤员,与搬运物体不一样,需要结合伤情,否则会引发伤员不适甚至伤害。搬运时要能随时观察伤情,一旦伤情变化可立即抢救。

（一）徒手搬运

徒手搬运不需要任何器材,在空间狭小的地方往往只能用此方法。

（1）单人背法。让伤员双上肢抱住自己的颈部,使伤员的前胸紧贴自己的后背,用双手托住伤员大腿中部。适用于体重较轻及神志清楚的伤员的搬运。

（2）单人抱法。将伤员一上肢搭在自己肩上,然后一手抱伤员的腰,另一手肘部托其大腿,手掌部托其臀部。适用于体重较轻及神志不清的伤员的搬运。

（3）双人拉车式。一人双上肢分别托住伤员的腋下,另一人托住伤员的双下肢。适用于非脊柱伤病人的搬运。

（4）多人平托法。几个人分别托住伤员的颈、胸、腰、臀、腿,一起抬起,一起放下。适用于脊柱伤伤员。

（二）器材搬运

（1）担架搬运。

（2）其他器材。可用椅子、毯子、木板等进行搬运，要注意看护伤员或扎好安全带，防止翻落，上下楼梯时尽可能使伤员体位接近水平，并使伤员的头部略处高位。

（三）搬运体位

（1）颅脑伤伤员。使伤员取侧卧位，若其只能平卧位时，头要偏向一侧，以防止呕吐物或舌根下坠阻塞气道。

（2）胸部伤伤员。使伤员取坐位，有利于伤员呼吸。

（3）腹部伤伤员。使伤员取半卧位、双下肢屈曲，有利于其放松腹部肌肉，减轻疼痛和防止腹部内脏脱出。

（4）脊柱伤伤员。使伤员一定要保持平卧位，应该用多人平托法搬运，同时抬起，同时放下。千万不能用双人拉车式或单人背抱搬运，否则会引起脊髓损伤以致造成肢体瘫痪。

（四）注意事项

1.保护伤病员

（1）不能使伤病员摔下。

（2）预防伤病员在搬运中继发损伤。

（3）防止因搬运加重病情。

2.保护自身

（1）保护自身腰部。

（2）避免自身摔倒。

第三节 心肺复苏术

心脏停搏和呼吸骤停是临床上最紧急的情况，由于某些意外情况（如触电、溺水、一氧化碳、某些药物中毒、严重创伤和大出血等）引起的呼吸、心搏骤停，绝大部分（60%～70%）发生在院前，而且在常温下心脏停搏4分钟后脑细胞即发生不可逆转损害，10分钟后脑细胞死亡。大量的事实证明，心跳停止4分钟内复苏者，可有50%的获救机会；4分钟至6分钟开始复苏者，只有10%的获救机会；超过6分钟才开始复苏者，只有4%的获救机会；10分钟开始复苏者，存活概率几乎为零。抢救心跳停止者最宝贵的时间是最初的4分钟，因此，快速有效地进行心肺复苏，对抢救生命，降低死亡的发生有重要意义。

心肺复苏，简称CPR，就是对心跳、呼吸突然停止的病人所采取的抢救措施，即用心脏按压形成暂时的人工循环以恢复心脏的自主搏动，同时打开气道，保持呼吸道通畅，用人工呼吸代替自主呼吸。

心肺复苏是在伤患者生命垂危、心脏骤停时采取的行之有效的急救措施。具体地说，它是针对伤患者呼吸、心跳突然停止所做的复苏的努力，是一种可以挽救生命的努力，是一种可以挽救生命的技术。心肺复苏可分为：初级心肺复苏和高级心肺复苏。

初级心肺复苏包括胸外心脏按压，打开伤患者的呼吸道，口对口人工呼吸。高级心肺复苏技术在初级心肺复苏的基础上进行，包括开放静脉，应用复苏药物，心脏电除颤，人工或机械辅助呼吸,人工起搏技术等。

对于普通群众来说,如果能正确掌握初级心肺复苏术,一旦身边的亲人、同事、同学发生心跳、呼吸停止的紧急事件,就可以采取初步的急救措施,同时向"120"医疗急救电话呼救。在急救医生赶到之前,现场抢救者实施初级心肺复苏技术;急救医生赶到后,接替现场抢救者进行抢救,开始二期心肺复苏术,使用先进的急救设备,竭尽全力抢救生命,这样做可以使得抢救的成功率大大提高。心肺复苏最重要的是在发病后2~4分钟内进行。然而这一要求是很难达到的,唯一有效的途径是建立急救网络、普及基础急救知识,使目击者在第一时间能及时施行现场心肺复苏,针对伤患者的心脏、呼吸骤停采取抢救措施,从而使伤患者形成暂时的人工循环,促使伤患者的心脏恢复自主搏动,纠正缺氧,并努力恢复自主呼吸,为抢救伤患者的生命和以后的复苏奠定成功的基础。

标准的心肺复苏术包括3个部分:C(Circulation),建立有效的人工循环;B(Breathing),有效的人工呼吸;A(Airway),判断意识和畅通呼吸道。

徒手心肺复苏操作流程如下:

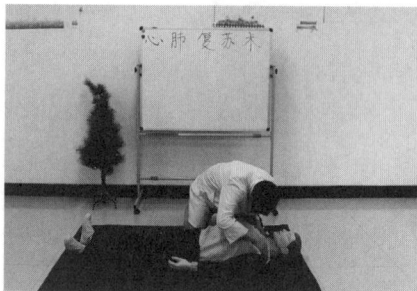

图12.29　判断伤患者的意识

(一)判断意识状态

判断伤患者意识是否丧失,应在5~10秒内完成。抢救者可轻拍或轻摇伤患者的肩部,高声呼喊:"喂,你怎么啦?"若认识伤患者,则最好直呼其姓名。若无反应,可用手指甲掐压伤患者的人中穴、合谷穴5秒。若伤患者仍未苏醒,应立即向周围的人呼救并拨打急救电话,然后将患者放置心肺复苏体位,即让伤患者仰卧,头、颈、躯干平直无扭曲,双手放于躯干两侧。

(二)胸外心脏按压

1.判断脉搏情况

抢救者一手置于伤患者前额,使其头部后仰,保持气道开放;用另一手的食指、中指触及伤患者的气管正中部位(若是男子,可先触及喉结),然后向旁滑移2~3厘米,在气管旁软组织处轻轻触摸颈动脉,检查时间5~10秒。

图12.30　判断伤患者的脉搏

2.实施胸外心脏按压

进行胸外按压时,伤患者最好处于水平位置,头部不应高于心脏位置,否则会由于重力的作用而影响脑部血流。下肢可以抬高,以促进静脉血液回流,若胸外按压在床上进行,应在背部垫木板。具体操作如下:

(1)按压部位。胸外按压的正确部位是胸骨体下段,剑突向上两横指。

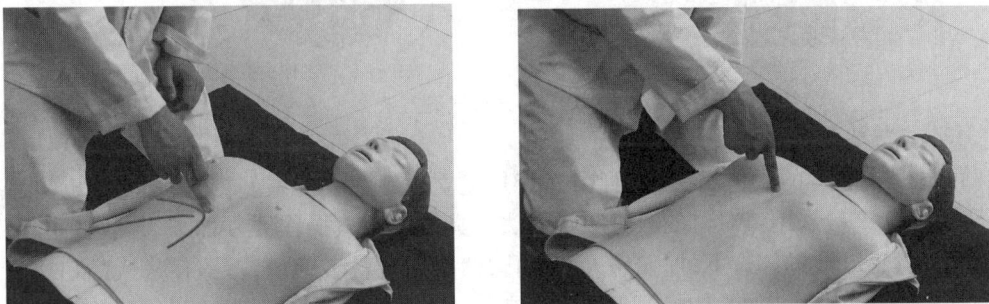

图 12.31　胸外按压的定位

(2)姿势。抢救者两掌根重叠于按压部位,双臂伸直,肘关节固定不动,双肩在伤患者胸骨正上方,依靠肩部和背部的力量垂直向下用力按压,随后突然松弛,按压和放松的时间大致相等,放松时双手不要离开胸壁。

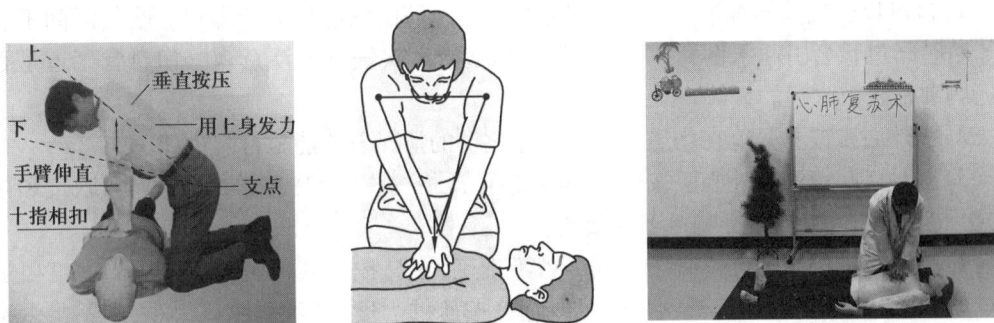

图 12.32　胸外心脏按压的姿势

(3)频率与深度。按压频率为 100~120 次/分,按压深度为 5~6 厘米。

(4)按压与人工呼吸的比值。胸外心脏按压与人工呼吸的比值为 30∶2。

3.开放气道

凡意识丧失的伤患者,即使有微弱的自主呼吸,均可能由于舌根回缩或坠落,而不同程度地堵塞呼吸道入口处,使空气难以或无法进入肺部,这时应该立即开放气道,保持呼吸道畅通,这是心肺复苏的重要一步,可用以下几种方法开放伤患者的气道:

(1)仰头举颌法。抢救者一只手的小鱼际放在患者的前额,用力往下压,使其头后仰,另一只手的食指、中指放在下颌骨下方,将颌部向上抬起,使下颌尖、耳垂的连线与地面呈垂直状态。

(2)仰头抬颈法。抢救者跪于伤患者头侧,一手置于伤患者前额,使其头后仰,另一手放在颈后,托起颈部。

仰头举颌法

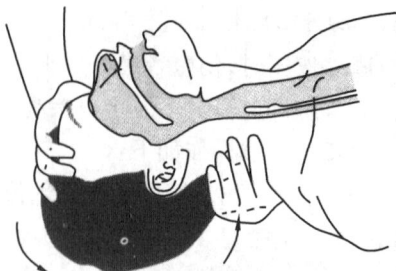
仰头抬颈法

图 12.33 开放气道方法

4.人工呼吸

可根据伤患者的具体情况,气管内插管是建立人工通气的最好方法,但是当时间或条件不允许时,一般采用口对口的人工呼吸方法。具体的方法操作要领如下,开放气道以后,保持病人气道开放的体位下,捏住病人的鼻孔,然后用抢救者的口,覆盖住病人的口进行人工通气(注意:吹气的时候,依然要保持伤患者气道开放,吹气的时间是 1 秒钟,吹气的量为400~600 毫升)。在日常抢救中,吹气量以病人的胸部有明显起伏为准。频率 10~12 次/分。持续 2 分钟的高效率的 CPR:按心脏按压:人工呼吸=30:2 的比例进行,操作5 个周期(心脏按压开始送气结束)。

5.进行心肺复苏时需要注意的问题

(1)口对口吹气量不宜过大,一般不超过 1 200 毫升,胸廓稍起伏即可。吹气时间不宜过长,若时间过长会引起急性胃扩张、胃胀气和呕吐。吹气时要注意观察伤患者气道是否通畅,胸廓是否被吹起。

(2)胸外心脏技术只能在伤患者心脏停止跳动的情况下才能施行。

(3)口对口吹气和胸外心脏按压应同时进行,严格按吹气和按压的比例操作,吹气和按压的次数过多和过少均会影响复苏的成败。

(4)胸外心脏按压的位置必须准确。若不准确,容易损伤其他脏器。按压的力度要适宜,过大、过猛容易使胸骨骨折,引起气胸血胸;按压的力度过轻,胸腔压力小,则不足以推动血液循环。

(5)施行心肺复苏术时应将伤患者的衣扣及裤带解松,以免引起内脏损伤。

第四节　常见急症的急救处理

日常生活中的常见急症较多,掌握必要的急症救治知识,有利于人们及时、果断、正确地对突发疾病采取救治措施,对自己和家人的健康、平安,生命质量的提高,具有十分重要的意义。

本节选择日常生活中常见的头痛、高热、呼吸困难、昏迷、晕厥、休克、中暑、食物中毒等急症的处理措施,帮助大家更好地掌握相关急症救治的技术。

一、头痛的处理与预防

(一)头痛的处理

(1)注意观察和体会头痛发作的性质、时间、伴随症状,及时到医院做进一步检查。

（2）头痛发作时,减少活动,安静休息,必要时应服用小剂量镇静安眠药。

（3）对于突然出现剧烈头痛伴呕吐,一般取平卧位,伴呕吐者应在身边放一个脸盆或塑料袋;血压高者,应尽快按脑出血等进行急救。

（4）若怀疑是急性青光眼引起的头痛,不要盲目服止痛药,应及时去眼科检查,以免引起失明。

（5）服用止痛药,如索米痛片、罗通定、阿尼利定等药,只能供临时止痛用,如去痛药片1片至2片口服,阿司匹林0.6~0.9克口服。

（6）针对病因治疗,如高血压引起头痛,通过降血压可使头痛好转。屈光不正引起头痛,佩戴合适的眼镜可以使头痛消失。由脑血管痉挛导致供血不足引起头痛,可以用扩张血管的方法止血。

（二）预防措施

虽然头疼的原因很多,但只有一部分是器质性头痛,大部分是功能性头痛。如能早期找出病因也可缓解头痛发作。

（1）加强锻炼,凡事心平气和,遇到不开心的事找知心人交流,可减轻头痛发作。

（2）头痛时间较长,又逐渐加重,应及时去医院诊断,找出病因并进行治疗。

二、高热的处理与预防

（一）高热的处理

（1）降低体温（物理降温或药物降温）:家庭中可采取物理降温法,促使体温有效下降。

①患者采取仰卧位,解开衣扣,脱去或松开衣服,同时可用电扇或扇子扇风,帮助散热。

②额上放置冰袋或冷毛巾,腹股沟、腋下放置冰袋。

③可用温水或酒精进行全身擦浴,促使血管扩张,有利于散热。

④若高热不退,可将患者全身浸到温水中,再用软毛巾快速擦洗全身15~20分钟,洗后用干毛巾轻轻擦干全身。

（2）加强病情观察。观察生命体征、伴随症状、发热的原因及诱因、治疗效果及饮水量和尿量的变化。

（3）补充营养和水分。食用高热量、高蛋白、高维生素,易消化的流质或半流质食物,多饮水,每日300毫升为宜。

（4）注意口腔和皮肤的护理。

（5）进行心理护理。病人病情好转后,可让其饮服绿豆汤、淡盐水、西瓜汁等,另外,运患者至医院的途中,应保持车厢温度在16℃左右。

（二）注意事项

（1）高热原因尚未弄清楚前,不主张用退烧药,以免影响对病情的观察和诊断。

（2）如必须使用退烧药,应在医生指导下进行。

（3）在物理降温过程中,温度一旦降至38℃,即应停止降温措施。

（4）应向接诊医生讲清患者发热时间,每日波动状况,经过何种处理等。

(三)预防措施

(1)夏天在高温下劳动,应采取防暑措施。

(2)一旦发现身体有感染迹象,应立即就医,并及时进行感染治疗。

(3)平时加强身体锻炼,适当增加营养,以增强体质,提高机体的抗病能力。

三、呼吸困难的处理与预防

(一)呼吸困难的处理

(1)患者取半坐位,在小桌、写字台上用棉被垫高,身体靠前,有利于肺部扩张和回心血量减少。

(2)患者稍向前倾,急救者上下摩擦其背部,配合摩擦速度让患者呼吸,并转移情绪,可使其呼吸平稳。

(3)有条件者,立即给予吸氧,如有必要,应进行机械性人工呼吸。

(4)注意病因和对症治疗,在医生指导下,合理利用抗生素,抗心律失常药等。有支气管哮喘者,可用气雾剂喷雾。

(5)立即拨打"120"急救电话,快速送患者到医院急救。

(二)预防措施

对患有支气管哮喘的患者,应注意气道湿化,以避免气道内干燥,并及时消除诱因,如过敏、寒冷、煤气刺激等。

四、昏迷的处理与预防

(一)昏迷的处理

昏迷是一种严重的意识障碍,因此对出现昏迷的患者必须立即进行救护,急救处理的主要目的是降低昏迷致死率,提高患者生活质量。凡昏迷的患者,其舌根向后坠落,造成呼吸道入口不同程度的阻塞,影响气体的正常交换,因此,在急救处理时首先要保持患者呼吸道的畅通,专家提倡采用 CAB 三部曲,C 是指心脏按压,A 是保持呼吸道畅通,B 是指人工呼吸。

(1)立即将患者平卧,头偏向一侧。

(2)抽去患者头下的枕头,或在其两肩胛骨下放一薄枕,使头稍向后仰。

(3)施救者可以用仰头举颌法疏通患者的呼吸道,使其舌根上举,打开患者的呼吸道,并及时清理口腔、鼻腔内的黏液、血液和分泌物。

(4)将患者身上的其他异物取下,如钥匙、硬币、小刀等,以免造成压伤。

(5)在施救过程中,冬天应该注意保暖,夏天应该防暑降温。

(6)如发现患者的呼吸、心跳已经停止,应立即进行心肺复苏救生术。

(二)预防措施

(1)对导致昏迷的常见病因进行针对性的治疗,如降低过高的血压、控制血糖、对脑部疾病进行仔细分析等。

（2）妥善保管好各种农药和危险药品。

（3）提高人们对昏迷的危险性的认识，普及对昏迷相关的急救处理技术。

五、休克的处理与预防

(一)休克的处理

在进行现场急救处理的同时，应迅速安排运输工具将伤患者运送医院，如等到伤患者出现血压下降时再送医院，将可能延误抢救和治疗。在急救时应注意以下几点：

（1）安静休息。迅速使伤患者平卧或半卧，并进行安慰和鼓励，消除伤患者心理负担。

（2）止血、止痛。如果是外出血，应迅速正确地进行临时止血。有骨折、脱位或软组织严重损伤，应给予止痛剂、镇静剂、止痛剂使其镇静。

（3）保暖和防暑。在不影响伤肢或伤口的情况下，尽可能将伤口穿着的潮湿衣服除去，并覆以毛毯或大毛巾以保暖，在炎热天气时应注意防暑降温。

（4）饮水和吸氧。对于清醒的伤员，可饮用少量的淡盐水，如果有条件可以让伤口吸氧。

（5）针刺穴位。对于昏迷的伤员，可以针刺人中、谷合、涌泉等穴位。

（6）保持呼吸道畅通。如果是昏迷的伤员，要及时清除其口腔中的分泌物或血块，必要时拉出舌头，以保持呼吸畅通。

（7）另外，在急救过程中应尽量减少搬运或移动伤员，以免造成更大的伤害。如果出现呼吸停止、心跳停止时，必须采用人工呼吸和胸外心脏按压等急救技术。

(二)预防措施

对休克的预防，应积极采取消除病因、保护和提高机体的调节代偿力等综合措施。对有可能发生休克的伤病员应针对病因采取相应的预防措施；对外伤病员应进行及时而准确的急救处理；活动性大的出血要立即有效止血；骨折部位要稳妥固定；软组织损伤应予以包扎，防止感染。对严重感染病人，采用敏感性抗生素静脉滴注积极消除原发病灶（如引流排脓等），对某些可并发休克的外科疾病，抓紧手术治疗，如坏死肠段切除。必须充分做好术前准备，包括纠正水与电解质和低蛋白血症；补充血容量，全面了解内脏功能；选合适的麻醉方法。

六、晕厥的处理与预防

(一)晕厥的处理

一旦有晕厥的前兆或晕厥发生，必须采取正确的方法、手段进行处理，避免造成严重的后果。

（1）患者感到站立不稳时，应立即让其坐下，身体前倾，头靠在两膝中间，以防跌撞造成外伤；或立即平卧，头放低，松解衣扣，症状可缓解或消失。

（2）患者一旦晕倒，应立即让其平卧，或取头低脚高位，有利于血液流向大脑，并应将患者置于空气流通处，松解领口、衣扣、腰带和胸罩等，同时要注意保暖和防暑。

（3）可用针刺或用手指掐患者的人中、内关、涌泉、合谷、十宣等穴位，以强刺激使患者苏醒。

（4）患者苏醒后,可饮服糖水、热茶或咖啡等,有利于患者病情的迅速恢复。

（5）对于原因不明的晕厥,应尽快将患者送医院检查,及时处理,清除病根。

（二）预防措施

（1）如出现注意力不集中,头昏,面色苍白,恶心,出冷汗,心慌,无力,视力模糊,听力下降等前驱症状时,应立即平卧,避免晕厥。

（2）应避免各种诱因,特别是在午间和晚上6时到7时这两个时间段内要防止高度紧张引起血管迷走性晕厥的发生;从平卧状态突然变换成站立位时,动作不能太急、太猛,速度宜慢,避免体位性晕厥的发生。

（3）养成良好的排尿习惯,睡前少饮水,平时不应憋尿过多过久。

（4）对查明病因的晕厥应及时治疗。

七、中暑的处理与预防

（一）中暑的处理

应迅速使患者脱离热环境,到阴凉通风处休息,并采取降温、消暑等措施,如解开衣扣,喝清凉饮料,服用人丹、十滴水或藿香正气水等防暑药物。针对不同症状可以采取相应的急救处理方法。

（1）热射病者。重点应是迅速有效的全身降温（物理降温或合并药物降温）。如冷敷,冷水淋浴,冰袋冷敷,酒精擦浴（10%的酒精溶液,擦洗全身较大的动脉行走部位,面部、胸部、腹部、外生殖器不宜擦浴）等紧急降温措施。若症状较重或有昏迷时,必须迅速转送医院做进一步处理。

（2）热痉挛及中暑衰竭者。重点应是补充生理盐水或葡萄糖生理盐水,纠正血液浓度,可大量口服含盐的饮料（含盐0.2%~0.3%）。

（3）日射病者。重点应是对头部进行有效的降温,如让患者仰卧,垫高头部,额部做冷敷（如冰袋）或以10%的酒精（白酒也可以）擦身。

（二）预防措施

（1）出门要做充分的防晒准备,如打遮阳伞、戴遮阳帽、戴太阳镜,有条件的最好涂抹防晒霜,10:00—16:00最好不要在烈日下行走。

（2）准备充足的水、饮料和必需的防暑降温药品。如十滴水、人丹、风油精等。

（3）外出时的衣物尽量选用棉、麻、丝类的织物,应少穿化纤类服装,以免大量出汗时不能及时散热,引起中暑。

（4）注意饮食安排,多食时令蔬菜、水果,如生菜、黄瓜、西红柿等含水量较高,新鲜水果如桃子、杏、西瓜、甜瓜等水分含量为80%~90%。

（5）保持充足的睡眠和休息。夏天日长夜短,气温高,人体新陈代谢旺盛,消耗也大,容易感到疲劳,而充足的睡眠可使脑和身体各系统都得到放松,既利于工作和学习,也是防中暑的措施。

（6）对不耐热的个体要加强预防措施。中暑存在明显的个体差异性,一些人对炎热较为敏感。另外,因职业的不同,中暑的可能性也不同,如运动员、士兵等。脱水、肥胖、体能水平低、疾病等因素可使个体的耐热能力降低。老年人、孕妇、有慢性疾病的人,特别是有心血管疾病的人,在高温季节要尽可能地减少外出活动。

【延伸阅读】　　　　　　高职院校学生安全急救知识现状调查与对策研究

突发疾病或遇到意外伤害,及时有效地开展自救和互救,可以为医务人员赶到现场抢救患者赢得宝贵时间,现场急救是否及时、操作正确,不仅关系到患者的抢救成功率,还可能关系到患者的生命。高职院校大学生毕业后大多工作在生产一线,所遇安全、突发和意外事件不可预测,在许多时候都可能成为现场急救"第一目击者"。因此,对高职院校学生进行急救知识与技能培训,对于学生增强急救知识技能水平,提高其自救互救能力具有重要意义。

一、研究对象与方法

1.对象

本文选取浙江艺术职业学院500名在校学生作为调查对象。

2.调查方法

自行设计调查问卷,对高职大学生进行问卷调查。其内容包括:安全急救知识与技能现状、急救知识与技能获取途径、培训方式等,采用不记名填写,以班级为单位集中发放,学生填写完毕后统一收回。此次问卷调查共发放问卷500份,回收问卷500份,其中作废问卷6份,有效问卷494份,有效问卷回收率为98.8%。

3.统计学方法

采用SPSS180软件处理,所有问卷计分后统一编号,定性资料以构成比表示。

二、结果

通过调查发现,高职院校学生安全急救知识与技能现状堪忧,无论是意外伤害急救能力,还是运动损伤急救能力,或者是遇到不可预测的灾难事故的自救、互救能力都明显不足。

当意外发生时,安全急救知识显得非常重要,可是绝大部分学生却表示不知道怎样救助,只能选择求助和等待。调查资料显示,学生急救知识严重匮乏,对于有些中小学阶段就应该掌握的急救知识和技能,学生们却回答不出来,有高达60.4%的学生根本不知道地震、火灾等自然灾害发生时,该怎样正确地开展自救和救助他人。就算是运动中比较常见的损伤,也仅有9.2%的学生表示能够进行简单处理,18.9%的学生表示知道止血、包扎、固定及搬运等急救常用技术,许多学生表示如果运动中出现骨折以及相对严重的伤,不知道该怎样去处理。有35%的学生表示知道心肺复苏术,但其中仅有6%的学生知道如何操作。有93.5%的学生表示知道报警电话(110)、普通医疗急救电话(120)、查询电话(114),有75.8%的学生表示知道地方医疗急救电话(96120)。

通过急救知识需求调查,认为开展急救知识培训有用的学生为95.8%,98.9%的学生觉得有必要学习急救知识及技能,表示无所谓的学生有1.1%。可见,高职院校学生都希望获得急救知识和技能。

三、讨论

1.急救意识欠缺,遇到突发事件依赖专业医疗人员急救

通过调查问卷发现,高职院校学生急救知识严重不足,遇到一些意外情况需要急救时,往往依赖专业的医疗人员,在突发事件发生后显得束手无策,不能够把握最佳的医疗时机。一些学生面对伤者非常焦急,却不知道怎样去保护伤者,错失了急救的最佳时机,留下了不可挽回的遗憾。还有一些学生虽然掌握了一定的急救知识,但是面对突发事件造成的他人的意外损伤,觉得自己的急救技能不专业,不能够及时出手援救。有些学生觉得自己实践能力不足,面对他人的意外损伤,怕在处理过程中出现意外,不愿意出手援救,怕出现失误而承担责任等。

2.缺乏必要的急救知识培训,亲自动手实践机会少

本调查结果显示,91.2%的学生获取急救知识的途径为网络、电视、广播,通过各种讲座获取急救知识的学生有15.2%,仅有5.9%的学生参加过急救知识培训。专业培训的欠缺是许多学生急救知识匮乏的主要因素。

从本次急救知识与技能的问卷调查数据中我们可以感受到,虽然一些学生通过各种讲座或者参加过急救知识培训获取了急救知识,有急救培训经历,但是这些学生对于核心急救知识问题的回答的正确情况也并不乐观。导致这些学生急救知识欠缺的因素有两种:一是急救培训质量不高,二是培训间隔时间过长。所以,高职院校开展知识与技能培训,对于提高学生急救能力具有重要意义。我们要采取有效的方法,对学生进行必要的急救知识培训。本次调查显示,觉得开展急救知识培训有用的学生为95.8%,这说明绝大多数学生对急救知识有很强的需求。既然急救知识与技能培训有价值,学校就应该多给学生创造条件,以体育选修课形式开设培训班,或者在学生入学军训期间根据实际情况穿插集中培训。对学生进行急救知识培训,既要采用授课的方式对学生进行理论知识培训,也要创造条件,让学生们亲自动手实践。同时,也可以发挥多媒体的教学优势模拟急救现场,通过图文并茂、生动形象的急救技术练习,强化急救知识与技能培训效果。

四、建议与对策

1.结合高职学生的特点,融"教、学、做"为一体

针对高职院校学生急救知识匮乏现状,可以从新生入校时就开始对学生开展急救宣传教育活动,普及现场急救知识,提高学生现场急救知识与技能,通过反复宣传急救知识,让学生们认识到现场急救的重要性,使其更持久、更牢固地掌握急救知识。高职院校学生不仅要掌握急救理论知识,同时还要掌握现场急救技能,提高现场急救能力,从而能够快速处理意外伤害,沉着应对突发事件。在这方面,高职院校应该结合实际情况,融"教、学、做"为一体,既要适当调整理论与实践教学比例,增加急救护理课程的课时数,还要让学生借助模拟人模拟现场,将所学的知识融于实践。

让学生反复模拟演习,不断提高学生理论知识水平和实际急救能力。通过学习与实践,让学生掌握安全防范、自我防护等方面的技能,不仅要学会常见危重病现场的基本应对技巧,还要学会常见危重病的现场初级救护,掌握常见中毒处理技巧,懂得意外伤害现场的应急处理,做到学以致用,不断提高理论知识水平和实际急救能力。

2.宣传与普及急救知识,增强学生伤病自救、互救能力

要加大高职学生安全急救知识的宣传和普及力度,增强学生自我救护与救护他人的能力。一是可以有针对性地制作一些急救知识图片,放在学校显要位置,增强学生急救意识,提高学生急救知识水平。二是邀请有关专家、教授来校,给学生们讲解急救知识。三是开展形式多样的竞赛活动,加强学生的急救意识,不断提高学生的急救能力。四是针对新生自我约束力差、对急救知识重要性认识肤浅、急救知识缺乏的特点,将急救知识学习与体育课相结合,增加实践教学内容。由于在体育课上很容易出现一些意外伤害,因此在体育课上,教师可以根据体育活动过程中可能发生的伤病,为学生们讲解救护的知识与方法,帮助学生增强自我保护意识,不断提升学生救护的能力。同时,为了提高学生的急救意识,学校也可以根据本校实际,开设推拿按摩、体育康复等课程,增强学生急救技能。新生入学,一般都要进行军训。学生军训期间,由于天气炎热,运动量大,很容易出现中暑、昏迷、休克等突发状况,另外,在军训技能的训练中,很多学生由于缺乏锻炼,易发生擦伤、扭伤、骨折等伤病,所以,在对新生进行军训的过程中,学校可以根据军训内容,为学生讲解伤病救护的知识,增强学生伤病自救互救能力。

3.建立学生个人病情资料档案,完善校园急救通信网络

进入21世纪以来,高职院校获得了很大的发展,校园各方面的设施建设也在不断完善,校医院诊所在增添医疗设备的基础上,也要不断强化自身职能,不断提高自身应对突发事件的抢救能力。在这方面,校医院(诊所)平时可以建立学生病情资料档案,了解学生以往的健康状况,以便于遇到突发急救事件时,有的放矢地救治。完善的校园急救通信网络,不仅可以有效地为患者赢得急救时间,减少因为急救不及时导致的不良后果,还是争取患者入院抢救成功的关键。因此,高职院校的领导要对急救工作高度重视,根据学校的发展状况争取资金,建立急救通信局域网络。在有条件的情况下,开设急救呼叫中心,做到24小时有人值班,遇到紧急呼救时可以随叫随到、服务到位,使得患者能够在最短的时间得到有效的救治。另外,为了提高急救能力,学校也可以与急救中心合作,组织学生到急救中心体验院前急救过程,提高学生的急救知识和能力。

第十三章　自然灾害与预防

自然灾害是指给人类生存带来危害或损害人类生活环境的自然现象,包括干旱、高温、低温、寒潮、洪涝、积涝、山洪、台风、龙卷风、火焰龙卷风、冰雹、风雹、霜冻、暴雨、暴雪、冻雨、大雾、大风、结冰、霾、雾霾、浮尘、扬沙、沙尘暴、雷电、雷暴、球状闪电等气象灾害;火山喷发、地震、山体崩塌、滑坡、泥石流等地质灾害;风暴潮、海啸等海洋灾害;森林、草原火灾和重大生物灾害等。

第一节　气象灾害

【案例导入】

> 2011 年 7 月 23 日下午 1 时 40 分左右,位于安徽省安庆市潜山县的天柱山风景区突然电闪雷鸣、大雨滂沱,正在海拔 1 300 米以上的主峰景区游玩的游客匆忙四散避雨。来自重庆某大学的 20 岁大学生小郭不幸在一块巨石旁被雷电击中,在一个山洞中避雨的 22 岁大学生王安东被一道从石缝中落下的闪电击中。两人和另一名中年游客均不治身亡,3 人的猝然离世给亲友带来了巨大的伤痛。
>
> 据了解,在发生强雷暴的当天中午 12 时 20 分,潜山县气象局已提前发布了雷雨大风黄色预警信号,告知群众未来 6 小时全县大部地区可能出现雷电及短时强降水,提醒当地群众及游客注意防范。
>
> "当天我们在接到天气预警后,立即通过导游和景区工作人员通知游客躲避。"天柱山风景区管委会一名工作人员告诉记者,但由于景区人力有限,无法一一及时通知到所有的零散游客,"我们的团体游客因为有导游带队躲避,所以全部没事,出事的都是散客。"
>
> 无独有偶,7 月 25 日,在福建省安溪县芦田镇紫云山风景区又发生了一起雷击事件。当天中午,3 名华侨大学的学生相约到景区游玩,因不认识到主峰的路,所以由热心的保安小吴带路。当时天上已有乌云,虽然还没下雨,但不时有闪电出现。下午 1 点多,当 4 人爬到海拔 1 300 多米的主峰时,22 岁的保安小吴被雷电击中,不幸当场身亡。现场鉴定的法医说,可能是小吴随身携带的对讲机发出的电波引来了雷电。
>
> **思考与讨论**
> 气象灾害有哪些? 我们应如何预防与自救?

气象灾害是自然灾害之一。主要包括:亚洲热带风暴;中国沿海城市区域出现的台风,南方地区的干旱、高温、山洪、雷暴,北方的沙尘暴等;北美地区常见的飓风、龙卷风、冰雹、暴雨(雪)。中国是世界上自然灾害发生十分频繁、灾害种类甚多,造成损失十分严重的少数国家之一。

一、台风

台风(英语:Typhoon)是赤道以北,日界线以西,亚洲太平洋国家或地区对热带气旋的一个分级。在气象学上,按世界气象组织定义,热带气旋中心持续风速达到12级(即64节或以上,每秒32.7米或以上,又或者每小时118千米或以上)称为飓风(Hurricane)或其他在地近义词。西北太平洋地区采用之近义词乃台风。世界气象组织及日本气象厅均以此为热带气旋的最高级别,但部分气象部门会按需要而设立更高级别,如中国中央气象台及中国香港天文台的强台风、超强台风,以及美国联合台风警报中心的超级台风。

(一)台风的形成原因及分类

台风发源于热带海面,那里温度高,大量的海水被蒸发到了空中,形成一个低气压中心。随着气压的变化和地球自身的运动,流入的空气也旋转起来,形成一个逆时针旋转的空气旋涡,这就是热带气旋。只要气温不下降,这个热带气旋就会越来越强大,最后形成台风。

过去我国习惯称形成于26℃以上热带洋面上的热带气旋(Tropical Cyclones)为台风,按照其强度,分为6个等级:热带低压、热带风暴、强热带风暴、台风、强台风和超强台风。自1989年起,我国采用国际热带气旋名称和等级划分标准。

国际惯例依据其中心附近最大风力分为:

热带低压(Tropical Depression),最大风速6~7级,(10.8~17.1米/秒)。

热带风暴(Tropical Storm),最大风速8~9级,(17.2~24.4米/秒)。

强热带风暴(Severe Tropical Storm),最大风速10~11级,(24.5~32.6米/秒)。

台风(Typhoon),最大风速12~13级,(32.7~41.4米/秒)。

强台风(Severe Typhoon),最大风速14~15级(41.5~50.9米/秒)。

超强台风(Super Typhoon),最大风速≥16级(≥51.0米/秒)。

6~7级风　树木摇摇晃晃　　　　8~9级风　树叶飞天　　　　10~11级风　树木被吹断

(二)主要危害

台风是一种破坏力很强的灾害性天气系统,其危害性主要有3个方面:

(1)产生强风,破坏房屋、通信等基础设施。台风是一个巨大的能量库,其风速都在17米/秒以上,甚至在60米/秒以上。据测,当风力达到12级时,垂直于风向平面上每平方

| 12~13级风 屋顶砖掉了、电杆倒了 | 14~15级风 具有灾难性 | 16级风 具有严重灾难性 |

图 13.1 台风级别

米风压可达 230 千克。

（2）暴雨集中，造成突发性的洪水灾害，导致农业减产。台风是非常强的降雨系统。一次台风登陆，降雨中心一天之中可降下 100~300 毫米的大暴雨，甚至可达 500~800 毫米。台风暴雨造成的洪涝灾害，是最具危险性的灾害。台风暴雨强度大，洪水出现频率高，波及范围广，来势凶猛，破坏性极大。

（3）沿海地区形成风暴潮，造成人畜伤亡。所谓风暴潮，就是当台风移向陆地时，由于台风的强风和低气压的作用，使海水向海岸方向强力堆积，潮位猛涨，水浪排山倒海般向海岸压去。强台风的风暴潮能使沿海水位上升 5~6 米。风暴潮与天文大潮高潮位相遇，产生高频率的潮位，导致潮水漫溢，海堤溃决，冲毁房屋和各类建筑设施，淹没城镇和农田，造成大量人员伤亡和财产损失。风暴潮还会造成海岸侵蚀，海水倒灌造成土地盐渍化等灾害。

（三）预防措施

1.台风到来前的防范措施

（1）气象台根据台风可能产生的影响，在预报时采用"消息""警报"和"紧急警报"三种形式向社会发布。同时，按台风可能造成的影响程度，从轻到重向社会发布蓝、黄、橙、红四色台风预警信号。公众应密切关注媒体有关台风的报道，及时采取预防措施。

（2）强风有可能吹倒建筑物、高空设施，造成人员伤亡。居住在各类危旧住房、厂房、工棚的群众，在台风来临前，要及时转移到安全地带，不要在临时建筑（如围墙等）、广告牌、铁塔等附近避风避雨。车辆尽量避免在强风影响区域行驶。

（3）强风会吹落高空物品，要及时搬移屋顶、窗口、阳台处的花盆、悬吊物等；在台风来临前，最好不要出门，以防被砸、被压、触电等；检查门窗、室外空调、太阳能热水器的安全，并及时进行加固。

（4）准备手电筒、食物及时饮用水，检查电路，注意炉火、煤气，防范火灾。

（5）在做好以上防风工作的同时，要做好防暴雨工作。

（6）台风来临前，应准备好手电筒、收音机、食物、饮用水及常用药品等，以备急需。

（7）关好门窗，检查门窗是否坚固；取下悬挂的东西；检查电路、炉火、煤气等设施是否安全。

（8）及时清理排水管道，保持排水畅通。

（9）遇到危险时，请拨打当地政府的防灾电话求救。

2.台风期间的防范措施

【延伸阅读】 台风避险防灾小贴士

> 1.食物矿泉水 有备才无患 2.手电小照明 能派大用场
> 3.最怕高空物 事前做检查 4.疏通下水管 以防屋进水
> 5.躲雨有窍门 防雷也必要 6.最好不出门 出门不带伞

（1）台风期间,尽量不要外出行走,倘若不得不外出时,应弯腰将身体紧缩成一团,一定要穿上轻便防水的鞋子和颜色鲜艳、紧身合体的衣裤,把衣服扣扣好或用带子扎紧,以减少受风面积,并且要穿好雨衣,戴好雨帽,系紧帽带,或者戴上头盔。行走时,应一步一步地慢慢走稳,顺风时绝对不能跑,否则就会停不下来,甚至有被刮走的危险;要尽可能抓住墙角、栅栏、柱子或其他稳固的固定物行走;在建筑物密集的街道行走时,要特别注意落下物或飞来物,以免砸伤;走到拐弯处,要停下来观察一下再走,贸然行走很可能被刮起的飞来物击伤;经过狭窄的桥或高处时,最好伏下身爬行,否则极易被刮倒或落水。如果台风期间夹着暴雨,要注意路上水深。

（2）强台风过后不久,一定要在房子里或原先的藏身处待着不动。因为台风的"风眼"在上空掠过后,地面会风平浪静一段时间,但绝不能以为风暴已经结束。通常,这种平静持续不到1个小时,风就会从相反的方向以雷霆万钧之势再度横扫过来,如果你是在户外躲避,那么此时就要转移到原来避风地的对侧。

二、雷电

雷电是伴有闪电和雷鸣的一种放电现象。雷电一般产生于对流发展旺盛的积雨云中,因此常伴有强烈的阵风和暴雨,有时还伴有冰雹和龙卷风。积雨云顶部一般较高,可达20千米,云的上部常有冰晶。冰晶的淞附,水滴的破碎以及空气对流等过程,使云中产生电荷。云中电荷的分布较复杂,但总体而言,云的上部以正电荷为主,下部以负电荷为主。因此,云的上、下部之间形成一个电位差。当电位差达到一定程度后,就会产生放电,这就是我们常见的闪电现象。闪电平均电流是3×10^4A,最大电流可达3×10^5A。放电过程中,由于闪道中温度骤增,使空气体积急剧膨胀,从而产生冲击波,导致强烈的雷鸣。带有电荷的雷云与地面的突起物接近时,它们之间就发生激烈的放电。在雷电放电地点会出现强烈的闪光和爆炸的轰鸣声。这就是人们见到和听到的闪电雷鸣。

（一）雷电与电磁场

雷电是带电的云层和大地之间发生的强烈放电。带电云层对大地的放电称为直击雷或地闪。雷电通过直击雷或雷击电磁脉冲等造成危害,直击雷造成的危害明显而且剧烈。电磁脉冲产生灾害面广,设备受到电磁脉冲影响后,易造成工作失常甚至损坏,给生活和工业生产带来难以估量的损失。

(二)雷击的危害

1.直击雷

直击雷指雷云对大地某点发生的强烈放电,它可直接击中设备。雷电击中架空线,如电力线、电话线等,闪电电流便沿着导线进入设备,从而造成损坏。

2.感应雷

感应雷可分为静电感应及电磁感应。当带电雷云(一般带负电)出现在导线上空时,由于静电感应作用,导线上束缚了大量的相反电荷。一旦雷云对某目标放电,雷云上的负电荷便瞬间消失,此时导线上的大量正电荷依然存在,并以雷电波的形式沿着导线经设备入地,引起设备损坏。当闪电电流沿着导体流入大地时,由于频率高,强度大,在导体的附近便产生很强的交变电磁场,如果设备在该磁场中,便会感应出很高的电压,以致损坏。

3.地电位提高

均压连接接闪装置在捕获雷电时,引下线立即升至高电位,会对防雷系统周围尚处于地电位的导体产生旁侧闪络,并使其电位升高,进而对人员和设备造成危害。为了减少闪络危险,最简单的办法是采用均压环,将处于低电位的导体等电位联结,一直到接地装置。金属设施、电气装置和电子设备如果与防雷系统的导体(特别是接闪装置)的距离达不到规定的安全要求时,则应用较粗的导线将其与防雷系统进行等电位联结。这样在闪电电流通过时,所有设施立即形成一个"等电位岛",保证导电部件之间不产生有害的电位差,不发生旁侧闪络放电。完善的等电位联结还可防止闪电电流入地造成的地电位升高所产生的反击。等电位联结是防止雷电反击的重要技术手段。直击雷的损坏所占的比例较小,而感应雷与地电位提高的损坏所占的比例较大。

一般建筑物上的避雷针只能预防直击雷,而强大的电磁场产生的感应雷和脉冲电压却能侵入室内,危及电视、电话及联网微机等弱电设备。

(三)雷电的防护措施

1.直击雷防护

对于直击雷可以采用避雷针,避雷针由3个部分组成:最上端为受电端,中间是导电线,下端是接地体。当雷雨云接近避雷针时,它会感应出大量的异性电荷,通过导电线和受电端向空中放电,与雷雨云中的电荷中和,减弱雷雨云的电场强度,达到防雷目的。如果受电端上为直击雷,避雷针可将雷电流引入大地,从而起到保护作用。

2.感应雷防护

为了防护感应雷对供电线路、传输电缆和架空天线及高层导电线建筑的破坏,可以在线路上安装碳化硅阀型避雷器或金属氧化物(如氧化锌)避雷器。对于高层建筑,可将建筑物内的金属设施联合接地;对于非金属屋顶,可加装金属防护网并可靠接地。这些措施虽然有效,但有时也难免遭受雷击,究其原因,关键在于存在接地电阻,雷击接地体流经接地电阻产生高电压,仍可将设备击坏,故避雷效果不理想。

随着社会的进步,特别是电子技术的迅速发展,防雷技术也在不断完善和提高,等电位避雷器就是其中之一。其目的是实现均压等电位,消除不同金属部件及导线间的闪电电流引起的高电位差,同时对闪电电流分流,通过对同一部位的不同电缆外皮、设备外壳、金属构架(构件)、管道做好电气搭接,以均衡电位。

3.分流防护

分流的原理是在室外来的导线与接地线之间并联一种适当的避雷器。当直击雷或感应雷在线路上产生的过电压波沿着这些导线进入室内或设备时,避雷器的电阻突然降到低值,近于短路状态,将闪电电流分流入地。分流在防雷技术中发展迅猛,是防护各种电气电子设备的关键措施。由于雷电流在分流后,仍会有少部分沿导线进入设备,这对于不耐高压的微电子设备来说仍很危险,因此,对于这类设备在导线进入机壳前应进行多级分流。采用分流这一防雷措施时,应特别注意避雷器性能参数的选择。

以建筑物防雷为例,为使建筑物及其内部设施免受雷电的直接和间接危害,通常使用避雷针、避雷线、避雷带、避雷网等,对于可能出现的直击雷,靠接闪器经引下线和接地装置,或通过导电连接和接地良好的结构、金属构架,将闪电电流分流入地,而不流过被保护设备和部件。该防护措施被称作分流防护。

4.屏蔽

采用屏蔽电缆,利用各种人工的屏蔽箱盒、法拉第屏蔽笼等与各种可以利用的自然屏蔽体来阻挡、衰减施加在系统设备上的过电压能量。屏蔽是防御电磁脉冲的有效方法。

接地是疏导闪电电流能量的途径,接地电阻越小,散流越快。为避免共用接地中出现的各系统间的电磁干扰,尤其是低频干扰,应采用一点接地法。通过将所有金属构架(构件)、管道、电缆金属屏蔽层、穿线铁管连在一起,与屏蔽笼及总接地网就近连接。

合理设置和布线,可以减少感应雷通过传输线进入建筑物的可能性。

(四)雷电防范常识

(1)打雷下雨时,注意不要打金属骨架雨伞,或者扛举长形物体,不要骑摩托车或者自行车。

(2)雷雨天气时,不要到室外参加体育活动,如赛跑、打球等。如遇到雷电,不要惊慌,不要奔跑,最好双脚并拢,双手抱膝就地蹲下,越低越好。

(3)不要在大树下和进入空旷地独立的小棚房、小草棚,因为在那里避雷雨也很容易遭受雷击。

(4)不要在电灯下站立,尽量不要使用电话、手机通话或使用手机上网,以防雷电波沿通信信号线入侵,造成危险。

(5)雷雨天气时,一定要立即关闭电视、电脑等各类家用电器,并且拔掉电源插头、电话线及电视馈线等可能将雷电引入的金属导线,来保证安全。

(6)打雷时,一定要关好门窗,防止雷电直击室内和球形闪电飘进室内,不要到室外收取晾晒在铁丝上的衣物,更不要把头和手伸出窗外。

(7)雷雨天气,汽车也是很好的防护场所,所以,如果附近刚好有停车场的话,可以去哪里先避下雨。

三、高温

高温,词义为较高的温度。在不同的情况下所指的具体数值不同,例如在某些技术上指几千度摄氏以上;日最高气温达到35℃以上,就是高温天气。高温天气会给人体健康、交通、用水、用电等方面带来严重影响。

(一)主要类型

干热型:气温极高、太阳辐射强而且空气湿度小的高温,被称为干热型高温。在夏季,我国北方地区如新疆、甘肃、宁夏、内蒙古、北京、天津、石家庄等地经常出现干热型高温。

闷热型:由于夏季水汽丰富,空气湿度大,在气温并不太高(相对而言)时,人们的感觉是闷热,就像在蒸笼中,此类天气被称之为闷热型高温。由于出现这种天气时人感觉像在桑拿浴室里蒸桑拿一样,所以又称为"桑拿天",在我国沿海及长江中下游,以及华南等地经常出现。

(二)高温对人体的危害

高温对人体的危害主要表现为:

(1)高温天气对人体健康的主要影响是产生中暑以及诱发心、脑血管疾病,甚至导致死亡。

人体在过高环境温度作用下,体温调节机制暂时发生障碍,而发生体内热蓄积,导致中暑。中暑按发病症状与程度,可分为:热虚脱,是中暑最轻度表现,也最常见;热辐射,是长期在高温环境中工作,导致下肢血管扩张,血液淤积,进而发生昏倒;日射病,是由于长时间暴晒,导致排汗功能障碍所致。

(2)在夏季闷热的天气里,还易出现热伤风(夏季感冒)、腹泻和皮肤过敏等疾病。

(三)预防措施

主要预防措施有:

(1)高温天气时,不要置身于烈日之下。中午12时至下午2时最好不要外出。

(2)高温天气应有遮阳设备,如打伞并戴上墨镜,或选择阴凉处,有条件者,可涂些防晒霜。

(3)不要在阳光下疾走,也不要到人聚集的地方。从外面回到室内后,切勿立即吹空调。

(4)要注意高温天饮食卫生,防止胃肠不适及感冒等疾病的发生。

(5)要注意保持充足睡眠,有规律地生活和工作,增强免疫力。

(6)在高温天气下,当出现头晕、恶心、口干、迷糊、胸闷气短等症状时,应立即休息,喝一些凉水降温,病情严重者应立即到医院治疗。

(7)高温天气要注意预防日光照晒后日光性皮炎的发病。如果皮肤出现红肿等症状,应用凉水冲洗,严重者应到医院治疗。

【延伸阅读】　　　　　　　　　预防中暑十二招

> 1.出门时要戴太阳镜、遮阳帽或使用遮阳伞。
>
> 2.穿透气性好、浅色的棉质或真丝面料衣服,外出不要打赤膊,烈日下长时间骑自行车时最好穿长袖衬衫。
>
> 3.高血压、冠心病、脑血管硬化等患者不要长时间待在空调房间中,以防旧病发作或使原有病情加重。开空调的房间要注意通风换气,温度不宜设定过低。
>
> 4.长时间在户外者,要随身携带防暑药品,如十滴水、人丹等。
>
> 5.及时补充蛋白质,摄取量应在平时的基础上增加 10%~15%。可以选择新鲜的鱼、虾、鸡肉、鸭肉等脂肪含量少的优质蛋白质食品,多吃豆制品等富含植物蛋白的食物。
>
> 6.出汗过多时,在补充水的基础上还应适当补充一些钠和钾。钠可以通过食盐、酱油等补充,含钾高的食物有香蕉、豆制品、海带等。
>
> 7.随时喝水,不要等口渴了再喝。
>
> 8.不要吃太多冷饮,以免胃肠道血管收缩,影响消化功能。
>
> 9.多吃各种瓜类食物,如冬瓜、丝瓜、苦瓜、黄瓜和南瓜。多吃凉性蔬菜,如番茄、茄子、生菜、芦笋等。多吃苦味食品,如苦菜、苦丁茶、苦笋等。
>
> 10.不饮用烈性酒。
>
> 11.多洗澡或多用湿毛巾擦拭皮肤。
>
> 12.保证充足睡眠,合理安排作息时间。

四、霾

霾,也称阴霾、灰霾,是指原因不明的大量烟、尘等微粒悬浮而形成的浑浊现象。霾的核心物质是空气中悬浮的灰尘颗粒,气象学上称为气溶胶颗粒。近些年来,随着"霾"天气现象出现频率越来越高,导致空气质量逐渐恶化。霾中含有数百种化学颗粒物质,它们在人们毫无防范的时候侵入人体呼吸道和肺叶中,从而引起呼吸系统疾病、心血管系统疾病、血液系统、生殖系统等疾病,诸如咽喉炎、肺气肿、哮喘、鼻炎、支气管炎等炎症,长期处于这种环境还会诱发肺癌、心肌缺血及损伤。霾也常常引发交通事故。

图 13.2　霾

(一)成因及分级

1.成因

霾作为一种自然现象,其形成有 3 个方面的因素。一是水平方向静风现象的增多。随着城市建设的迅速发展,大楼越建越高,增大了地面摩擦系数,使风流经城区时明显减弱。静风现象增多,不利于大气污染物向城区外围扩展稀释,并容易在城区内积累高浓度污染。二是垂直方向的逆温现象。逆温层好比一个锅盖覆盖在城市上空,使城市上空出现高空比低空气温更高的逆温现象。污染物在正常气候条件下,从气温高的低空向气温低的高空扩散,逐渐循环排放到大气中。但是在逆温现象下,低空的气温反而更低,导致污染物停留,不能及时排放出去。三是悬浮颗粒物的增加。近些年来随着工业的发展,机动车辆的增多,污染物排放和城市悬浮物大量增加,直接导致了能见度降低,使得整个城市看起来灰蒙蒙一片。霾的重度橙色预警信号形成与污染物的排放密切相关,城市中机动车尾气以及其他烟尘排放源排出粒径在微米级的细小颗粒物,停留在大气中,当逆温、静风等不利于扩散的天气出现时,就形成霾。

2.分级

轻微霾:空气相对湿度小于等于80%,能见度大于等于 5 千米且小于 10 千米。

轻度霾:空气相对湿度小于等于80%,能见度大于等于 3 千米且小于 5 千米。

中度霾:空气相对湿度小于等于80%,能见度大于等于 2 千米且小于 3 千米。

重度霾:空气相对湿度小于等于80%,且能见度小于 2 千米。

【延伸阅读】　　　　　　　　　　雾与霾的区别

1.能见度范围不同。雾的水平能见度小于 1 千米,霾的水平能见度小于 10 千米。

2.相对湿度不同。雾的相对湿度大于90%,霾的相对湿度小于80%,相对湿度介于80%~90%是霾和雾的混合物,但其主要成分是霾。

3.厚度不同。雾的厚度只有几十米至 200 米左右,霾的厚度可达 1~3 千米。

4.边界特征不同。雾的边界很清晰,过了"雾区"可能就是晴空万里,但是霾与晴空区之间没有明显的边界。

5.颜色不同。雾的颜色是乳白色、青白色,霾则是黄色、橙灰色。

6.日变化不同。雾,一般午夜至清晨最易出现;霾的日变化特征不明显,当气团没有大的变化,空气团较稳定时,持续出现时间较长。

（二）霾的危害

霾的危害主要表现为:

（1）影响身体健康。灰霾的组成成分非常复杂,包括数百种大气颗粒物。其中伤害人类健康的主要是直径小于 10 微米的气溶胶粒子,如矿物颗粒物、海盐、硫酸盐、硝酸盐、有机气溶胶粒子等,直径小于 10 微米的气溶胶粒子即粗颗粒物,直径小于 2.5 微米的即常说的细颗粒物,可吸入颗粒物（可吸入肺）,它能直接进入并黏附在人体上下呼吸道和肺叶中。由于灰霾中的大气气溶胶大部分均可被人体呼吸道吸入,尤其是亚微米粒子会分别沉积于上、下呼吸道和肺泡中,引起鼻炎、支气管炎等病症,长期处于这种环境还会诱发肺癌。此外,由于太阳中的紫外线是人体合成维生素 D 的唯一途径,紫外线辐射的减弱直接导致小儿佝偻病高发。另外,紫外线是自然界杀灭大气微生物如细菌、病毒等的主要武器,灰霾天气导致近地层紫外线减弱,易使空气中的传染性病菌活性增强,传染病增多。

(2)影响心理健康。阴沉的雾霾天气由于光线较弱及导致的低气压,容易让人产生精神懒散、情绪低落及悲观情绪,遇到不顺心的事情甚至容易失控。

(3)影响交通安全。出现灰霾天气时,室外能见度低,污染持续,交通阻塞,事故频发。

(4)影响区域气候。使区域极端气候事件频繁,气象灾害连连。更令人担忧的是,灰霾还会加快城市遭受光化学烟雾污染。光化学烟雾是一种淡蓝色的烟雾,汽车尾气和工厂废气里含大量氮氧化物和碳氢化合物,这些气体在阳光和紫外线作用下,会发生光化学反应,产生光化学烟雾。它的主要成分是一系列氧化剂,如臭氧、醛类、酮等,毒性很大,对人体有强烈的刺激作用,严重时会使人出现呼吸困难、视力衰退、手足抽搐等现象。

(5)由于雾天日照减少,儿童紫外线照射不足,体内维生素 D 生成不足,对钙的吸收大大减少,严重的会引起婴儿佝偻病、儿童生长减慢。

(6)对心血管系统的影响。雾霾天气空气中污染物多,气压低,容易诱发心血管疾病的急性发作。比如雾大的时候,水汽含量非常高,如果人们在户外活动或运动的话,人体的汗就不容易排出,造成胸闷、血压升高。

(三)霾的防护

针对霾应采取的措施:

(1)在中度霾天气条件下,应减少不必要的户外活动,适度减少运动量与运动强度,预防呼吸道疾病的发生。

(2)在重度霾天气条件下,尽量避免户外活动,预防呼吸道疾病发生;能见度低时更要注意交通安全。

(3)在霾天气下普通市民应做到:老人孩子少出门,行车走路倍加小心,锻炼身体有讲究。通常来说,若无冷空气活动和雨雪、大风等天气时,锻炼的时间最好选择上午到傍晚前空气质量好、能见度高的时段进行,以树多草多的地方为好。霾天气时也应适度减少运动量与运动强度。中等和重度霾天气下,抵抗力弱的老人、儿童以及患有呼吸系统疾病的易感人群应尽量少出门,或减少户外活动,外出时戴口罩。

(4)应对霾的长期危害:长时间持续不断的雾霾天气不仅当下会对人体产生危害,还会造成长期的健康隐患。雾霾污染会对人体呼吸系统、脑神经系统、心血管系统等产生威胁,特别是会导致肺癌。

(5)工业口罩、医用口罩对细颗粒物都有一定防护效果。目前,市面上出售的口罩有这么几类,一是普通的棉布、棉纱口罩,这类口罩能够滤除花粉之类的大颗粒物,对于 PM2.5 这样的细颗粒物没有什么防护作用;二是活性炭口罩,这种口罩添加了具有吸附作用的活性炭层,但活性炭层只是增加了对异味的滤除作用,并不能增加对颗粒物的防护效果;三是工业用的防尘口罩,这类口罩对于细颗粒物的防护有很好的效果,但是呼吸阻力很大,长时间佩戴,会引起头晕、恶心等症状;还有一类是医用口罩。患有呼吸系统疾病的人或老人、儿童等体质较弱人群宜佩戴阻力小、头戴式的口罩。

【延伸阅读】　　　　　　　　　什么是PM2.5

　　PM2.5是形成霾的主要原因。PM2.5又称细颗粒物、细粒、细颗粒。PM2.5指环境空气中空气动力学当量直径小于等于2.5微米的颗粒物。它能较长时间悬浮于空气中,其在空气中含量浓度越高,就代表空气污染越严重。虽然PM2.5只是地球大气成分中含量很少的组分,但它对空气质量和能见度等有重要的影响。与较粗的大气颗粒物相比,PM2.5粒径小,面积大,活性强,易附带有毒、有害物质(如重金属、微生物等),且在大气中的停留时间长、输送距离远,因而对人体健康和大气环境质量的影响更大。

第二节　地质灾害

【案例导入】

　　1981年7月9日凌晨1时30分,四川大渡河南岸利子依达沟暴发特大泥石流。泥石流体冲毁了成昆铁路尼日车站北侧跨越利子依达沟口的利子依达大桥,并在几分钟内堵塞大渡河干流,大渡河断流4小时后泥石流大坝溃决。同日1时46分,由格里坪开往成都的422次直快列车满载着一千余名旅客,以40余千米的时速在桥位南侧奶奶包隧道口与泥石流遭遇,列车车头和前几节车厢翻入大渡河。经事后统计,此次灾难造成300余人死亡,146人受伤,成昆铁路瘫痪372小时,直接经济损失2 000余万元,是世界铁路史上迄今为止由泥石流灾害导致的最严重的列车事故。在列车遭遇泥石流危机之时,机车正司机,共产党员王明儒与机车副司机唐昌华在最后关头扳下了紧急刹车的大闸,并在生命的最后几秒钟里连连拉响风笛,大大减轻了灾害造成的损失。

　　思考与讨论

　　遇到泥石流等地质灾害时,我们应该怎样避险和自救?

　　地质灾害,地质学专业术语,是指在自然或者人为因素的作用下形成的,对人类生命财产、环境造成破坏和损失的地质作用(现象),如崩塌、滑坡、泥石流、地裂缝、水土流失、土地沙漠化及沼泽化、土壤盐碱化,以及地震、火山、地热害等。

一、地震

　　地震又称地动、地震动,是地壳快速释放能量过程中造成震动,其间会产生地震波的一种自然现象。地球上板块与板块之间相互挤压碰撞,造成板块边沿及板块内部产生错动和破裂,是引起地震的主要原因。由于地质构造活动引发的地震叫构造地震;由于火山活动造成的地震叫火山地震;固岩层(特别是石灰岩)塌陷引起的地震叫塌陷地震。

(一)地震类型

1.按发生的位置分类

(1)板缘地震(板块边界地震):发生在板块边界上的地震,环太平洋地震带上绝大多数地震属于此类。

(2)板块内地震:发生在板块内部的地震,如欧亚大陆内部(包括中国)的地震多属此类。板块内地震除与板块运动有关,还会受局部地质环境的影响,其发震的原因与规律比板缘地震更复杂。

2.按震动性质不同分类

(1)天然地震:指自然界发生的地震现象。

(2)人工地震:由爆破、核试验等人为因素引起的地面震动。

(3)脉动:由于大气活动、海浪冲击等原因引起的地球表层的经常性微动。

3.按地震形成的原因分类

(1)构造地震:是由于岩层断裂,发生变位错动,在地质构造上发生巨大变化而产生的地震,所以叫作构造地震,也叫断裂地震。

(2)火山地震:是由火山爆发时所引起的能量冲击,而产生的地壳震动。火山地震有时也相当强烈。但这种地震所波及的地区通常只限于火山附近的几十千米远的范围内,而且发生次数也较少,只占地震次数的7%左右,所造成的危害较轻。

(3)陷落地震:由于地层陷落引起的地震。这种地震发生的次数更少,只占地震总次数的3%左右,震级很小,影响范围有限,破坏也较小。

(4)诱发地震:在特定的地区因某种地壳外界因素诱发(如陨石坠落、水库蓄水、深井注水)而引起的地震。

(5)人工地震:地下核爆炸、炸药爆破等人为活动引起的地面震动称为人工地震。如工业爆破、地下核爆炸造成的震动;在深井中进行高压注水以及大水库蓄水后增加了地壳的压力,有时也会诱发地震。

4.按震源深度进行分类

(1)浅源地震:震源深度小于60千米的地震,大多数破坏性地震是浅源地震。

(3)中源地震:震源深度为60~300千米。

(3)深源地震:震源深度在300千米以上的地震,到目前为止,世界上记录到的最深地震的震源深度为786千米。

一年中,全球所有地震释放的能量约有85%来自浅源地震,12%来自中源地震,3%来自深源地震。

5.按地震的远近分类

(1)地方震:震中距小于100千米的地震。

(2)近震:震中距为100~1 000千米的地震。

(3)远震:震中距大于1 000千米的地震。

6.按震级大小分类

(1)弱震:震级小于3级的地震。

(2)有感地震:震级等于或大于3级、小于或等于4.5级的地震。

(3)中强震:震级大于4.5级,小于6级的地震。

(4)强震:震级等于或大于6级的地震,其中震级大于或等于8级的叫巨大地震。

7.按破坏程度分类

(1)一般破坏性地震:造成数人至数十人死亡,或直接经济损失在1亿元以下(含1亿元)的地震。

(2)中等破坏性地震:造成数十人至数百人死亡,或直接经济损失在1亿元以上(不含1亿元)、5亿元以下的地震。

(3)严重破坏性地震:人口稠密地区发生的7级以上地震、大中城市发生的6级以上地震,或者造成数百至数千人死亡,或直接经济损失在5亿元以上、30亿元以下的地震。

(4)特大破坏性地震:大中城市发生的7级以上地震,或造成万人以上死亡,或直接经济损失在30亿元以上的地震。

(二)地震的主要危害

地震引起的危害分为直接灾害、次生灾害和诱发灾害3类。

1.直接灾害

直接灾害分为:建筑物与构筑物的破坏,如房屋的倒塌、桥梁断裂、水坝开裂、铁轨变形等;地面破坏,如地面裂缝、塌陷、喷水冒砂等;山体等自然物的破坏,如山崩、滑坡等;海啸,海底地震引起的巨大海浪冲上海岸,造成沿海地区的破坏。

图13.3　地震灾害

2.次生灾害

次生灾害分为:火灾,由震后火源失控引起;水灾,由水坝决口或山崩壅塞河道等引起;毒气泄漏,由建筑物或装置破坏等引起瘟疫,由震后生存环境的严重破坏所引起。

3.诱发灾害

诱发灾害是指因地震而引起的各种社会性灾害,如饥荒、瘟疫、社会动乱及人的心理创伤等。

(三)地震自救

遇到地震应采取的措施如下:

(1)尽量找一些毛巾、衣物或者其他布料,将它们弄湿,掩住自己的口鼻,包住头部,防止吸入灰尘引发窒息,也防止头部被砸伤。

(2)尽量保持自己的手脚活动,清理压到身上的物件和尘土。

（3）观察周围是否有物件能够藏身，或者挪动身边的东西支撑起上方的物件，以免它倒塌，同时，扩大身边的活动空间，多一些空气。

（4）如果是与其他人一起被压埋在一个地方，那么要互相鼓励，互相说话吸引注意力，千万不可都放松。

（5）努力寻找和打开通道，设法朝着有光的方向和宽敞的方向移动。

（6）若一时之间找不到办法脱离困境，一定要保存体力，不能随意浪费力气，尽量寻找水和一些生活代用品，为自己争取生存的时间，等待救援。

（7）因为被掩埋或者被困在某一个密闭环境中，所以光是喊救命有可能无法让外面的人注意到，所在在这个时候一定要利用其他的方式来向外界传达呼救信息，比如用硬物敲打墙壁、敲打水管等。

【延伸阅读】　　　　　　　　　　**地震自救口诀**

> 1.高层楼撤下，电梯不可搭，万一断电力，欲速则不达。
> 2.平房避震有讲究，是跑是留两可求，因地制宜做决断，错过时机诸事休。
> 3.次生灾害危害大，需要尽量预防它，电源燃气是隐患，震时及时关上闸。
> 4.强震颠簸站立难，就近躲避最明见，床下桌下小开间，伏而待定保安全。
> 5.震时火灾易发生，伏在地上要镇静，蘸湿毛巾口鼻捂，弯腰匍匐逆风行。
> 6.震时开车太可怕，感觉有震快停下，赶紧就地来躲避，千万别在高桥下。
> 7.震后别急往家跑，余震发生不可少，万一赶上强余震，加重伤害受不了。

二、泥石流

泥石流是指在山区或者其他沟谷深壑，地形险峻的地区，因为暴雨、暴雪或其他自然灾害引发的山体滑坡并携带有大量泥沙以及石块的特殊洪流。泥石流具有突然性以及流速快、流量大、物质容量大和破坏力强等特点。泥石流常常会冲毁公路铁路等交通设施甚至村镇，造成巨大损失。

（一）泥石流的危害

泥石流常常具有暴发突然、来势凶猛、迅速之特点，并兼有崩塌、滑坡和洪水破坏的双重作用，其危害程度比单一的崩塌、滑坡和洪水的危害更为广泛和严重。它对人类的危害具体表现在4个方面：

图13.4　泥石流

1.对居民点的危害

泥石流最常见的危害之一是：冲进乡村、城镇摧毁房屋、工厂、企事业单位及其他场所设施。淹没人畜、毁坏土地，甚至造成村毁人亡的灾难。

2.对交通的危害

泥石流可直接埋没车站、铁路、公路,摧毁路基、桥涵等设施,致使交通中断,造成堵车。泥石流还可引起正在运行的火车、汽车颠覆,造成重大的人身伤亡事故。有时泥石流汇入河道,引起河道大幅度变迁,间接毁坏公路、铁路及其他构筑物,甚至迫使道路改线,造成巨大的经济损失。

3.对水利工程的危害

主要是冲毁水电站、引水渠道及过沟建筑物,淤埋水电站尾水渠,并淤积水库、磨蚀坝面等。

4.对矿山的危害

主要是摧毁矿山及其设施,淤埋矿山坑道、伤害矿山人员、造成停工停产,甚至使矿山报废。

(二)防范措施

泥石流防治,应以防为主,开展预防监测,宣传普及泥石流的知识,重视、制止诱发泥石流的人为活动,保护山地生态环境,防患于未然。开展坡面治理,搞好水土保持,实行合理耕作活动,从根本上解决泥石流的灾害。

1.泥石流的预防

(1)要及时掌握气象部门降雨量预报,特别要注意暴雨天气。

(2)制订汛期疏散避灾计划。

(3)加强泥石流沟上游的监测工作。

(4)当听到沟内有轰鸣声或河水暴涨,应警惕泥石流的发生。

2.对易发生泥石流地区的工程防护措施

(1)稳:用排水、拦挡、护坡等稳住松散物质、滑塌体及坡面残积物。

(2)拦:在中上游设置谷坊或拦挡坝,拦截泥石流固体物。

(3)排:在泥石流流通段采取排导渠(槽),使泥石流顺畅下排。

(4)停:在泥石流出口有条件的地方设置停淤场,避免堵塞河道。

(5)封:封山育林,退耕还林,造林增加植被覆盖率。

3.紧急避灾措施

(1)当前三日及当天的降雨累计达到100毫米左右时,处于危险区内的人员应撤离。

(2)当听到沟内有轰鸣声或河水上涨或突然断流,应意识到泥石流马上就要发生,应立即采取逃生措施。

(3)逃生时不要顺沟向上游或向下游跑,应向沟岸两侧山坡跑,但不要停留在凹坡处。

(4)可建立临时躲避棚,位置要避开沟道凹岸或面积小而低的凸岸及陡峭的山坡下,安置在距村镇较近的低缓山坡或高于10米的平台地上,切忌建在较陡山体的凹坡处,以免出现坡面坍塌。

(5)在泥石流发生过程中,对遭受泥石流灾害的人与物应立即进行抢护,使危害降至最低程度。同时组织专业抢险队伍,紧急加固或抢修各类临时防护工程,排除险情,并组织人员密切监测泥石流的发展趋势,严防出现重复灾害等。

三、山洪与滑坡

山洪是指山区溪沟中发生的暴涨洪水。山洪具有突发性,水量集中流速大、冲刷破坏力强,水流中挟带泥沙甚至石块等,常造成局部性洪灾,一般分为暴雨山洪、融雪山洪、冰川山洪等。

滑坡是指斜坡上的土体或者岩体,受河流冲刷、地下水活动、雨水浸泡、地震及人工切坡等因素影响,在重力作用下,沿着一定的软弱面或者软弱带,整体地或者分散地顺坡向下滑动的自然现象。运动的岩(土)体称为变位体或滑移体,未移动的下伏岩(土)体称为滑床。

图 13.5 山洪

图 13.6 滑坡

(一)主要危害

山洪灾害发生时往往伴生滑坡、崩塌、泥石流等地质灾害,并造成河流改道、公路中断、耕地冲淹、房屋倒塌、人畜伤亡等,因此危害性、破坏性很大。

滑坡常常给工农业生产以及人民生命财产造成巨大损失,有的甚至是毁灭性的灾难。滑坡对乡村最主要的危害是摧毁农田、房舍,伤害人畜,毁坏森林、道路以及农业机械设施和水利水电设施等,有时甚至给乡村造成毁灭性灾害;位于城镇的滑坡常常砸埋房屋,伤害人畜,毁坏田地,摧毁工厂、学校、机关单位等,并毁坏各种设施,造成停电、停水、停工,有时甚至毁灭整个城镇;发生在工矿区的滑坡,可摧毁矿山设施,伤害职工,毁坏厂房,使矿山停工停产,常常造成重大损失。

(二)山洪自救

在山区行走和中途歇息时,应随时注意场地周围的异常变化和自己可以选择的退路、自救办法,一旦出现异常情况,迅速撤离现场。主要措施为:

(1)受到洪水威胁时,应该有组织地迅速向山坡、高地处转移。

(2)当突然遭遇山洪袭击时,要沉着冷静,千万不要慌张,并以最快的速度撤离。撤离现场时,应该选择就近安全的路线沿山坡横向跑开,千万不要顺山坡往下或沿山谷出口往下游跑。

(3)山洪流速急,涨得快,不要轻易游水转移,以防止被山洪冲走。山洪暴发时还要注意防止山体滑坡、滚石、泥石流的伤害。

(4)突遭洪水围困于基础较牢固的高岗、台地或坚固的住宅楼房时,在山丘环境下,无论是孤身一人还是多人,只要有序固守等待救援或等待陡涨陡落的山洪消退后即可解围。

(5)如措手不及,被洪水围困于低洼处的溪岸、土坎或木结构的住房里,情况危急时,有通信条件的,可利用通信工具向当地政府和防汛部门报告洪水态势和受困情况,寻求救援;无通信条件的,可制造烟火或来回挥动颜色鲜艳的衣物或集体同声呼救。同时要尽可能利用船只、木排、门板、木床等漂流物,做水上转移。

(6)发现高压线铁塔歪斜、电线低垂或者折断,要远离避险,不可触摸或者接近,防止触电。

(7)洪水过后,要做好卫生防疫工作,注意饮用水卫生、食品卫生,避免发生传染病。

平原区、低洼处来不及转移的居民,其住宅常易遭洪水淹没或围困。假如遇到这种情况,通常有效的办法是:

(1)安排家人向屋顶转移,并尽量稳定他们的情绪。

(2)想方设法发出呼救信号,尽快与外界取得联系,以便得到及时救援。

(3)利用竹木等漂流物将家人护送漂流至附近的高大建筑物或较安全的地方。

(三)滑坡自救

1.发生时避险

(1)当处在滑坡体上时,首先应保持冷静,不能慌乱。要迅速环顾四周,向较安全的地段撤离。一般除高速滑坡外,只要行动迅速,都有可能逃离危险区段。跑离时,向两侧跑为最佳方向。在向下滑动的山坡中,向上或向下跑都是很危险的。当遇无法跑离的高速滑坡时,更不能慌乱,在一定条件下,如滑坡呈整体滑动时,原地不动,或抱住大树等物,不失为一种有效的自救措施。如1983年3月7日发生在甘肃省东乡县的著名的高速黄土滑坡——洒勒山滑坡中的幸存者就是在滑坡发生时,紧抱住滑坡体上的一棵大树而得生。

(2)当处于非滑坡区,发现可疑的滑坡活动时,应立即报告邻近的村、乡、县等有关政府或单位。

(3)政府部门应立即实施应急措施(或计划),迅速组织群众撤离危险区及可能的影响区。并通知邻近的河谷、山沟中的人们做好撤离准备,密切注意灾情的蔓延和转化。

2.发生后的自救互救

(1)人工呼吸。在施行人工呼吸前,应首先清除患者口中污物,如有活动义齿,应将其取下,然后使其头部后仰,下颌抬起,并为其松衣解带,以免影响胸廓运动。人工呼吸救护者位于患者头部一侧,一手托起患者下颌,使其尽量后仰,另一手捏紧患者的鼻孔,防止漏气,然后深吸一口气,迅速口对口将气吹入患者肺内。吹气后应立即离开患者的口,并松开捏鼻的手,以便使吹入的气体自然排出,同时还要注意观察患者胸廓是否有起伏,成人每分钟可反复吸入16次左右,儿童每分钟20次,直至患者能自行呼吸为止。

(2)心脏按压。如果患者心跳停止,应在进行人工呼吸的同时,立即施行心脏按压。若有2人抢救,则一人心脏按压5次,另一人吸气1次,交替进行。若单人抢救,应按压心脏15次,吹气2次,交替进行。按压时,应让患者仰卧在坚实床板或地上,头部后仰,救护者位于患卧一侧,双手重叠,指尖朝上,用掌根部压在胸骨下1/3处(即剑突上两横指),垂直、均匀用力,并注意加上自己的体重,双臂垂直压下,将胸骨下压3~5厘米,然后放松,使血液流进心脏,但掌根不离胸壁。成年患者,每分钟可按压 80 次左右,动作要短促有力,持续进行。一般要在吹气按压 1 分钟后,检查患者的呼吸、脉搏一次,以后每 3 分钟复查一次,直到见效为止。

第三节　海洋灾害

【案例导入】

2004 年印度洋大地震(一般简称印度洋海啸或南亚海啸,科学界称为苏门答腊-安达曼地震)发生于 2004 年 12 月 26 日 UTC 时间 0 时 58 分 55 秒(雅加达、曼谷当地时间为上午 7 时 58 分 55 秒 UTC+7)(香港时间上午 8 时 58 分 55 秒 UTC+8)。震中位于印尼苏门答腊以北的海底。当地地震局测量为里氏地震规模 6.8,中国香港及美国量度到的强度则为里氏规模 8.5 至 8.7。其后中国香港天文台和美国全国地震情报中心分别修正强度为 8.9 和 9.0,矩震级为 9.0。最后印度洋大地震确定为矩震级达到 9.3,而美国地震学家金森博雄认为印度洋大地震规模应为 9.2 矩震级。印度洋大地震是自 1960 年智利大地震及 1964 年阿拉斯加耶稣受难日地震以来最强的地震,也是 1900 年以来规模第二大的地震,引发高达 30 米的海啸,波及范围远至波斯湾的阿曼、非洲东岸索马里及毛里求斯、留尼汪等国,地震及震后海啸对东南亚及南亚地区造成巨大伤亡,在印度夺去约 1 万人性命、斯里兰卡 4 万余人遇难,而印尼的死伤人数达 23 万人之多。

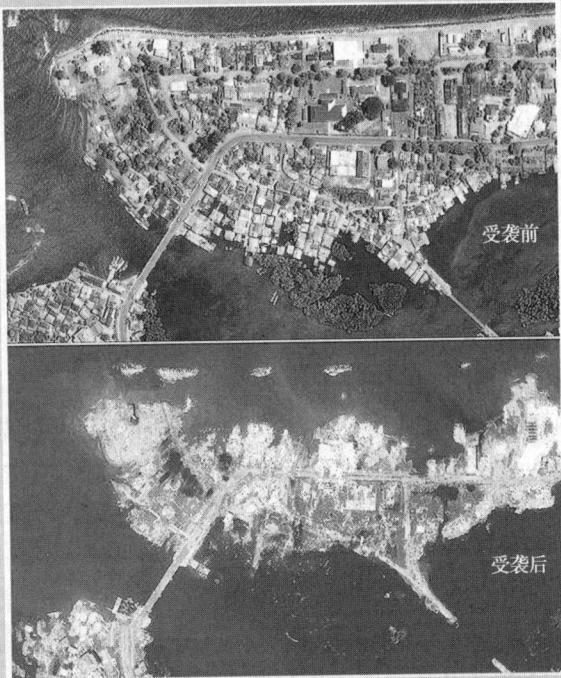
受袭前
受袭后

图 13.7　海洋灾害发生前后对比

思考与讨论

海洋灾害有哪些? 应如何防御?

海洋灾害,是指海洋自然环境发生异常或激烈变化,导致在海上或海岸发生的灾害。海洋灾害主要有灾害性海浪、海冰、赤潮、海啸和风暴潮;与海洋、大气相关的灾害性现象还有"厄尔尼诺现象"和"拉尼娜现象",台风等。

一、海啸

海啸就是由海底地震、火山爆发、海底滑坡或气象变化产生的破坏性海浪,海啸的波速高达每小时 700~800 千米,在几小时内就能横过大洋;波长可达数百千米,可以传播几千千米而能量损失很小;在茫茫的大洋里波高不足一米,但当到达海岸浅水地带时,波长减短而波峰急剧增高,可达数十米,形成含有巨大能量的"水墙"。海啸主要受海底地形、海岸线几何形状及波浪特性的控制,呼啸的海浪水墙每隔数分钟或数十分钟就重复一次,摧毁堤岸,淹没陆地,夺走生命财产,破坏力极大。全球的海啸发生区大致与地震带一致。全球有记载的破坏性海啸大约有 260 次,平均六七年发生一次。发生在环太平洋地区的地震海啸就占了约 80%。而日本列岛及附近海域的地震又占太平洋地震海啸的 60% 左右,日本是全球发生地震海啸最频繁并且受害最深的国家。

(一)海啸的分类

海啸按成因可分为 3 类:地震海啸、火山海啸、滑坡海啸。地震海啸是海底发生地震时,海底地形急剧升降变动引起海水强烈扰动。其机制有两种形式:"下降型"海啸和"隆起型"海啸。

1."下降型"海啸

某些构造地震引起海底地壳大范围的急剧下降,海水首先向突然错动下陷的空间涌去,并在其上方出现海水大规模积聚,当

图 13.8 海啸

涌进的海水在海底遇到阻力后,即翻回海面产生压缩波,形成长波大浪,并向四周传播与扩散,这种下降型的海底地壳运动形成的海啸在海岸首先表现为异常的退潮现象。1960 年智利地震海啸就属于此种类型。

2."隆起型"海啸

某些构造地震引起海底地壳大范围的急剧上升,海水也随着隆起区一起抬升,并在隆起区域上方出现大规模的海水积聚,在重力作用下,海水必须保持一个等势面以达到相对平衡,于是海水从波源区向四周扩散,形成汹涌巨浪。这种隆起型的海底地壳运动形成的海啸波在海岸首先表现为异常的涨潮现象。1983 年 5 月 26 日,日本海中部 7.7 级地震引起的海啸属于此种类型。

(二)海啸的危害

海啸发生时,震荡波在海面上以不断扩大的圆圈,传播到很远的地方。它以每小时 600~1 000 千米的高速,在毫无阻拦的洋面上驰骋 1 万~2 万千米的路程,掀起 10~40 米高的拍岸巨浪,吞没所波及的一切,有时最先到达海岸的海啸可能是波谷,水位下落,暴露出浅滩海底;几分钟后波峰到来,一退一进,造成毁灭性的破坏。

剧烈震动之后不久,巨浪呼啸,以摧枯拉朽之势,越过海岸线,越过田野,迅猛地袭击岸边的城市和村庄,瞬时,人们都消失在巨浪中。港口所有设施,被震塌的建筑物,在狂涛的

洗劫下,被席卷一空。事后,海滩上一片狼藉,到处是残木破板和人畜尸体。

(三)海啸的防护

1.海啸逃生

(1)地震海啸发生的最早信号是地面强烈震动,地震波与海啸的到达有一个时间差,正好有利于人们采取措施。如果你感觉到较强的震动,不要靠近海边、江河的入海口。如果听到有关附近地震的报告,要做好防海啸的准备,注意电视和广播新闻。要记住,海啸有时会在地震发生几小时后到达离震源上千千米远的地方。

(2)如果发现潮汐突然反常涨落,海平面显著下降或者有巨浪袭来,都应以最快速度撤离岸边。

(3)海啸前海水异常退去时往往会把鱼虾等许多海生动物留在浅滩,场面蔚为壮观。此时千万不要前去捡鱼或看热闹,应当迅速离开海岸,向内陆高处转移。

(4)发生海啸时,航行在海上的船只不可以回港或靠岸,应该马上驶向深海区,深海区相对于海岸更为安全。

(5)每个人都应该有一个急救包,里面应该有足够 72 小时用的药物、饮用水和其他必需品。这一点适用于海啸、地震和一切突发灾害。

2.自救互救

(1)如果在海啸时不幸落水,要尽量抓住木板等漂浮物,同时注意避免与其他硬物碰撞。

(2)在水中不要举手,也不要乱挣扎,尽量减少动作,能浮在水面随波漂流即可。这样既可以避免下沉,又能够减少体能的无谓消耗。

(3)如果海水温度偏低,不要脱衣服。

(4)尽量不要游泳,以防体内热量过快散失。

(5)不要喝海水。海水不仅不能解渴,反而会让人出现幻觉,导致精神失常甚至死亡。

(6)尽可能向其他落水者靠拢,既便于相互帮助和鼓励,又因为目标扩大更容易被救援人员发现。

(7)人在海水中长时间浸泡,热量散失会造成体温下降。溺水者被救上岸后,最好能放在温水里恢复体温,没有条件时也应尽量裹上被、毯、大衣等保温。注意不要采取局部加温或按摩的办法,更不能给落水者饮酒,饮酒只能使热量更快散失。给落水者适当喝一些糖水有好处,可以补充体内的水分和能量。

(8)如果落水者受伤,应采取止血、包扎、固定等急救措施,重伤员则要及时送医院救治。

(9)要记住及时清除落水者鼻腔、口腔和腹内的吸入物。具体方法是:将落水者的肚子放在你的大腿上,从后背按压,将海水等吸入物倒出。如心跳、呼吸停止,则应立即交替进行口对口人工呼吸和心脏按压。

二、灾害性海浪

在海上引起灾害的海浪叫灾害性海浪。通常指的灾害性海浪是指海上波峰达 6 米以上的海浪。因为 6 米以上波高的海浪对航行在世界各大洋的绝大多数船只已构成威胁,它常能掀翻船只,摧毁海洋工程和海岸工程,给航海、海上施工、海上军事活动、渔业捕捞带来灾难,正确及时地预报这种海浪对保证海上安全生产尤为重要。它是在台风、温带气旋、寒潮的强风作用下形成的。

(一)主要危害

灾害性海浪在近海常能掀翻船舶,摧毁海上工程,给海上航行、海上施工、海上军事活动、渔业捕捞等带来危害。在岸边不仅冲击摧毁沿海的堤岸、海塘、码头和各类构筑物,还伴随风暴潮,沉损船只、席卷人畜,并致使大片农作物受淹和各种水产养殖珍品受损。海浪所导致的泥沙运动使海港和航道淤塞。灾害性海浪到了近海和岸边,对海岸的压力可达到每平方米 30~50 吨。据记载,在一次大风暴中,巨浪曾把 1 370 吨重的混凝土块移动了 10 米,20 吨的重物也被它从 4 米深的海底抛到了岸上。巨浪冲击海岸能激起 60~70 米高的水柱。

(二)预防措施

第一,制订国家减灾防灾计划。

第二,加强海洋检测网络建设和预警系统建设。

第三,加强工程性防灾措施。

第四,完善海上海岸紧急救助组织。

第五,加强海洋减灾防灾的国际合作。

【延伸阅读】 灾害性海浪与风暴潮的区别

风暴潮是指由台风、温带气旋、冷锋的强风作用和气压聚变等强烈天气引起的海面异常升降现象,也称为风暴增水或气象海啸。它介乎于地震引起的海啸和海洋潮汐之间,发生时间从数小时到数天不等。狂风和它带来的大降水和高潮潮水叠加在一起,对沿海地区人们的生命、财产安全造成巨大损失。通常人们把风暴潮分为由温带气旋引起的温带风暴潮和由台风引起的台风风暴潮。

灾害性海浪是指由风产生的海面波动,其周期为 0.5~25 秒,波长为几十厘米至几百米,一般波峰为几厘米至 20 米,在罕见的情况下,波峰可达 30 米。由强烈大气扰动,如热带气旋(台风、飓风)、温带气旋和强冷空气大风等引起的海浪,在海上常能掀翻船只,摧毁海上工程和海岸工程,造成巨大灾害。一般来讲,浪高在 6 米以上,在海上或岸边能引起灾害损失的海浪叫灾害性海浪。

两者最大的区别在于:

1.现象不同。风暴潮是海面增水(减水),出现异常升降,类似于潮汐现象的海水的增减;灾害性海浪是海面的波动现象,海面破碎,形成的是大浪。

2.运动机理不同。都是海水的运动,但风暴潮是水位的升降,灾害性海浪是波的传播。

附录　安全法律法规

　　法律通常是指由社会认可、国家确认、立法机关制定规范的行为规则，并由国家强制力（主要是司法机关）保证实施的，以规定当事人权利和义务为内容的，对全体社会成员具有普遍约束力的一种特殊行为规范（社会规范）。我们每一个公民都有遵守并行使法律的权利和义务，更应该尊重法律权威。但是现在有好多人对法律都是一知半解的，甚至是完全不了解。国外的孩子从幼稚园开始就开始接触法律方面的知识，而我们的大学生都未必说得出几条法律条文。因此，为了保障我们的权益，我们应该尽可能多地了解法律知识。

　　大学生安全教育与管理除了需要学校层面制定相关的管理办法保障，以及学生自身学习安全知识外，还需要整个社会的保障，需要国家层面的法律来规范。与大学生安全相关的法律法规很多，其中有14部与大学生切身利益相关的法律法规和管理办法：

　　（1）《中华人民共和国国家安全法》。

　　（2）《中华人民共和国劳动法》。

　　（3）《中华人民共和国道路交通安全法》。

　　（4）《中华人民共和国消防法》。

　　（5）《中华人民共和国网络安全法》。

　　（6）《中华人民共和国侵权责任法》。

　　（7）《中华人民共和国消费者权益保护法》。

　　（8）《中华人民共和国食品安全法》。

　　（9）《中华人民共和国教育法》。

　　（10）《中华人民共和国教师法》。

　　（11）《中华人民共和国职业教育法》。

　　（12）《中华人民共和国高等教育法》。

　　（13）《普通高等学校学生管理规定》。

　　（14）《普通高等学校学生安全教育及管理暂行规定》。

以上法规可从相关官网和网页上查阅。

　　希望大学生朋友们熟悉并掌握哪些法律条款规定了我们的行为准则，哪些保障了我们的权益。将自己平时生活、学习中的行为与法律法规进行对照，依据行事，以保障自身权益不受侵害，真正做到合理、合规、合法。

[1] 任国升.大学生安全素养训练手册[M].保定:河北大学出版社,2011.

[2] 黄凯,张志强,李恩敬.大学实验室安全基础[M].北京:北京大学出版社,2012.

[3] 汤宗礼,陈志峰.新时期大学生安全教育手册[M].北京:机械工业出版社,2014.

[4] 中共辽宁省委高校工委. 让快乐伴你成长:大学生心理健康教育读本[M].沈阳:辽宁大学出版社,2012.

[5] 董广杰.大学生心理健康教育与应用[M].北京:中国纺织出版社,2004.

[6] 王蕊.高校大学生急救知识课程实施的必要性及对策研究[J].运动,2010(1):126-127.

[7] 李明霞.在大学生中普及急救知识的必要性和方法探讨[J].新西部,2009(6):173-174.

[8] 黄河,王新刚,杨文海,等.大学生急救知识知晓及需求现状调查分析[J].宁夏医学杂志,2008(12):1175-1176.

[9] 杨巧红,颜君,肖丹.大学生急救知识现况调查及干预[J].暨南大学学报:自然科学与医学版,2008(2):165-167.

[10] 张琼,温冬娣,王彬,等.在校大学生普及急救知识的必要性调查及方法[J].岭南急诊医学杂志,2012(2):124-125.

[11] 陈梦洁,张丽萍,于瑞梅,等.大学生急救护理知识的调查与分析[J].护理管理杂志,2010(3):187-188.

[12] 毛静芳,周爱华,张玉红,等.《初级急救知识培训》列入卫生职业学校必修课的必要性及实施方案探讨[J].中国科技信息,2010(8):209.